U0924993

THE AUTOBIOGRAPHY OF LINCOLN STEFFENS

MUCKRAKING

自述

[美]Lincoln Steffens著

朱晓 译注

本书译自
The Autobiography of Lincoln Steffens
中的第三篇
Muckraking

目 录

从报纸到杂志

“耙粪者们对美国历史的一个阶段施加了决定性的影响。耙粪作为一种运动，其起源他日将成为历史研究的一个课题。你是最早的耙粪者，倘若你现在讲一讲你是怎样开始耙粪的，那你将不啻是对我们掌握美国史上重要的一章作了贡献，你还能让人了解到各种社会运动的缘起和趋向。”

一位历史学教授最近这样写信给我，我只得首先答复他，我不是始耙粪者；《旧约》的先知们遥遥领先于我，后来——姑且在时间上作一穿越——十九世纪九十年代的作家、编辑、记者（包括我）在前耙粪时期就一直在找“随遇而安”的岔子。附带地，我多有跳跃地答复这位大学教授，我对历史的贡献——既非一封信也非一场哲学家似的学术讲演——将是一段经历，一份不谙世故者的供述。我确实没曾想过做一名耙粪者；我也确实不知道我就是一名耙粪者，直到罗斯福总统（President Roosevelt）从班扬（Bunyan）的《天路历程》（Pilgrim's Progress）里面挑出这个名词来，随后把它钉到了我们头上；而且，就算是在赐名的当时，他还说他指的不是我。那是单纯的日子，我们都是头脑简单的人，不过我想，所有的运动——无论以善还是以恶为代价——都和我们的运动一样，没有涵义。

我以报纸为业将近尾声的一天，《麦克卢尔[1]杂志》[2]（McClure's Magazine）的副主编约翰·S·菲利普斯（John S. Phillips）打电话到《商业广告人》（Commercial Advertiser）的本地新闻部找我。他带我出去吃午餐，然后，一点一点很谨慎地——也蛮典型地——透露了他的目的：为《麦克卢尔杂志》物色一位主管编辑。约翰·芬利（John Finley）那会儿担任着这一职务，不过他行将被抽调到别处去做另外的学术研究工作，而S·S·麦克卢尔（S. S. McClure）、菲利普斯以及其他编辑都想要一个训练有素的年轻的报纸编辑，来主管编辑部并且执行该刊的方针。《麦克卢尔杂志》的艺术编辑奥古斯特·F·Jaccaci（August F. Jaccacci）当时一直在留意《商业广告人》的发展，他向我们的戏剧编辑诺曼·哈普古德（Norman Hapgood）——此人正因为上了报纸而声名远扬——打听，显然，哈普古德认为我有此等能力，或许算是当然人选。不管怎么说，他们决定来邀请我跳槽，帮助他们把《麦克卢尔杂志》打造成为他们所盘算的那个样子。菲利普斯反复试探我是否领会了他想要我做的事情，我记得我不怎么热乎，我喜欢《商业广告人》，不喜欢这个主意，它会让我丢下我的团队和我们一直都在享受的所有乐趣，更何况，我也很疲惫了。我想，菲利普斯当时回去报告说我并不热情，但是他们并没有别的什么人可以指望，加之我发现我报社的上司是一个不抵抗主义者，他反倒鼓励我走。就在此时，我得知我的雇主们认为我"疲疲沓沓"——江郎才尽——"被榨干了"。又有一天，菲利普斯回头来找我，听他说话我乐意得多了。

"关于这杂志，你的策略将会是什么？"他问。

"投入新闻。"我答道。我早已在"仔细思考这事儿"，我想到，有一些新闻报道持续得如此之长、具有如此重大的意义，弄得报纸的读者都跟不上它们的进展。周刊对于这样的报道还可以进行评论；而月刊则可以跟踪报道，原原本本地告诉人们全貌，复述事情的来龙去脉，还可以加上点评，尽诉其意义。

菲利普斯似乎明白这一点，看来也乐于赞同，他把我带到他的办公室，S·S·麦克卢尔不在，约翰·芬利在，还有 Jaccaci 和阿尔伯特·C·博伊登(Albert C. Boyden)。Jaccaci 努力地试探着我，带我去他的家里，跟我交谈，还开车送我出来。这就是他的方式。假如他做不了朋友，无疑可以做情人，他对那些为他配插图的艺术家们产生了奇妙的影响。他根本不是雇员们的老板，而是一个与之共同工作的人，一位密友；他是人们称之为鼓舞者的那一类人。他不愧为编辑，不过他所编辑的不是印本，他编辑人，他的影响格外地强烈，因为这影响直指人心。尽管他的专栏是艺术，然而对他而言一切刻画都是艺术，他向书写者们——跟对插图画家一样——挥洒爱，也从他们那里赢得了爱，而且效果还不错。

正是 Jaccaci，敲定了我的应聘合同。他考虑到我对我的报纸业务实在是厌倦了，支持我坚决要求当年夏季休假一段的条件。我将在秋天进入这家杂志社，这让其他的人失望了。这家杂志到那时——当年一开春——就需要一位主管编辑，菲利普斯摇着他的头，他是在为全体办事人员着想；而"Jac"——我们这么称呼 Jaccaci——则在为我着想，就像他经常为画家作家编辑乃至每一位雇员、各色人等着想一样。

"博伊登可以临时管理一下办公室。"Jac 说。

我去往阿迪朗达克(Adirondacks)，我妻子早已在四湖(Fourth Lake)上准备好了一间木屋。我记不起是怎么去的那儿；休息的念头让我如此地放松，以致于我陷入了迷乱的恍惚之中，我一到达那个木屋就睡了一觉。头一天我夜以继日地睡了20个小时；第二天19个小时。一天吃一餐或者最多两餐，剩下的时间我都睡在小屋阳台上的一张松木床上，就这样过了好几个星期。我在湖里游泳，不久以后又开始划小划子或者划船小游。一个夏日的早上，我们晏起发现我们的储备物资告罄，在我们买东西的那家店铺，埃德温·埃默森(Edwin Emerson)花光了小钱坐在一旁，他一见我们就笑，和我们一起去附近的一家酒馆吃了丰盛的早餐，然后踏着坚实的步子走了。我不知道他打哪儿来要到哪儿去。有一天，我岳父R·B·庞特寇博士(Dr. R. B. Bontecou)来看望我们，他划船载着我在湖里四处荡，讲他年轻时候在亚马孙(Amazon)勘探的故事。再没有其他的来访者，没有书，也没有新闻，除了这树林里、这美丽的自然公园水面上的无梦之夜和如梦的白天之外，什么也没有。日子如此地令人愉快，要回去的事儿我真没有介意过，生怕阿迪朗达克的一切显得很现实或者会促成什么行动或者富于思想内涵。一直到我商定的四个月假期中的三个月过完了，我都还没有醒过来。当时，我发电报给《麦克卢尔杂志》问是不是我不必马上来到位，他们回电，“来。”于是我就投入了工作，投入到了另一段长长的专心致志当中。这就像从床上跃起接着潜入湖中——潜入到社交活动当中，那水真凉。

在《麦克卢尔杂志》社我有一个编辑部，毫无疑问也有一个提升的机会：这个编辑的部门需要人来组织。但我不是一个组织者。我也做不了行政领导。经营管理的工作，伯特·博伊登会去做的，尽管只是临时应一下急。他临时代替约翰·芬利，临时代行主管编辑的职务，直到我去接任。在我做主管编辑的任期里，博伊登自始至终是代理主管编辑；我离开之后他还是作为代理主管编辑临时代管。这种处境就像我过去被大材小用一个样，当时我胜任报社的本地新闻编辑——不过我到现在才更好地理解了这个工作——我却不算一名编辑。等到我在杂志社的办公室四处逡巡找事儿做的时候，我才认识到我的忧虑很不明智。以前在《商业广告人》，管理事务都由我的助手Lachaussee去做；而在这里，在《麦克卢尔杂志》，博伊登在管理。在报社，我做得更多的是指导，事实上我领着或者驱使着一班记者玩儿命地干。在这家杂志，没有什么班子供我指导。艾达·M·塔贝尔小姐[3](Miss Ida M. Tarbell)和雷 · 斯坦纳德 · 贝克(Ray Stannard Baker)都是被聘来当撰稿人的，而且他们都已经被指派了题材。塔贝尔小姐正在写“标准石油公司(the Standard Oil Company)的历史”，贝克在做着类似的文章和一个关于德国的系列报道，主编S · S · 麦克卢尔在亲自指导他们的工作。留给我的就是写手们，大部分作者除了来交稿就不到办公室来；还有别的投稿者——像探险者一样——要和他们结交还要恳求他们为我们写稿。这真是一个有希望的事业天地，也令人愉快的，可是基本上早就被麦克卢尔本人还有其他的主编占据了，我在这上面花了一些时间，可是我做不好。我替作者着想太多，比起我们想让一位作者去做的事情来，我还是更倾向于他去做他自己想做的事情；按照他的而不是我们的价钱给他报酬。

詹姆斯 · 霍珀(James Hopper)暴露出了我这样的毛病。他从菲律宾发来了两三篇短篇的力作，我们的审稿人薇奥拉 · 罗斯伯罗(Viola Roseboro)，总能从一个新出现的文学天才身上看出他们的前途来。她很少错过好作品。在审读原稿冗长而又费力的一天行将结束的时候，她发现了霍珀，一跃而起，戴上她的帽子，从哈莱姆(Harlem)她的公寓冲到杂志社，我们都快要下班关门了。

“嗨，”她神神秘秘地对我说，“这儿有一个新作者，他这些故事写得好极了，它们会引起争议的。你今天晚上读一读，我们一起来为它们搏一搏。”

我读了这些原稿，跟薇奥拉深有同感。果然，别的编辑也看到了其中的力量，只是接受不了它们，罗斯伯罗小姐白费力气地为之辩护。人人都赞成退稿，当然还要附上一封客客气气的信，问问看霍珀愿不愿意考虑做点别的什么事情；激起了杂志社所有人兴趣的，是作者本人而非他的作品。我为此都快要崩溃了，“要么我们采用这些报道，”我坚持道，“要么我们录用这位作者。”他们同意把这位作者叫来。霍珀来了，我们给了他一份工作——我想是审读校样——接着开始试着让他写更通俗的短篇。我带他回家，带他去科斯科布，告诉他写什么怎么写。“你给了我一些很糟糕的建议。”他后来说。他肯定采用了其中的一些建议，因为他确实写出了好几篇小说，我们刊发了。S · S · 麦克卢尔从欧洲归国的时候，霍珀渐渐地出名了，麦克卢尔接管了过去，他很欣赏霍珀的天赋。

"这是你做的一件好事"，他这样说起我的编辑工作，这个令人费解的评语令我很困扰。除此以外惟一还令他满意的事情就是我同作者们的通信联系，"你对他们要做到你好像明白我们是靠他们吃饭的，因而不得不抓牢他们和他们的作品。"这话听起来好像是对其他人的非难。

一天，霍珀来到我的编辑部，放下了一篇新写的小说，然后说他希望他的小说得到更好一点的报酬。我拿起原稿读了进去，意识到这是他最好的作品之一，把它递还给他。"投稿到别处试试，"我说，"它会被采用的，这会向我们证明你受人重视，以后——你就可以在我们刊物提高你的稿酬了。"

等到这篇小说发表的时候，"S·S"——我们这么称呼麦克卢尔——暴吵了一顿。他可真能暴吵。他嚷嚷着找霍珀，猛地扑向霍珀，为了他胆敢在名列我们的工资表之上的同时还把他的作品拿出去发表，霍珀畏缩了，告诉麦克卢尔是我劝他这么做的。

"斯蒂芬斯对我说的，把它拿出去发表。"

麦克卢尔丢下了霍珀，冲向了我，对我又是一顿暴吵。我要把作者们打发走、要把好小说送给别家的编辑——为什么？为什么？为什么？我对他说：为了通过竞争来推动我们多付一些稿酬给我们的作者。然后，我正视着他惊愕的眼睛提醒他，他曾经吩咐我记住我们是靠作者吃饭的、记住我们要善待他们，而他这样暴吵就意味着——我推论下去——我们要记住的是他们得靠我们吃饭。他四下里看看有没有人听见，然后弯下身子像共谋者那样低语道："对啊！提高他们的稿酬，不过不要告诉任何其他人你要干什么，还有"——这一下他说得大声而且情绪高涨——"再也不许把别的像霍珀这篇这么好的小说给打发走了！"

这就是萨姆·麦克卢尔（Sam McClure），《麦克卢尔杂志》非凡的主编，金发碧眼，喜气洋洋，满腔热情，不可信赖，他是他那个时代各种理念的领受者；他是一朵不待坐等蜜蜂来采他的花蜜也要留下其种子的花朵，他向前伸展，为着要寻找蜜蜂然后敲诈它。他很少呆在杂志社，"我做不到坐着不动。"他大声地说，"那是你们的工作，我真不明白你们是怎么做到的。"他不能呆在杂志社的一个原因是我们老牵制他，牵制S·S，确实是我的工作，也是我们所有人的工作。他的神经质驱动着他；也驱动了他的包打听，驱动了他包含于其中的爱，驱动了他好奇与被好奇的需要。他追逐着新闻，尤其是重大的涉及隐私的新闻。如果一位新作者在地平线上升起或者一位记者要启程去采写新闻或者一位政治家通过新闻的媒介突然出现，S · S 就会前去会一会这人然后“让他加盟《麦克卢尔杂志》”。非洲他去游历过，欧洲经常去，到美国的西部、南部、东部还有北部去经世阅人，去听、去讲。实地调查就是他的工作。各种理念就是他的肉食，可他从来也记不住他是从哪儿得到它们的。有一次他向一位记者谈起这位记者在南极地区之所见，从这个乏味之人的报道当中，他挑出了几句引起联想的话，接着，超离这个家伙讲起这个故事来，向这个家伙描述其本人的旅程，描述得如此地生动逼真，弄得 S · S 自己都神魂颠倒了。他打电报给我们，说他已经布置了不是一篇文章而是一个系列，我们都讨厌系列文章，它们束缚了我们，S · S 也知道这一点。等到他回家他并不稍作停留，随即离开又前往欧洲。直到那位记者自己走进来、把他那不成器的系列报道递给我，我们才知道此事的来龙去脉。

“麦克卢尔先生布置的这些。”他肯定地说，然后列举他得到应许的高额赏金。

“麦克卢尔先生并没有布置这些文章，”我答道，“他只是布置了他自己对你的经历的想象。你写了你的所见，你还要写出麦克卢尔先生在南极地区亲眼见到了什么。”

因为知道 S · S 已经出国，抛下了他留给我们的这一堆乱麻，我们召开了一个编辑会议。我们完全不能够采用这样的作品，甚至也请不到可以对他所说的“上午 5 点 55 分起床然后跋涉了四个小时”推想出或者说出个大概来的作家来把这系列报道重新写过。我解决了那个问题，那位系列报道的作者碰巧要去欧洲，我给了他麦克卢尔先生的地址，那是最后一次我们听到那位记者的消息，S · S 不是把那人搪塞过去了就是自个儿掏腰包跟他结清了账目。

另有一回，就在 S · S 外出、留下我们为他赶船的匆忙迷惑不解的时候，两个年轻人出现在了杂志社里，看到他们像我刚就职的时候那样四处闲逛。似乎只有菲利普斯先生认识他们，当时我问他这二位是何许人也，他说：“噢，你不认识他们？他们只是 S · S 找来要把一份报纸成功地推销到遥远的西部去的两个小伙子。他对他们的经历感兴趣，劝他们清盘，而你我的结局是，其中的一个将取代你，另一个则取代我。”

“好吧，不过我们对他们做点什么？”

“什么也不做。任他们摆弄摆弄他们自己找得到的任何事情，直到——问题终会自行解决的。”

那两个年轻人闲荡了一阵子，然后就走了，在别处找到了职位。他们在出版业和广告业成了非常成功的人物，对于麦克卢尔在他们的职业生涯当中的错误干预从未流露出任何怨恨，他们疑惑过，但是不明白发生过什么。

一旦S·S外出，事情总会是这样；总有一些他头脑发热的行为等着我们去抵制。而且，一旦他旅行归来，事情也总是这样。他会从轮船上直接来到杂志社，跟我们讲他的所见所闻所言所行。为了证明这一切，他会用旅行包里满满的剪报文件书籍还有信函来向我们展示：他有哪一位出版家都不曾有过的极大的面子，他有最令人惊讶的、真正震惊世界的多少主意或者新闻题材。偶尔，他还真的有好东西。一次去英格兰旅行，他就带回来了吉卜林（Kipling）的《吉姆》（Kim）。而且，他总是在科学上或在尚待探究的问题上有一些大发现，回到杂志社里来无拘无束地作报告。我们平心静气地、表示敬佩地接受他的一些建议。但是，我们还得联合起来同他斗争，比如说他举出七条所谓的新闻、震动世界创造历史的荒谬空想而我们反对其中的五条。他像我们一样也来斗法，他拿他不在的时候我们料理的这家杂志作为武器来打压我们。在办杂志上，我们都是失败者，都是沉重的负担；而他才是这家杂志的灵感，他就是有创造力的精灵，我们为麦克卢尔和《麦克卢尔杂志》所能尽到的职责仅仅只是牵制他。我起初还曾袒护他，认为他是我们的“老板”，该当随意而为。不过，袒护既教人难以忍受也代价昂贵。他的绝妙主意大多都愚蠢荒谬，我最终还是和其他人一起克尽职责，成为杂志社这辆四轮大马车的刹车之一，尽力抵制麦克卢尔天生的疯狂。菲利普斯做事努力有耐心而且坚定不移；Jaccacci自己就跟S·S相像，容易兴奋也很暴躁；我摇摆不定——时而护主、时而犯上，不过都不怎么严重；塔贝尔小姐是S·S忠实的朋友，也是我们每一个人忠实的朋友，她用她的机敏缓和这些争斗或者找到达成妥协与和平的方法。我很欣慰，因为“我们”——这家杂志社的主编主笔编辑——都有克制，我们只不过拒不执行老板那办不到的甚至是疯狂的计划，就算是在我们为了图太平而假装同意它们的时候。好在S·S很快就忘了这些，另外的绝妙主意或者伟大作家他要多少还有多少。

我这么做的结果是，S·S经常对其他编辑说我是他们所有人——除了他自己——当中惟一的名副其实的编辑主任。不过对此，他私下里予以否认。他想让我做他的编辑主任，他的第一助手，故而他带着期望留意我，也带着鼓励帮助我。他经常和我在一起，厮混在杂志社里、在他的或者我的家里，我们成了好友。他的兄弟罗伯特·麦克卢尔(Robert McClure)抱有反感，罗伯特说我做不了编辑主任，不过罗伯特的说辞大错特错。我为这杂志写了不少小说散文，还化名写了一篇文章“同业公会的主持人”，罗伯特·麦克卢尔写了一封信给“编辑主任”——显然是要我打开来读——说我应该被解雇而写了那篇文章的人应该被安插在我的职位上，我把那信呈交S·S请他裁决，他乐于见到这种局面，反倒说他的兄弟不会如此。一天，S·S在我身边坐下，说了一句教我难忘的话：他的兄弟到底没有说错。

“你或许曾经是编辑主任，”他说得非常真挚非常体贴，“你现在或许在担任编辑主任，不过，你实在不懂得该如何去编辑一本杂志。你还得学。”

“怎么学？”我生气地问他。

他把他的手放到了我的膝盖上，“不在这儿，”他说，“你在办公室里不可能学会编杂志。”

“那么我可以到哪里去学？我该到哪里去学做一名编辑主任？”

他一跃而起，手挥成一个宽大的圆圈。

“随便哪里，”他说，“别处随便哪里。离开这儿，去旅游，去——到一个什么地方。出了这个房间去广告部，问问他们有哪一家的车船费余额。买一张火车票，上火车，你到哪里下车，就在那里学习编杂志。”

我这么做了。杂志社还有拉克万纳[4]铁路公司的广告账款，我就订了一张去芝加哥的票，在那里，我果真学会了——不仅仅是怎样去编辑一本杂志，还开始了不光让一家杂志、也让许多家杂志轰动一时的事情。我开始了我们揭发营私舞弊而不讲原则的耙粪。

译注：

1，麦克卢尔，S. S. McClure，Samuel Sidney McClure ，1857—1949，

美国编辑兼出版家，《麦克卢尔杂志》的创办人。生于爱尔兰，九岁随寡母移居美国，家境贫困，他自食其力就读诺克斯学院，1882 年毕业到纽约，担任各类小编辑工作两年后，成立麦克卢尔企业，为美国最早的报纸稿件供应中心，同时向会员报社提供新闻题材。1893 年设立出版《麦克卢尔杂志》，使之成为低价位报刊中的佼佼者。他的作品有《和平之障碍》(1917)、《自由的成就》(1935)等。http://en. wikipedia. org/wiki/S. _S. _McClure

2，《麦克卢尔杂志》，McClure's Magazine，由 S·S·麦克卢尔于1893年创办的杂志，在二十世纪初对美国社会及文化有很大的影响力。为它写稿的作者有柯南道尔、马克吐温等，赞助者有欧·亨利、杰克·伦敦等。这是一般社会批评的宣泄管道，曾促进许多改革运动，1929 年停止发行。

3，塔贝尔，Miss Ida Minerva Tarbell，1857—1944，美国从事调查研究的女新闻工作者、演讲者及美国工业的年代史编者。1891 年前往巴黎，靠为美国杂志撰稿谋生。以其权威性著作《标准石油公司史》(1904)著称，该书原以连载方式在《麦克卢尔杂志》发表，描写了一家垄断企业的兴起、它所使用的不正当手段以及对自然资源的滥用，引发政府对这家公司的反托拉斯制裁，此举动具有重要意义。她因此成为 T·罗斯福总统所说的耙粪者之一。她写过拿破仑、林肯等人的传记，这一系列传记在《麦克卢尔杂志》的连载有助于该杂志的发行，1906 年，她对麦克卢尔的管理方法不满，和斯蒂芬斯等人出走，创办了《美国杂志》，她同时为之撰稿(1906—1915)，并共同拥有和共同主编这家杂志若干年。她的其他作品包括几部备受欢迎的传记及其自传《不足为奇》(1939)。揭露腐败是她一生当中的插曲，与其说她是一个激进主义者，还不如说她是一个自由派人士。

4，拉克万纳，Lackawanna，美国纽约州伊利郡的工业城市，南与布法罗(Bufflo)都会区毗邻。这里是伯利恒钢铁公司的厂址，其所生产的钢铁，是该市的主要产品。该地的重要名胜有圣母得胜天主教堂。该地城北称为石灰山，十九世纪开始拓殖，于 1909 年建制，改名为拉克万纳。采用市长－议会制。

圣路易斯，一个城市的里里外外

在芝加哥，我作为一名来自纽约的编辑，要做的事情就是拜访作家作者、主编主笔编辑以及市民当中的头面人物，然后引他们畅谈，判断他们对什么感兴趣，约请他们当中的一些人为《麦克卢尔杂志》撰稿。我有一份这些人士的名单，这是当时主管我和我的工作的伯特·博伊登交给我的，在名单的末尾他添上了他的“兄弟比尔”——马茨和费希尔及博伊登（Matz，Fisher，and Boyden）律师事务所的一位成员——的名字。纯粹出于礼貌，我最后才去拜访威廉·C·博伊登（William C. Boyden），而这位和蔼可亲的人也出于礼貌，才转过他的椅子、他的身子，把他的全副心思转到我所关心的事情上来。我见过的当地人给《麦克卢尔杂志》提什么建议了吗？没有。

“好吧，那么，让我们来想一想，”他嘴上说着，手上的事儿却没停下，“就从窝边开始吧。我的合伙人沃尔特·费希尔[1]（Walter Fisher），正在着手改革芝加哥的市政体制——”

“改革？芝加哥？”我笑了，我一定是流露出了一个想法：这或许算一条新闻，如果是真的，那也是——办不到的。

“不妥吗？”博伊登根本不争辩也不力劝，“好吧，那么——让我们再想一想。哦，听我说，在圣保罗（St. Paul）住着一位非常温和的、瘦小的德国老绅士，名字叫做魏尔霍伊泽（Weyerhäuser），他把大片的美国林地都收归自己的名下，拥有西部和西北部广阔的地域，而如今，他又将获得南部各州的一些林区。我是因为一桩法律诉讼才知道他的。他想让木材在那些水流小得不能载舟的河道里顺流而下；可是他这么做不合法，因为那些不是‘可通航河流’。因此，他提请法院裁决：原木也是船；原木木材可以漂行的河流就是可通航河流；这样——”

“他事儿办得怎么样？”我问道。

“啥也没办成，”他说，“除非他有超乎寻常的、给人印象深刻的权势，否则他就寂寂无闻了无痕迹。他是美国最富有的人之一，比你们纽约的好多百万富翁都要富有，公众从来都没有听说过他。”

我去了圣保罗，找到魏尔霍伊泽那朴实无华井井有条的办公室，从他的职员们那里得知他向来拒绝采访，他们告诉了我一些关于他的事情，他如何严谨、如何温和、如何有条理、如何敏捷。“每天正7点30分来这儿上班。”我想这是通常的上班钟点，或许他7点15分就到了。不管怎么说，我第二天早上比所说的那钟点提早五分钟到了那里，等这位胖鼓鼓的、头发灰白的、笑眯眯的德国人一到，我就向他提出采访的要求。

“我从不接受采访，”他说，“我不会为那些个捧场的报道费心思的。”他不稍作停留就要走进那张双开式的弹簧门。

“我没打算写文章捧你，”我说，“我是想要写文章贬你。”

他停住脚步，盯着我，“进来吧。”他邀请道，推开门等着我。

他引我进到他的私人办公室，我们一起坐下，然后，他看都不看一眼他的信件就说：“好，那么，我能为你做什么？”

我对他说，我已经知道他白手起家发了财，拥有美国一半的森林，“它让你付出了什么代价？”我问道。

他开始摇他的头似乎要说“没什么代价”，可是，他盯住我，他那双睿智的、瞪得大大的眼睛看出了我的意图，他的微笑突然不见了，他的脸变得严肃起来，“你的意思是——”

“是呀，我指的是在这个国家里有很多能力出众的人，总是以毫无资本却挣得百万财富来装点自己，然后告诉我们说他们除了勤奋别无代价。我认为他们一定付出了——别的什么，我想，他们所付出的代价，跟他们的所得一样多甚至更多。你有多富？”

他一动不动地坐了一会儿，然后起身，关上他办公室的门，这时，他转身回来——极其缓慢也极其谨慎地——坐了下来，他严肃地说：“我不知道我有多富，等会儿我可以要求楼下的银行为我们估算一下。我也不知道我付出了什么代价。我常常感到困惑。你是指我为了——为了生意不得不做的那些事情吗？对吧，我想是这样的。嗳，那些事情让我非常恼怒，我常想要找个什么人透彻地谈一谈这个，可是，没有人呐——”

“为什么不找你的牧师？”

“噢，神职人士——他们是不会明白的。”

“他们只会对你说应该住手？”

“是啊，可你做不到呀！”

“嗯。还有你那些银行家呀，那些隔行的成功商人。”

他看到了我的笑容，可是没有心思和我一起打趣儿。“他们中间的好多人也不得安宁，”他断言道，“不过——”

他不说了，不住地摇头。

“他们也只是说，就这样继续下去？”

他出神地点了点头。我俩沉默了一会儿，他在思考，想要说出内情。

“你不得不做的事情是什么——？”我轻声地问道，他随即就有了反应。此前他一直低着头，这时他的脸抬起来转向我，接着，他问道：“我想对你说一说。我可以对你说吗？私下里说说？当然，你不能报道出去。”

我犹豫了。只能让我自己知道这些事情，这对《麦克卢尔杂志》太不公平了，可是我又能做什么呢？

“我保证，一定。”我承诺道。

他告诉我，为了得到木材他做过些什么，又是怎么做的，他是怎样得到并利用政界势力的；出于探讨，他对我讲了他如何证明这些事情是正当的。他起先采用一个生意人的惯常做法，向竞选基金捐款。他这是在试探我，我要评价吗？要表示震惊吗？我不能够。从他的身上，我看出他有压力，这么说吧，因为得到了鼓励，他没有拘束地谈及事情越来越多的细节。整个我们上午都在那里闭门长谈，谈了三四个小时。我没有试图去帮助他或者伤他的感情，只管听，他把自己的心里话都说了出来。临近中午，他找来了他的进账和支出的结存——这些重要的数据，看来他还记得他的许诺，给楼下的银行打了一个电话。

“我这儿有一个人，”他说，“他问我有多富。你能合计出一个粗略的估数来吗？不能？要花太长的时间？好吧。”他挂了电话，“他也不知道，不作准备他是说不出来的。”

“现在这无关紧要了，”我说，“对吧？”

“对，这不是关键。我们算得出成本，赢利无关紧要。”

这话他说得心不在焉，然后他心不在焉地目送我出门。我离开那里，回到芝加哥——像魏尔霍伊泽一样地心不在焉——心里想着谁还能够比他反省得更好。

“喔，那么，”博伊登说，“要是你从魏尔霍伊泽那里采访不到一篇文章，我这儿还有一个机会。有一个人住在圣路易斯那边，他的名字叫福克，他逮住了涉嫌参与市政委员会系列贿赂活动的一群懦夫，我们从报纸上得到了一些没价值的线索，但是具体细节如何却不清楚。你为什么不去那儿？去会一会福克这个人，把他还有他的那一堆调查结果报道出来，也好让我们这些不了解圣路易斯的人看个明白。”

这正符合我曾经向《麦克卢汉杂志》建议过的方针——做一份全国性的出版物——把报纸上理不清的、地方性的、连续发生的新闻拿来，用一篇或长或短的报道面向全国有条不紊地报道出来。我当晚前往圣路易斯，第二天将近中午的时候，我就和约瑟夫·M·福克[2]（Joseph W. Folk）一起坐在了那家老种植园主宾馆（The Old Planters Hotel）大堂一个安静的角落里。他是“丢开了一切”来见我的，他需要帮助，需要宣传。

“现在，本地的报纸现在都在支持我，衷心地支持，都把这新闻登了出来。不过，他们还不知道我所掌握的情况。”他四下里看了看，仿佛受人追捕一样。“比如这事的后果、取证的线索方向、我碰到的反对者——我担心我会很快失去所有的本地支持。你在纽约出刊，不容易受到圣路易斯的种种牵扯和恐吓。你或许可以帮助我渡过难关，而且这样还可以给在本地印发的报纸树立一个榜样。不过，我警告你，即将说起的这一切是难以置信的，我都很难相信自己的耳朵和眼睛。”

这条汉子被弄得昏头转向了。在片刻流露出他内心里这样的烦恼之后，他倒是笑了一笑，摆出一副从容无畏的架势，这架势他此后再也难得放下。他是一个小个子，骨骼瘦小，稀疏的黑发和一双黑眼睛使他那张白皙的脸轮廓分明。作为一个来自田纳西州的南方人，他出身于南方清教徒世家，这个家族具有其新英格兰同类那样苛刻的、自以为公正善良的特性，也带有一点骑士的品质，还带有他们坚守自己的良心反对蓄奴而流露出来的自豪感。福克最大的美德是富有责任感，他根据他在田纳西那些学校里、在攻读法学时所有的想象来对待大千世界。《圣经》、英国习惯法、美国宪法以及圣路易斯市的宪章，都把事物说成是本该如此——从田纳西来到这里开始他作为市政律师的职业生涯的时候，他也是这么以为的。为了结交朋友（还有主顾），他进入政界，多少也是为了演说技巧的锻炼，为拥有南方男孩子们所梦想的口才流利的政治家风度打下基础。他很偶然地成了地方检察官，圣路易斯区的地方检察官，这大概并非他所愿。他对此全无兴趣，因为他还怀有法学学生们共有的对“刑法”（这往往是绝佳机会之所在）的憎恶。这时，官场大佬跟他们各自的一些求官者发生了争执，正好这位无害的正派的年轻人乔·福克出现了，他还是温和正派的民主党俱乐部的主持人。民主党党魁埃德·巴特勒[3]（Ed Butler，Edward）邀请福克参加地方检察官的竞选。

“我还得履行我的职务呀。”福克委婉地提醒他。

“噢，当然。”巴特勒答道，对于一个成长中的年轻人而言“职务”意味着什么，这位大佬很有经验。

这会儿，检察官的职责是一座底朝天的高山，站在山顶上，一个有眼睛看得见的人能够目睹世事，理解人性，历经邪恶；而大多数的观察者因为现实太刺眼就去校准他们的眼镜。福克校不准。那天坐在那宾馆的大堂里，他讲述着他的故事，我能够感觉得到他所经受的痛苦，他那幅田纳西男生想象的画面是用不会褪色的颜料浓墨重彩地画成的。他只会相信美国城市总还是有王法的地方。但是，偏偏此时，大佬或者他的马屁精们就会来找这位地方检察官，告诉他要委派谁谁谁做他的助手，告诉他要做什么事；其时，埃德·巴特勒——他既非出庭法官也非司法官员、从前做过钉马掌的人而现在则充当违法者的代理人——这个坏蛋踱进福克的办公室，仿佛这是他自己的办公室一样，开口便说：“乔，你要提名某某人做你的第一助理，这个人那个人做第二第三助理，还有——你不要去操心咱们在投票选举中掺杂了什么人物，要对别的大佬在选举中的重复投票者予以限制——”

在福克睁着一双惊奇的眼睛用这样的方式描述着这些的时候，你可以想见，他关于世事的想象全都被撕成了碎片。

“我和我的职责，以及刑法，都受制于——罪犯们！”

他脱口而出。他有想象力，先前也必定有过，因为，他把他被撕裂的想象碎片拼合起来，甚至令想象力丰富的我也吓了一跳，让我也拼合出了一幅画面。我正要选取政治腐败中独特的不同细节，正要把它们拼接成观察一个城市的如实的全新视角，他打断了我的思绪。

“可这还算不了什么，”他说，“这还只是事情的开始，安插我就是为了要让我不去过问其他的——实际上是所有的——问题。”

福克开始对那些为了其人其党、此外也为了敌手把假选票投进投票箱的人提起公诉。“他们可是推举了你的，乔。”巴特勒规劝道，“没有他们和我们，你不可能呆在你现在呆的这个位子上。”

“我正是在履行我所宣誓的职责。”清教徒福克回答。

“啊，那么，我们就会叫你吃不消的。”巴特勒威胁道。

“别让我先弄得你吃不消。”这个南方人骄傲地说。

然而，他发现，为了胜诉，他必须有证人和证言；他还发现当一个囚犯眼看要进监狱的时候，为了自救，就会告发别人。这是检察官们的常规工作——起诉、跟告密者达成交易。跟纽约的杰尔姆[4]（Jerome）一样，福克悟出了门道；他认识到这就是职权。通过给予宽大，他作为地方检察官，就能够发现犯罪的内幕是什么；就这样，为了各种供状，福克起初是跟他那些投票选举中的灌票者（ballot-stuffer）达成交易，他们的故事都是权术的活教材；后来——

1902年1月月末的一天下午，一位通常被人称为“左派”高尔文（“Red”Galvin）的报社记者，引起福克先生注意到一则十行字的新闻，大意是一笔巨额的钱被人存入银行，用途是向一些议员行贿，以保证一项有轨电车线路政策的通过。新闻没有涉及任何人名，不过高尔文先生推测汇票是要交付给为了城郊街车公司（Suburban Railway）的利益而提出议案的某位议员。一个小时之后，福克先生签发了将近一百个人的名单给治安官，附有命令传唤这些人尽快来面对陪审团。这个名单包括市镇政务会委员、州众议院审议机构成员、官员以及城郊街车公司主管、银行主管和出纳主任。福克一无所知，何况他也没有能力知道那么多。

他听说了不少传闻，那些政治方面的小道消息往往都很靠谱，何况对于他所怀疑的那一干人等的相应势力和弱点，他也有自己的判断。他挑选了城郊街车公司的总裁查尔斯·H·特纳（Charles H. Turner）和酿酒商们的说客菲利普·斯托克（Philip Stock）作为突破口，他听说这个说客是这场街车交易在立法机构的代理人。他料想这两个人会告密的，便传唤他们来面对陪审团，然后他开始虚张声势。

“先生们，”在那次召见当中他对他们说，“我已经弄到足够多的证据来保证起诉你们行贿受贿的传票的签发交回，我还可以用足法律来对你们提起公诉，然后把你们送进监狱，除非你们向大陪审团讲清楚全部的来龙去脉，讲清楚为了确保第44号法令的通过你们所使用的行贿方法。”

他给了他们三天的时间来作决定，三天当中从他们及其朋友那里引来了多少拉扯多少抗议多少威胁多少眼泪；谁又不是他们的朋友呢？当时警务处处长罗斯福(Roosevelt)还在顾及“为坏蛋骗子窃贼说项的这些男男女女的声望和体面”，这让福克很惊讶。罗斯福有一点点不想拂逆了求情者的面子。福克还是履行着他的职责；他勤奋、不张扬、耐心。特纳和斯托克两位先生崩溃了，供认不讳。他们说出了交易的一切：姓名、价码、日期。他们供出了或者说牵连出了其他的人，这些人和盘托出了另外的一些交易，通过这些交易，高层基层、大大小小的生意人多年以来有计划有步骤地在谋取各种特权、各种授予物、各种许可、各种免税以及各种公共财产，并且盘算着在未来还要得到诸如此类的额外的特许利益。

当福克简洁地、措辞巧妙地、快速地讲述这些关于贿赂供状的故事的时候，他仿佛陷在了宾馆大堂那一角的黑暗之中，脸色越来越苍白，语气越来越平静；他那双小小的眼睛注视着我，(如他后来所告诉我的那样)想要看出我是否理解他所经历的事情，每当我不说话面无表情，他都不能容忍，就会窜起来喊叫——不对，他是在耳语，可他耳语迸发的方式听上去像是喊叫：

“好商人腐蚀了我们的腐败官员，好商业造就了腐败政府——在圣路易斯。”

他停一会儿，接着说：“先进市民靠着我们的城市养肥了自己——在圣路易斯。”

他停了下来，再一次注视着我，而这时我毫无反应，他软躺了下去，缩在他的椅子里，很坦率地说：“正如公诉人和刑事法庭代表着罪犯一样，各级立法机关，代议制的政府，所代表的往往是行贿受贿和交易，而不是全体人民——在圣路易斯。”

福克的脑子里所思考的问题很简单，但是却不同寻常。他把他的那些贿赂案在脑子里一并过了一遍，从各种细节当中得出了一条法则。他在推断。他不管闲事，也不针对他尚未揭发的许多重罪当中的哪一桩，而是对每一伙贿赂者们提起公诉，同时他思考着这一切，想要理解它们合在一起意味着什么。

“贿赂绝不是单单一桩重罪，”他大声地说着，“这是重叛逆罪(treason)。”转述了贿赂者“这就是把事儿办成的办法，福克先生；用任何别的办法你做不成生意”的说辞之后，他再一次地历数了每一位一点点地坦白的行贿者受贿者如何要计谋，这位惊愕的检察官说道：“这是有计划有步骤的，这就是把事儿办成的办法。贿赂和腐化就是革命性剧变的一个过程，使得一个民主政府所代表的绝非全体人民，而是一部分人，即民众当中道德更为败坏的那一部分人。”

“或者——更为优秀的那一部分人。”我嘟哝道。这时，他一跃而起，重复着我的话：“对，更为优秀的，圣路易斯有头有脸的商人们。”

我向《麦克卢尔杂志》写信说我有一个选题给他们，还说一旦物色到写这篇文章的人我就回纽约。福克说出了当时正在书写其惊人发现的每一位记者的名字，并且建议找克劳德·H·韦特莫尔(Claude H. Wetmore)，我从报上得知过此人，还被人引见过。他将写一篇关于福克和圣路易斯的文章。

请注意，圣路易斯。是韦特莫尔——可不是我——将要记叙这些由圣路易斯这位非同寻常的地方检察官所透露的不寻常状况。我那会儿还不是一个耙粪者，我只是一名编辑，我还没有想到由我自己来写这个题目。在回家的路上，我开始想福克之所想，我也在推断，我想的是纽约。圣路易斯的不寻常状况类似于纽约非常奇怪的情形，我在纽约所见识的腐败与警察有关；圣路易斯的则与市政委员会委员们有关。我倒是曾经读过关于纽约在特威德[5](Tweed)时期市政委员会委员之腐败的文章。我还听说费城(Philadelphia)也有，报纸上还有过关于明尼阿波利斯(Minneapolis)类似于纽约警界腐败的一些事情的零星报道。

难道圣路易斯和纽约的不寻常状况不是美国的市政府的普遍状况吗？不，此时言之尚早，我还不能这样说。

韦特莫尔的文章一送到杂志社来，我就作了一些修改。他遗漏了好多突出的事实细节，还放过了一些非常惹人注目的人物，还得对当地大佬——比如埃德·巴特勒——“悠着点儿”。我凭着记忆补充了他的遗漏，他提出抗议，如果这篇文章像我编辑的那样印出来，他就不能在圣路易斯生活工作了。我一再坚持，他也就让步了。我必须和他共同署名，并且为我加进去的内容承担责任。行，报道完成了。就这样，我充当了一名耙粪者，我也就是作为一个卖弄贪污贿赂大道理的人介入进去的。我写下了那篇文章的标题——“圣路易斯的特威德时期”(Tweed Days in St. Louis)——稍微添加了一点比喻，足以暗示正深深吸引着我的那个想法，那个由福克用言词表达出来的那个想法：行贿受贿绝非仅仅是一桩重罪而已，而是一个革命性剧变的过程，它正发生在我们每一个城市里；而且，倘若我追究其源头，我就有可能发现政治腐败的起因——及其对策。

不过首先，为了查明这一过程是否在所有地方都一样，我还得出发，去调查一下明尼苏达的警界腐败，拿它与纽约的警界腐败作一番比较。圣路易斯怕是不适合作这样一种调查，我向福克描述纽约情形的时候，他就说过在圣路易斯不存在任何有计划有步骤的警界腐败。

译注：

1，费希尔，Walter Lowrie Fisher，1862—1935，美国政治家，塔夫脱总统手下的内政部长(1911—1913)。http://en.wikipedia.org/wiki/Walter_L._Fisher

2，福克，Joseph W. Folk，1869—1923，美国密苏里州圣路易斯市的律师、改革者和政治家。生于严谨的浸礼会家庭，1890 年获得范德比尔特大学法律学位，取得律师资格，1894 年迁居圣路易斯，凭着圣路易斯检察官的身分打击当地的腐败和地方党组织，人送绰号“圣乔”(St. Joe)。1904 年以渐进式改革者和民主党人的身分当选密苏里州第 31 任州长。在他领导下，施行了多项法案，包括州直接举行初选、设立创制权、实施义务教育和限制童工，这些改革为他赢得全国的声誉。http://en.wikipedia.org/wiki/Joseph_W._Folk

3，巴特勒，Edward Butler，1840—1911，19 世纪后期美国圣路易斯的政党组织的幕后操纵者，马掌店老板，资本家。出生于爱尔兰，十几岁来到美国，在纽约做铁匠学徒，学做马掌生意，1860 年之前前往圣路易斯，在这里开了几家马掌店，多年之后成为富人。因为他指使一群喽啰去影响选举，经 L·斯蒂芬斯耙粪之后，“长官巴特勒”的恶名便广为人知。他在暗中还是帮助了不少穷人，尽管他的成功路上多有维护派系私利而不讲原则的丑闻，可是仍有上万人夹道为他送葬，这是圣路易斯前所未有的最大葬礼。http://www.findagrave.com/cgi-bin/fg.cgi?page=gr&GRid=33300910

4，杰尔姆，William Travers Jerome ，1859—1934，美国律师。1894 年操办了 William L. Strong 的竞选，助其当上纽约市长，1901 至 1909 年

间担任纽约的地方检察官，在这里他领导了一场反腐败、反犯罪的运动。http://www.worldlingo.com/ma/enwiki/en/William_Travers_Jerome

5，特威德，William Magear Tweed，1823—1878，广为人知的"大佬"特威德，有时被错误地指称为William Marcy Tweed。他是最显赫的美国政客，坦慕尼协会的"老板"。在其权势的顶峰，特威德是纽约市的第三大地主，是伊利铁路、第十国民银行和纽约印刷公司的董事，还是大都会宾馆的所有人。生于纽约，做过椅子工，当过簿记员，也曾在其父的印刷厂工作，后为志愿消防队员，当时这是平步青云的稳途。1852年当选纽约民主党市府参事，后进入联邦众议院（1853—1855），1856年任纽约市政管理委员会主席，学校专员（1856—1857），1857年当选坦慕尼协会干事，1858年入选纽约县镇长区长委员会，1867年入选纽约州参议院，1868年年成为坦慕尼协会的总干事。因此几乎得以完全控制该市的民主党政治，在州立法机关权力很大。1860年开设律师事务所，1864年购买印刷公司的控制权。其最大的势力来自于他在许多理事会、委员会里都是内定成员，凭藉坦慕尼、也凭藉他在市政项目上巧立名目、分工派活以确保选民之忠诚的能力，他把持了纽约市的政治任命权。他和同伙采用各种手段窃夺了大笔公款，其中以修建纽约郡法院的项目所盗公款最多，这一工程始于1868年，计划费用50万美元，但到1871年止已超出800万美元，还尚未完工。1870年的特许状把市府账目的审核权置于特威德的掌握之下，为特威德集团有组织的盗窃清除了所有障碍。1870年纳斯特（Thomas Nast）在《哈泼周刊》上发表漫画，披露了上百万美元的盗用，激起公愤。1871年《纽约时报》报道此事，在蒂尔登（Samuel Jone Tilden）和一个七十人委员会的努力下，特威德被捕，被控以重罪，初审时陪审团意见分歧，但复审确认其有罪，判刑12年，经上诉得以减刑，1875年获释，此时纽约州为索回被盗钱款提起民事诉讼，特威德无力拿出保释金，1875年从监狱逃出，打算经古巴逃亡西班牙，却因纳斯特的漫画而被人认出，再度被捕。1877年，因为通过贪污贿赂从纽约市的纳税人那里窃取了二千五百万到四千五百万元——市政委员会的这一估数后来刷新为两亿元——特威德被判有罪，次年死于Ludlow Street监狱。http://en.wikipedia.org/wiki/William_M._Tweed

明尼阿波利斯的耻辱

在我离开纽约之前，麦克卢尔先生敲定了我将要写的那篇讨论明尼阿波利斯的文章的标题和论点。这其实并不像听上去的那么荒谬。对明尼阿波利斯的揭露已经结束，主要的事实一年来以新闻的形式零零碎碎地在报纸上刊出过，我的工作是要搜集整理分期连载的新闻，作一个精炼而又全面的回顾。

“我们给它安个标题‘明尼阿波利斯的耻辱’，”麦克卢尔先生说，“我们要指出民主靠不住，指出为了获得成功，经营一个城市就要像经营一桩买卖那样去做。”

麦克卢尔先生认为他通晓政治腐败和效率低下的起因，而且他早有万全之策。妙计几乎人人有。谈论圣路易斯的那篇文章招来了不少信件、社论和各种批评，都是为被人发现的异常情形找理由。共和党人把这些归咎于民主党人；他们忽略了一个事实，圣路易斯最糟糕的时期就是在一个共和党市长的治下。来自东部的解释者们说圣路易斯是西部城市；新英格兰的人则谈及圣路易斯——一个德国人的市镇——大量的外来人口；欧洲的报纸和像詹姆斯·布赖斯[1](James Bryce)之流的人物则每每言及年轻，美利坚是一个年轻的国家，而这些政治丑闻都只是发展初级阶段的困难；英国人则带着一种为其贵族统治集团沾沾自喜的暗示提到民主。商人们把官员和政治当作祸根来谴责，提议把商人和交易当作对策，他们却没有留意：在圣路易斯向官员行贿的正是商人，被选进市政委员会以净化市政府的知名商人都在招供的行贿者之列。我自己也曾有过一些这样的看法，我含含糊糊地认为这些看法有一定的道理。我未曾片刻拷问过经常支撑这些看法的道德傲慢：政治上的罪恶都应该归咎于各类坏人，好人取而代之就能够除恶扬善。那个时候，我跟我的时代、我的同时代人还有我们的读者，处在同一个水平上。

实际上，现在我认识到，我那个时期的文字之所以都给人印象深刻，是因为我的调查带有我那个时代熏陶出来的愚昧。正是这愚昧，将惊愕、廉耻和爱国义愤塞进了我的那些报道当中。一切阶层以及所有国家民族都认为已经过时的那些左倾激进分子，对我来说都是新秀，尽管我在大学里早就研读过他们的理论：社会主义、无政府主义、单一税制，等等等等；我读过背过他们的怪诞言论，政治经济学教授还给了我高分儿——也给了我应对异端邪说的免疫力。总之，我就是美国大学教育的一个实例，这种教育使年轻人头脑固执，因此他们既无所不知又不学无术，也“不可能一遇上新的荒诞思想就被它激动得失去自制力——像暴民一样”。

德国的大学又在某种程度上矫正了我的美式教养：那里的心理学实验成果反复灌输给了我关于自然现象的解释——脑子反应快的、肤浅的、注重实际的坚定信仰——这些解释都往往只是由穷弱才子建立起来的保护屏障，以防他们经不住诱惑要去思考；还有：假如你过于笃信，你就无从学习；另外还有：为了研究的目的，你可以拥有许多理论，但是永远、永远也不要有学识。我打算系统地研究美国的城市，于是跟麦克卢尔先生争辩：我们要是不带成见地动手，像警探一样去搜寻疑案的关键、真相的线索，必将增加我们文章中的趣味。他不这么认为，他认为真理探索决不会让读者感兴趣，除非是写成奇闻逸事的来龙去脉；除此之外，凭着他办《麦克卢尔杂志》的经验，凭着他在其他各种生意中的见识，他还确信——一位强有力的聪明人（比如萨姆·麦克卢尔或加里法官）的独裁，就能够彻底铲除我们政治上的祸害，最终带给我们一位强有力的明智的市镇父母官。

我们俩有过一场绝妙的、让人笑掉大牙的论战，当然是麦克卢尔胜出。我去明尼阿波利斯要写的是：民主政治是一场失败，人民需要的是一位精明的独裁者。

我前往这座新英格兰人起主要作用的、由斯堪的纳维亚人组成的西部共和党城市，自己去查明：是否那里的警界腐败不同于纽约的，是否明尼阿波利斯并不存在——像圣路易斯和纽约一样——市政委员会委员们有计划有步骤的腐败。

和圣路易斯、纽约一样，明尼阿波利斯证实了麦克卢尔先生的定论。有一个人，市长，埃姆斯[2]“医生”（Dr. A. A. Ames），是警察、政府以及明尼阿波利斯贪腐的头头，在那里起着特威德（Tweed）其先克罗克[3]（Croker）其后在纽约、埃德·巴特勒在圣路易斯所起的作用。还有一个人，霍维·

C·克拉克(Hovey C. Clarke)，一个陪审团的团长，像约瑟夫·W·福克在圣路易斯所做的那样，强力推动明尼阿波利斯的揭丑和改革。此外，被揭露的警界贪腐的组织系统也类似于纽约的警界贪腐，当然又存在有差异。市长本人，不是(同纽约一样)警察的首脑，却是警察贪腐体系的头头；埃姆斯“医生”让他的兄弟科尔·弗雷德·W·埃姆斯(Col. Fred. W. Ames)当警察局长，这个坏蛋头市长组织了警察贪腐，还试图——通过其兄弟——掌管警察贪腐。不过这样的警界贪腐正与纽约此贪一个样，是警察机关的一种蓄意的、盘根错节的经营，警察不是去阻止、侦查或逮捕罪犯，而是去保护、指挥罪犯并与之分赃。民众所谓的道德因素，因为有赖于精确的法律去反对道德败坏和犯罪，反倒让警界罪犯占到了便宜——这也和纽约一样。酒业将受到规范，卖淫和赌博被禁止，当然，还有谋杀、盗窃以及一切重罪都会受到严惩。市长埃姆斯和当地警察机关——有职业罪犯给他们出谋划策——为违犯法律的豁免条件订立了一份价目表。各家酒馆要不守时关门、不理会禁止老虎机和赌博的法令、不遵守对于饮酒者赌博者的年龄限制，每个月该当进贡很多的钱。妓院是当地伐木工人聚集之地必有的场所，以前是用一种例行定期的拘捕和每个月少量罚款的方法来管理的。埃姆斯削减了这罚款，以便定期收取贿赂，对这些场所的营业听之任之，让它们的姑娘们富起来，还怂恿分组押宝和其他形式的敲诈勒索。大规模的赌博也得到了默许，因为市长和警察就是利益合伙人，这利益还因为设局“出老千”而大大地增加了。发牌人的百分比提成提高了；轮盘赌的轮盘也都“预先做好了手脚”。小赌也纳入了保护价目表，当然是不事声张的保护，盗窃也是照此办理。他们不光是默许行骗之人、翻越门廊入室的窃贼、破门盗窃者以及各路盗贼靠不正当的手段谋生，甚至他们干活儿的时候还有警察把风，保证他们不受干扰，当然也是防着他们欺瞒市长和他的左右；头头们还向外地的黑社会放出话来，要是骗子窃贼坏蛋们能够明智地跟警察按规矩办事儿，那么他们在明尼阿波利斯将会受到欢迎。窃贼骗子们进了城，用他们的眼光审时度势，有的人结交上了警察，达成了协议；另外的人则被警察看中，被唆使去当差。

个中的一切，包括姓名、价码、地点、日期和真实的往来，都由认罪的官员和骗子窃贼坏蛋当着陪审团的面再三地坦白了；审判记录摆在那里，其中的累累罪行也都被人当庭复述过。有些案例可以拿来举例。“纺纱机"爱德华兹("Billy"Edwards)是"大手套老兄"，扑克专家，他通过玩扑克和双手洗牌作弊去欺骗"雏儿"；有一位警探诺贝克(Norbeck)，过去认识他，提议为他和一个叫"狐狸"·霍华德(Charlie Howard)的伙计支一个"摊儿"，为他们招徕雏儿，而且，为了威慑那些打算向警察求助的"输了牌的告密者"，他还愿意亲自把门。

"我早就上外地去了太平洋沿岸地区，"爱德华兹讲，"有日子没见过诺贝克了。回来之后，有天晚上，我上了一辆明尼阿波利斯的有轨电车，诺贝克和警探德莱特尔(De Laittre)正好在同一辆车上，诺贝克一见到我就过来了，握了握手，说：'嘿！比利。过得怎样？'我说：'不怎么样。'

"他接着说：'自从你走了以后，局面就变了。我和加德纳(Gardner)[市长的收款人及贿赂总管]掌控全盘。过去他们以为我屁事不懂，但是小用计谋我就成腕儿了。'

"'我为你高兴，克里斯(Chris)。'我说。他讲：'我有些好事要你做。我打算帮你支一个摊儿。''那敢情好，'我说，'不过我不信你办得到。''嗬，不，我办得到，'他回答我，'我现在是腕儿了，加德纳和我。''这样，要是你办到了，'我说，'钱我照付。''你给多少？'他问。'噢，一礼拜一百五到两百。'我应承道。'就这么定了，'他说，'我先带你去见加德纳，然后咱们就支摊儿。'"

第二天晚上，这位警探和这位大手套老兄去见加德纳，他用一种常规的方式谈生意，给他们看了按照名册从妓女们那里收来的一抽屉钱，这钱等老头子(市长)狩猎旅行一回来就要交上去给他。"后来，"爱德华兹说，"他告诉我，市长对我们进贡五百元感到相当满意，说一切都好办，还叫我们干下去。"

和爱德华兹混在一起的另一个行骗者"火把"克罗斯曼(Link Crossman)，说加德纳起先要求每周1000元，后来砍价到给市长500元，给加德纳50元，还要给诺贝克50元。至于警察局长，弗雷德·埃姆斯，他们只给点小钱了事。"我们开张的头一个礼拜，"克罗斯曼说，"我给了弗雷德十五块钱。诺贝克领我去的那儿。我们握了握手，然后我交给他一个装着十五元钞票的信封，他扯出一份我们给他的托儿名单，说他想跟我一起排练一下他们。还有一回，我偷偷塞给了他二十五块钱，当时他正站在市政厅的门厅里。"

有许多大大小小的赌博摊儿，都以同样的方式得到了警察的帮助。“托儿”和“推手”在街道上、宾馆里、无轨电车车站上勾搭“雏儿”，赢得他们的信任，勾引他们到摊子上来。他们用雏儿们被骗走(或者用骗子坏蛋的黑话来说是被修理)的总额来指代雏儿：“百二块老兄”、“三十五老弟”。有一位老兄，罗曼·迈克斯(Roman Meix)，人们用他的本名来称呼他，他输掉了775元钱，又因为再三的控告而出了名。他们每个人肯定都有些“抱怨”，而这正是警察收取其红利“收成”(份儿)的原因。就是为了这一目的，警探诺贝克被派来守在这个赌博摊子临街的门边，听见“抗议”声一起，就去试图吓走那受害者。“嗬，”他会说，“这么说来你刚才在赌博，嗯？得到政府许可了吗？没有！好，那么，你最好此刻从本市消失，赶紧!”有的时候，他会押送那抱怨者去车站，看着他离去，如果这样还不能把他敷衍过去的话，警探会指点他去找警察局长。弗雷德·埃姆斯则磨着时间，企图让这个家伙在其等候室里耗尽耐心，假如这样不奏效，局长就会以逮捕或者找他的烦恼相威胁。

盗窃案经常发生，其中的许多案件就是由警察策划的。法庭审判记录上证实的一个案例是巴布斯特酿酒公司办公室的盗抢案。警官们驱使一位雇员掌握该公司保险箱的密码，一天晚上让一个惯偷把它席卷一空，当时警察局副巡官和警探就站在外面望风。

犯罪不断增长的数量和胆大妄为，警界罪犯的得意忘形，这个向非法活动大开绿灯的城市得不到保护的面积之宽，令明尼阿波利斯的清教徒市民们震惊了。随着丑恶年复一年地胡闹不止，警察和其他市政官员们也因为分赃不匀，形成了为诸般交易而争权夺利的群体或帮派，耍着阴谋去争夺利益、争夺那位越来越随意而无决断的市长的授权。他们互相拘捕受对方保护的窃贼、小偷、赌棍和妓女或者用别的方式去妨碍这些人，这样的倾轧确实让他们对揭露和随之而来的起诉处于不设防的状态。一个腐败的体制也得像任何其他的生意一样要得到控制和调理啊。

明尼阿波利斯的警察贪腐体制被揭露出来的所有内情，凸显出它确实很像纽约莱克索调查[4](the Lexow investigation)中同样“惊人的”证据所揭发的警察贪腐体制。

当然还没有到纽约那个程度。明尼阿波利斯的警察贪腐体制倒是像它所谓的姊妹城市——在密西西比河对岸——圣保罗的警察贪腐体制，西雅图(Seattle)、波特兰(Portland)、旧金山、芝加哥、新奥尔良(New Orleans)以及其间大多数城市中的警察贪腐体制，真的都一个样儿。

这是我从内幕中所了解到的。霍维·C·克拉克，陪审团的团长，曾经强力推动这场逼迫市长从该市离任的调查，考虑过把上述两位大手套老兄——“纺纱机”爱德华兹和“狐狸”霍华德——藏起来。他们被埃姆斯帮欺骗，克拉克找到他们的时候，他们正在看守所里干发火。他要求他们讲出他们的经历。这在他们那一行是万恶之首；这就是“告密”啊，他们可不是陪审团的眼线。但是他们都“太恼火了”，他们往日的警察搭档都既是叛卖者又是骗子——如他们所说都是一些“不义道的坏蛋”——而克拉克却不是。

“我见识的人多了,”爱德华兹对我说，“我看得出克拉克是一个有胆量的、正直的人。”

他和霍华德向克拉克原原本本地讲了他们的经历，还交给他一个厚纸的小本儿作为物证，这是一份精心保存的、粗略的分户账，一周一周地记录着赃物及其分配。贼很少会保存账本，他们在明尼阿波利斯记这本账，是为了跟警察按规矩办事，避免那些引起太多麻烦的纠纷。因为它逐条记录了得之于受害者的金额、开支、酬金的百分比和总数、牌局里的好牌、所有的成本，还有付给市长、警察局长以及每一位警探的、用钱来计算的份额，所以，这本大手套分户账是一份板上钉钉的证据。克拉克先生相信这本账和两位大手套老兄，想把账和人都藏匿好，留作市长劣迹的铁证。记者们闻风而动，四处寻觅着它。克拉克先生同意掌握这本账的陪审团成员把它借给我，我将它翻拍下来，日后印在我的文章里。我还想见那两个人，去问问他们“其他城市里的警察贪腐体制”，我恳求克拉克告诉我他们的藏身地点，我的借口是我得请他们为我翻译那本大手套分户账里的黑话。

“那些人每一个肯定都在等着要干的事情,”他不赞成，“就是找到它，毁了那本大手套分户账。那哥俩儿不是囚犯，他们只是被保护起来了，用他们的话来说，是因为他们要呆在该呆的地方，也因为我承诺过会把那本子还给他俩。假如他俩把账本弄到手了，就会开溜的。”

“不，他们不会的。”我断言道，我的笃定连我自己都说服不了，居然还说服了他。他给了我市里一个偏僻地区的一所空房子的地址，第二天早晨8点，我去敲那张门，人在早晨状态还算正常，还愿意会客。

门里面嘭的一声，赤脚踩在地板上的声音，随后就静了下来。他们被吓了一跳，一边诧异一边穿衣。我等了一会儿，又急敲了几下，听见门厅里木板嘎吱嘎吱的声音，就在门边。我后退两步，好让锁眼里的那只眼睛把我看清楚，我把那本大手套分户账清清楚楚地摆到那视线之下，这无疑吸引住了窥探之中的那只眼。钥匙在轻轻转动，我走上前再次不耐烦地敲门，门开了一条缝，一张胡子拉碴的脸露了出来，瞪着一只非常猜疑的眼。

"我是一个记者，"我说，"从纽约来的。我已经拿到了大手套分户账，想要你们帮我解释一些条目。"

那门关上了，里面在低语，接着，门开了，"纺纱机"爱德华兹，穿着衬衫和裤子，他身后的霍华德紧紧地盯着——我手里的那本子——让出一条路要我进去；随即霍华德——那本子就是他的、账也是他记下来的——把本子从我手上拿走，表面上跟我交出它的时候一样地心不在焉。我们进到他们的卧室，里面有张行军床，铺盖卷放在地板上，还有一张摇摇晃晃的椅子。我重申了我的来意，接着很快转移话题谈论纽约，随随便便地提到我所知道或者我所认识的其犯罪行当里不义道的警探、窃贼、扒手——所有这一切仿佛我差不多就是他们的同道一样、哪怕我是记者也是消息灵通的那种——我这是在装腔作势。他们不是在纽约混的，混是混过一阵，不过又跑开了。

"西部人我们一般不欢迎，"我边说边笑，"我们自己已经有足够多的坏蛋了。"

"嗯，我明白，"爱德华兹说，"不过你——他们也不该因为这个就被人搞臭。我只是想要闲呆着耗时间，不想干活儿，连老头子都说行。就是那些不义道的、叛卖朋友的家伙自己把我搞得筋疲力尽，那些坏蛋告我的密，说我欺诈，可我并没有私吞呀。"

"总得怪罪一个什么人吧，"我暗示道，"你们平常都在哪里干活儿?"

他们只花了一半的心思留心我和我的话题。他们的注意力、他们的眼神、他们的双手都在那本大手套分户账上；他们把这本儿来回地递过来递过去，谁拿到它就充满深情地捧着它、盯住它，就好像这是一个婴儿，他们的婴儿。他们的确想拿到那个本子，你盯着我我盯着你，眼神的交流如此地明显，我看出他们在问对方，对它、对我做点什么。我自己都不瞧那本子一眼，假装早已忘了它，同时我还不经意地提及克拉克，提及陪审团的其他成员，提及在明尼阿波利斯、纽约、圣路易斯、芝加哥白道和黑道上有权有势的朋友——为的是让他们联想到我可不是什么十足的、可以被人轻慢小看的局外人；而且我说起话来就好像我既没有考虑到我自己也没有惦记着那本儿。于是，他们安心了，完全沉浸在了我们的交谈当中。他们并没有决定要做什么，只不过在推迟作决定——我感觉得到——他们很专注地在谈论这个话题。

他们被叫到明尼阿波利斯来之前，曾经在太平洋沿岸地区——西雅图、波特兰、旧金山还有洛杉矶——干活儿。作为“好角色”(用他们的行话来讲)，他们是出了名的，也正是诺贝克以及明尼阿波利斯其他的“精明警探”需要的人。事情看上去还不错，可事实上并非如此。西雅图还好一点，旧金山最好，他们讲述了在那里怎么做事——就同在明尼阿波利斯一样——只不过那里的贪腐体制更根深蒂固一些、更安全一些、也更可靠更在行一些。“明尼阿波利斯的这些政客算个屁，”他们说，意思是说——他们解释道——埃姆斯以及他那“一班人”在现行体制里不长进，他们看着它运转，觉得事情不费力气。“可事情费劲着呢。你应该去看看旧金山那边的规矩。至于芝加哥和纽约——”在芝加哥和纽约他们还没有上道儿，因而在受到排斥的状态中他们过得很艰难；不过，他们还是对那里贪腐体制的效率表示钦佩。

“那就是和远离西部的本地一个样的体制呀。”我暗示道。

“当然，到处一个样儿，不过——也有一点区别。要让它运转得公正是要花时间的，花时间还要看能力，还要达成许许多多公平的交易。气量小的坏家伙做不到这一点，像这里这一帮子屁人这个样子的外行也做不到。”

“圣路易斯?”我问道。

他们不了解圣路易斯，倒是认得一些在那里干活儿的家伙；他们听人说起过圣路易斯——这是当然的——但是，他们对圣路易斯实在是一无所知，除了谣传。

我来此的目的已经达到，这就足够了；不过我还得把我的戏演完。我拿过那本大手套分户账；从霍华德的手中抽出它来的时候，我感觉到了他的惊愕，就在我拿着本子一边翻一边问及有些条目的解释的同时，他们俩都把手放在本子上。当我心满意足、起身要走的时候，霍华德捧着这本宝贝似的本子。走向前门的交流又完全是漫谈，我喋喋不休地说着；他们心不在焉地应答着；他们俩之间自有他们真正的交流，用的是眼神。我全然不担心他们拿定那本子不放；他们不可能感觉不到我的自信。我一点儿也没表现出我在想着那宝贝，我不停地说话，讲纽约警察总部伯恩斯督察[5]（Inspector Byrnes）的趣闻轶事，当时他们陪着我走出大厅走向前廊；我一直装作没想起那个本子，忽然，我又假装记起来了。

“哦，对了，那个本子，”我说，“我可不能忘了它。霍维·克拉克该要——”

我开始握手，先跟拿着那本子的霍华德握，然后跟爱德华兹握；我的左手伸向那本子，使我感到欣慰的是，我摸到了它，往回一抽，快进快出，然后，一切尽在掌握之中了；我慢慢地合上它，放进我的口袋里。随后我就把它归还给了霍维·克拉克，把本子不经意地塞到克拉克先生的手里的时候——当然这只是附带说说——我觉得，他收回它时同样地故意跟我说一些不着边际的话，他在掩饰着一种宽慰，这宽慰与我从我那两个坏蛋手里收回本子时所感到的一样地强烈、一样地无礼。

然而那本子或许是——当时我就对他照此直说——他本人主要的证据，如他所知，他家乡的、充当犯罪和堕落保护伞的警察组织系统，跟其他城市的警察系统相比是有代表性的，他吩咐我“去向新任的代理市长D·珀西·琼斯（D. Percy Jones）探讨这个问题”。我去了，并且从这位有教养的、仪态高贵的绅士那里听说了这一情况的另一面、另一段故事、另一个问题。

“不跟罪犯达成互利互让的协议，一个市政府**能够**对付道德败坏和犯罪吗？”

琼斯市长问我。本该我问他的，他却先开了口。

译注：

1，布赖斯，James Bryce，1838—1922，英国历史学家、法学家、政治领袖和外交家，其学识之丰富、才华之高和自由主义倾向，使他成为维多利亚时代的顶尖人物。1907年任驻美大使，受到欢迎。他曾四度访美

(1870、1881、1883、1890)，以《美利坚共和国》(1888)一书闻名，此书包含了对美国政治制度锐利的分析和对美国生活真实而同情的洞察，被人认为与托克维尔《美国的民主》同属经典之作。

2，埃姆斯，Dr. A. A. Ames，Albert Alonzo“Doc” Ames，1842—1911，美国政客，做过几任明尼阿波利斯的市长，以对穷人和蔼可亲、补助穷人(有时候向付不起费用的人提供医疗)而广为人知。后来，因为领导该市历史上最为腐败的政府而臭名昭著。http://en. wikipedia. org/wiki/A. _A. _Ames

3，克罗克，Richard Croker，1843—1922，美国政客，管理纽约市政直至十九世纪末。生于爱尔兰，孩童时被带往美国在纽约就读公立学校。十九世纪六十年代末成为“年轻民主党人”派的领袖，服从坦慕尼协会的凯利(Kelly)。1868—1870 年就职于市议会的市政部门，1873—1879 年就职于待遇颇丰的验尸官办公室。随着特威德的衰败，凯利成为坦慕尼协会的领袖，克罗克是其主要的助理。1885 年他击败凯利成为新一代领袖。他靠着施惠于地方领袖，建立起了强固的核心 1901 年他的政治势力日渐颓败，故宣布退休，移居英国。http://en. wikipedia. org/wiki/Richard_Croker

4，莱克索调查，the Lexow investigation，指 1894 至 1895 年间纽约州议会对纽约市的警界贪腐所作的调查。Lexow 委员会之名源自其主席、州参议员 Clarence Lexow 的名字。该委员会是 19 世纪几个类似的为某一案件而挑选出来的委员会当中，调查范围最为广泛的。它收集来的证言超过上万页，由此引发的丑闻，对于坦慕尼协会在 1894 年的竞选中、在同市长 William L. Strong 的改革班底的竞争当中的失败起到了重大作用。这些调查是因为 Charles Henry Parkhurst 施加了压力才展开的。http://en. wikipedia. org/wiki/Lexow_Committee

5，伯恩斯督察，Inspector Byrnes，Thomas F. Byrnes，1842—1910，1880 至 1895 年纽约市警察局侦探部门的头头。生于爱尔兰的都柏林，幼年移居纽约。战前是一名熟练的煤气设备维修工，1861 年应征加入义勇军，两年后在纽约做消防队员，同年被任命为警官。1878 年因侦破曼哈顿储蓄银行盗窃案而出名，1880 年掌管侦探部门，这个部门给了他巨大的权力，1886 年他设立了“桑树街晨游”制度，让被捕的犯罪嫌疑人在集合起来的警探前面游街，以便警探认准罪犯。同年，他的《美国的职业犯罪》出版，他把罪犯的照片集结成书，称之为“罪犯照片集”。他对犯罪嫌疑人的刑讯逼供被宣传为“第三度”，这是他发明的酷刑，将生理摧残和心理摧残结合起来。他很腐败，年薪2000美金，却积累了35万美元的财富，他解释说这是他听取了那些华尔街的赞助人的投资建议赚来的。1895年纽约市警务处处长西奥多·罗斯福迫使他辞职，以此作为清除腐败势力的罗斯福运动的组成部分。晚年，他做过保险调查员，在华尔街开侦探社。http://en.wikipedia.org/wiki/Thomas_F._Byrnes

我得大名，待遇好了

好学成良师。陪审团为了保住其成果而委派了琼斯，这位新任代理市长是一个新手，他年轻，富有，受过大学教育，是一个理想主义者，也是一个心地正直的人，保持着一味凭理智行事的廉正。他是一群"成功市民之子"(the sons of succesful citizens)中的一员，这些成功市民听说坏人们把我们好端端的美国地方政府给弄糟了，便下决心自己——善良的人们——要介入政治、要让坏政府转变好。珀西·琼斯还是一名市政委员的时候，霍维·C·克拉克这位更年长的商人刚巧被选为陪审团团长，刚巧在为埃姆斯市长那贪赃枉法的政府的喧嚣而恼怒，克拉克奋起抵制并予以正告，坚毅的下巴一沉，开始追击那些坏蛋们。

作为实业巨子的榜样，克拉克认为，跟他做任何其他的生意一样，他可以凭着意志力和聪明才智去净化一座城市。他这么做了，做得又快又好；他成了专政者，成了没有怜悯之心的好暴君，用恐惧去遏制贪腐。他绝对不想参政做一个统治者，他钱还没有挣够，巴望着回去做他的私家生意。他选择了珀西·琼斯来继任，部分的原因是他知道这位年轻人诚实无畏；另一部分原因，是这一场交锋期间琼斯不在城里，因而他躲开了一场改革之战当中所有的派系、仇恨和猜忌。

当我在明尼阿波利斯的居留行将结束的时候，霍维·克拉克吩咐我去见市长琼斯，说这话的时候，他的眼里闪出欣喜的神情。我们坐在克拉克所住宾馆的大堂里；扼要重述着他的经历；试图将他从他的陪审团调查结果当中获得的消息盘算出明智之策来。他惊骇于道德败坏和犯罪居然得到了保护，我对他讲了他那两位大手套老兄——"纺纱机"爱德华兹和"狐狸"霍华德——在郊区那所空房子里同我说起的那些话：别的每一个西部城市有着同样的体制；这才是控制犯罪的方式；靠着默许一些窃贼在城里忙活，警察就能够将流窜的骗子窃贼坏蛋拒之城外，同时也能够控制住那些得到了许可的坏蛋。

"如果警察体制就这样，"我说，"没有了警匪的同盟，你又怎么能在明尼阿波利斯这地方制止犯罪呢？"

克拉克先生猛地坐直，我相信他有一股要答出勇气来的冲动，可是他的脸还有他的姿势都放松了下来，边笑边说："你去问问市长琼斯。"

我去了琼斯市长那里，不过我没有必要问他这个问题。在他的办公室里，寥寥几句客气的寒暄之后，这位市长突然用热切诚挚的语气说道："现在听好，我打算告诉你，在我来这里之后这短短的时间里，我都做了什么，对我又造成了什么后果。然后，我要问问你，我还应该做什么。"

在那些耙粪的日子里，我一直被人误认为是一位专家，看透了贪腐、政治以及政府对经济和社会生活的干预，因而可以指导任何一个人针对这些问题怎么做才是恰当的。窃贼、官员、商人、改革者还有我们的读者，他们都想当然地认为我拥有了我正在努力想要得到的东西：见识。一方面，这是幸运的，"明智的家伙"会对我讲他们的秘密，想着反正我什么都懂，他们觉得还不如自己开口说出来，比如那两位大手套老兄；而且我也鼓励他们的自欺。另一方面，我无所不知的名声又是令人尴尬的，就像年轻的市长琼斯突然向我讨教的那个上午所发生的情形，他是那样地需要指导，又是那么地确信我能够给出指导——

这位正直的青年才俊坚信廉正勇敢就是一名好市长所需要的一切，他因为亟待解决的警界问题而出任公职。这事儿看上去简单，他可以指派一位与任何犯罪和贪腐都没有关联的正直之士担任警察的头头，叫他去组织警察机关驱逐违法者——当然是所有的违法者，你不要同罪犯做交易，只须强制执行法律就够了。他的第一个发现是，警察的工作属于特种行业，需要好多专门的经验；在他的城市里，没有谁有足够的警界经验、在某种程度上又没有被新近揭发的丑闻和密谋败坏名声，够格去组织并指导一个警察机关。最后，因为按理他必须委派他信得过的人，他选定了一位做教堂执事的故交去做警察局长，他和这位执事很巧妙地挑选了被前市长及其兄弟前局长开除了的那些人来当警察，这些人身上必有善念，比起从前那些有的只是恶意的人来，善就是反昔日帮派、反旧时惯例之道而行之。

他的第二个发现是，他——本市的市长——还有他新的警察机关居然执行不了禁止卖淫的法令。他们不得不容许卖淫继续下去，就这样，当地的妓女被限定在某个巡逻区域内，在那里，任凭她们做生意，而且还没有敲诈勒索和罚金之虞。

他的第三个发现是，因为卖淫被从房东租给妓女的房屋里面一扫而净，对这样的安排，作为房东的好市民们、业主们起而表示愤慨，扫除卖淫使得他们损失了高额的租金。更令这位好市长惊讶的是，这些房东征集了神职人员以及其他好市民的签名缠着他向罪恶妥协，结果不单单是执不了法，行政当局还得网开一面容许对这一法令的干犯。他不容争辩地坚持立场，琼斯确实坚持了，假如他一度为官还要谋求再次当选的话，他也许就做不到了。市长琼斯懂了，即使一个"坏"人处在他的位置上，也会因为好人们要求对坏人别那么公正严明而感到不得已的。他严厉地、一时出于好心地整顿其他陋习以及卖淫，反倒激起了酒馆老板、酿酒商、其他业主以及相关行业的势力来反对他。

市长琼斯最发人深省的发现，是关于犯罪方面的：带有暴力的谋杀、抢劫、放火等等重罪，抢劫盗窃敲诈勒索。霍维·克拉克还在任的时候，犯罪已呈下降的趋势，新市长上任的一两周时间里也没有任何烦恼，不久以后，罪犯们就重操旧业，住宅商号被盗抢，而那位执事警察局长侦办不了也制止不住。不少犯罪活动还泄露出消息来，通过某种渠道，其中的一些新闻上了报纸。受害者们都愤愤不平，他们的邻居都受了刺激，市长琼斯和他的警察既羞愧又紧张。有一天，几位赌场老板找上门来，要给市长一个台阶下，市长及其左右愿意听一听了。

假如市长能够允许他们——一个罪犯辛迪加——在市中心开四家赌场，他们可以预言在本市的任何一个区域就不会出现额外的卖淫做贼了。琼斯先生听了以后，考虑了一下，摇了摇他的头，不再跟他们谈论此事。他允诺给出六周的谈判时间，随后的那一段时间里他观察到确实没出现任何犯罪。不久，赌场老板们指明了这一事实，进而抬高了他们的喊价。他们都不是罪犯——赌场老板们如是说——也不是罪犯们的同伙，但是他们了解那个阶层和他们的方法手段以及他们的打算；单凭那用正当手段办事的警察机关都不可能应对犯罪；窃贼们可能很快就会在明尼阿波利斯重操旧业；何况，凭着一个以教堂执事为首的警察机关，琼斯先生又能拿他们怎么办呢？

赌场老板们表示愿意来约束全市的罪犯。

偏见很深的市长声称，他就是不相信会有爆发新一轮犯罪的任何危险。赌场老板笑了笑走了。这之后就发生了一个奇特的巧合，即报纸上所说的"犯罪之盛行"，都是些小偷小摸，弄得市长只好全力以赴。他诧异于这些盗窃的正逢其时，他的警察局长则诧异于这些犯罪活动的消息是怎么泄露给报社的。

赌场老板再次露面。他们不是早就说过会这样的吗？他们不是早就警告过市长犯罪会再度爆发吗？他们说过也警告过，不过市长也说过区区“爬门翻窗的窃贼”还吓不倒他，赌场老板答道，爬门翻窗入室盗窃仅仅只是事情的开始，接下去就会是比较突出的犯罪活动了。果然，琼斯所认识的知名人士的家里发生了一起、两起、三起夜盗；接着就是第四起，而且这第四起就发生在琼斯市长的亲戚家里。

赌场老板又来拜访。要是他们能够在明尼阿波利斯垄断赌博，他们将兑现他们以前许下的所有诺言；而且只要有什么夜盗大案发生，他们将追回“赃物”，说不定哪天还可以捉住那小偷。琼斯先生对他们要兑现这么多诺言的能力表示怀疑，赌场老板愿意作个证明，他们可以替市长找回从最后被盗的第四所房子里偷走的珠宝。市长欲观其成，赌场老板就走了。没几天，失物复得，一层包裹着一层，以一种惯常的警匪交接仪式，被送交给了警察局长。

这时，赌场老板再度拜访，他们认为市长愿意就他们的建议作出他的决定了。这决定却是：在他的任期之内，他的城市里不应该存在任何由警察纵容的赌博。当他对赌场老板说出这一决定的时候，他一定表现得非常敢做敢当、非常坚定并且非常自信；不过，当他向我复述它的时候，他就不那么有把握了。

“我们能兑现它吗？”他问我，这是一个令人焦虑的疑问。他解释道，他那么直截了当、那么简洁地作出决定，是因为他的任期只有那么短了。假如他前面还有一个长长的担任市长的任期，他说，他肯定会重新考虑或者多考虑一会儿他给黑社会的答案。他相信他将依然会作出同样的决定，即使见识了他所见识的情况，他还愿意给出周详的答案来回答这样一个问题：一个城市能够不跟罪恶结盟而得到治理吗？这是一个悬而未决的问题，他把它抛给我的时候，我想的是圣路易斯。在那里是不是也存在一个警察－贿赂－罪犯的体制，就像在明尼阿波利斯，就像在其他的西部城市、就像在纽约一个样？我没有向琼斯先生问及此，我只是问了他一个貌似不相干却极有意义的问题。当时他正在谈及商界－教会－好人－民众团结一致反对他的政策，我问他为什么他不调查市政委员会，他的答案令我为之一颤。

“噢，”他说，“我们查过一次。回想多年以前，我们这里有过一桩丑闻，事关市政委员会的腐化。那正是起用我的团队来充当改革者的契机。”

就这样，贪腐体制，连同它的枝枝节节，出现在了明尼阿波利斯，就像在圣路易斯、就像——在所有的地方一个样？我追寻政治科学的真理，追寻其严谨的基础。印证的第一步就是要回到圣路易斯去。我赶回芝加哥，有一些耽搁：有其他事要办，有一些作者要见。毕竟，我是一名编辑，起初不是撰稿人，当然更不是科学家。我乘火车前往圣路易斯的时候，载有明尼阿波利斯这篇文章的那期杂志出刊；我还记得听到人们在洗手间里谈到它和我，他们明白无误地提到了我的名字，语带赞许，在餐车里我又一次听到另外的人说起它。显然，我的头一篇文章正在被人捧读；这是一个好成绩。

或许我是一个成功人士了，而且——对，这算是声名远扬，有一点点像是大名鼎鼎了。这真令人愉快，可是到了我设想后果会怎样的时候，事情大概就不那么令人高兴了。我望着那些让我尝到成名甜头的人们，还有商人们，想着假如他们的家乡也在受着调查，他们也许会因为贿赂或支持当地的贿赂者而被人捉住。不过，假如他们都是用正当手段做事的人，又能怎么样呢？这样一些人会知道些什么？盛名可不像人们所说的那么好，我想到了这一点，一种耻辱感油然而生，这种感觉随着我的失望的增长月复一月地在增长——感觉到某些事情完全是冒天下之大不韪，感觉到公众认可的是你出了错的那一部分工作、公众的支持会让你把自己看成不同于往日的你、然后再试图让你不负众望或者有负众望。

不过，我的烦恼的真正原因在于，我为我有一套贪腐理论这样一个信念而得意非凡，我想要把这套理论当作一个科学性的标准：政治上的腐败到处都一样。自从明尼阿波利斯和纽约都揭发出既有商业腐败又有警界腐败，接着圣路易斯——其商业腐败福克在一点一点地揭发——必定也存在警察－贿赂－罪犯这样的腐败，这是福克所不曾发现的，也是他予以否认的。于是，到我去见他的时候，我对待这位巡回检察官的方式就是——武断。

“福克，”我说，“在圣路易斯这里一定存在着警察的贪腐体制。”他摇了摇头，意思是没有；我接着告诉他我为什么这么确信：“明尼阿波利斯，纽约——”

“不，不，”他不接受，他的不情愿暗示了他只是在回避更多的工作。针对这一情况，我建议他查问一下——不要带着将要提起公诉的眼光而只是为了验证我的见闻——这里是否真的不存在我所怀疑的情况。

“这花不了你一个钟头，”我说，“你的监狱里就关着贿赂者，他们已经坦白了他们的罪行；他们会告诉你，卖淫、赌博、犯罪和堕落是怎样受人操纵的。派人去叫他们当中的一个来，问问他；要他描述其中的种种办法；与此同时，我将潜入黑社会，去找出我能找到的线索来。”

那个晚上我们在饭局上见过面之后就分手了，我走我的，他走他的；后来，我们在宾馆大堂再见面的时候，福克瞪着眼嚷嚷：“就在这儿！就像明尼阿波利斯，完全像纽约。一点不错。手法、分赃、价码——全都一个样儿！”

在饭桌边我们交换着证据，谈论着细节。出于他按良心办事的责任心，福克很不满，想着他应该砸碎这骇人听闻的警界贪腐体制。他实在不想这么做；为了粉碎当地的商业腐败，他已经使出了浑身解数。我建议他不要去对付黑社会。圣路易斯的好市民们已经在跟他做对；假如他再去抨击道德败坏的民众，那么他将失去所有的支持；他甚至都找不到12个人来组成陪审团。

“再说，”我说，“我们知道了三个城市很相像，这就足够了；我们不必在这里逞能。我会转到别的城市去，去证实它们都一样。”

我还记得福克怎样地坐着，作着思想斗争，一个人，不愿意讲话。过了一会儿，他抬起头来，把他的思想和盘托出。

“在圣路易斯我已经很沮丧了，”他叹息道，“我得在别的什么城市审讯大佬巴特勒，在圣路易斯我不可能教他服罪。当地民众反对我。”

停了一会儿，接着又说：“而且，我在这里也得不到连任选举。我本应该结束这项工作——我决心再竞选一回巡回检察官，圣路易斯的投票人会打败我和——我的主张。”

“你怎么不自己选择你打算审讯巴特勒的地方呢？”我问道。

“那是哪里？”他反问。

“密苏里。”我回答道，“把巴特勒的案子移交给关心本州利益的人们。会有好处的。为了你自己，移师密苏里，脱离圣路易斯。”

他还没有领会这个主意，困惑不解地问道："怎么做?"

"不要在圣路易斯竞选巡回检察官了，去竞选密苏里州的州长。"

他扔下他的餐巾。"当然喽,"他说，"当然喽。所有贿赂的踪迹一路通到州议会。我要是去了那儿，从那里我就可以顺藤摸瓜摸回圣路易斯来。密苏里的投票人都还是站在公正的立场上的。"

"密苏里的投票人都还以为他们是站在公正的立场上的。"我纠正道。

圣路易斯的无耻

我的理论是，在圣路易斯存在着与商业贿赂程度一样的有组织的警界腐败，一旦地方检察官福克证实了这一理论，我就会迫不及待地转到另一个城市比如芝加哥去，去看一看那里是不是存在同样的贪腐体制。从芝加哥和费城所了解到的事实足以表明，它们都够水平了，但是，认定如此灵验的理论很妥当，这本身就不科学，也算不上具有运动家的品格，甚至都没有说服力。

“我听你说你打算走着去车站?”一天晚上芝加哥市中心宾馆的一位接待员问我，“千万别走着去，那样不安全，坐出租马车吧。”

芝加哥蛮诱人的。麦克卢尔先生敦促我下一步就写它，藉此增进我作为编辑的判断力。我写明尼阿波利斯的文章超乎预期地大有成效，报摊卖光了这一期刊物；订阅数在上涨；邮包不断送来表扬信、感谢信还有建议。“到我们这儿来吧，”求助信来自许许多多的地市、城镇甚至还有乡村，“你将目睹种种丑闻，这些丑闻甚至会让明尼阿波利斯和圣路易斯看上去算是好政府的典范。”

“显然，”我跟主编争论道，“你把我胡乱一枪打出去，我照到哪里，哪里就有一段题材，如出一辙的报道题材。”

我的见解是基于我的理论的，而麦克卢尔先生却是基于我们的生意的；我们必须加大我们文章的轰动效应，无论何时我们都要占尽我们的优势并且从中获利。我们必须找到比圣路易斯和明尼阿波利斯还要糟糕的城市，比如芝加哥或者费城。争论变得激烈起来，使杂志社产生了分歧，要是没有艾达·M·塔贝尔小姐出面和解——一如她此后经常所做的那样——也许麻烦就大了。她明智、有才而且极富爱心，她熟悉我们当中的每一位，也了解我们每个人的习性和烦恼，我们从没有听说她自己跟这些沾过什么边。我们一旦僵持不下，就会分头去找她，她下楼来到争吵的办公室，微笑着，像一位高挑漂亮的年轻妈妈，开口便说：“嘘，孩子们。”她会从我们每一个论点中挑出合理性，再把它们跟她自己的好点子糅合在一起，让我觉得胜S·S一筹，也让他觉得大败了菲利普斯，只是让我们谁都得不到全胜的殊荣。她指明杂志社的利害关系之后，我们和她就都回身做事去了。在这件事情上，她作出判断并且提醒我们：还有足够多的时间去决定下一个要选择的地点；与此同时，圣路易斯还值得再做而且还要做得更加彻底。我本人想要追踪了解美国城市这种典型的、看不见的政府的枝枝节节；杂志社则想要发布福克先生进一步揭露内幕的最新调查，捎带着帮助此人竞选密苏里州的州长。结果，我们作了含含糊糊的妥协。此后我少写甚至不写我的理论，完全据实报道，等圣路易斯报道完了，我们再选择我想去的任意一地作为我们报道的第四个城市。

这就是好新闻，S·S麦克卢尔也是一位好报人，是我见识过的最好的之一，他知道这一点，也明白为什么。一天，他要求我审读一份手稿并提出意见，当我交还手稿给他的时候，他拿起我所写的一份长长的备忘录来，瞟了一眼，读都不读就扔进了废纸篓。“这算什么？”他责问道，“一篇评论？我不是要看你对一份手稿发表文艺评论，我要问的是你喜不喜欢它。”因为觉察到了我的愠怒，他又解释了一番。

“哎，”他说，“我就是想要弄清楚你是不是喜欢一篇报道，因为，假如你喜欢，那我就可以确信约摸有一万个读者将会喜欢它；如果塔贝尔小姐喜欢一篇文章，那就意味着有五万个读者会喜欢它。这可是判断印数的公式，不过我大多数情况下还是看自己的。因为要是我喜欢一篇东西，那么我确信会有一百万个读者喜欢它。我的才智和品位太能影响公众了，难怪我是最好的编辑。”他停顿下来，露出笑脸，接着不乐意也不情愿地补了一句：“只有一个比我更好的编辑，就是弗兰克·芒西[1]（Frank Munsey）。要是他喜欢一篇东西，那么，每一个人都会喜欢它。”

麦克卢尔先生感兴趣的是真相细节，令人震惊的真相细节，并非哲学家似的归纳。我那渐渐为人们所理解的理论，他既厌恶又害怕；同他的读者们一样，他自有其理论，他们各自意见分歧却又自信满满，人人都如此；只有我不开窍，众人皆醉我独醒地抱定我的理论不肯让步。就此我们达成过一致。但是，一旦介入事件的报道，我心里还是有所保留：尽管实际上我打算在我写圣路易斯的新文章里面搀入福克所掌握的那些诽谤性的、带来危险的爆炸性细节，我还是要把它们、把整个报道当作投枪，掷向当前流行的那些理论（包括麦克卢尔先生的理论）；而且，我也期待着，晚些时候，等到我准备好说出一套理论来的时候，用我自己的调查分析去证明流行理论完全不可靠。在那些日子里，我是一个不错的投枪手。我能够既写出相互理解来又准确地反映了公众坚定的信念，因为我跟他们共有、甚至在很近的最近还共有着这些信念。

我说过，我是如何以加利福尼亚议会里一名听差的儿时好友的身分，从基层向上目睹了当地官场的运转和行贿受贿；如何以纽约记者的身分，见识了警界的、政界的、立法以及司法的腐败。其他人由之产生诸多烦恼的见闻，却成了为我所用的观察资料：我把那些烦恼置之脑后。我决不让它们来改变我的人生观；我对世界的想象看上去同我的读者们的世界观差不多一样。正是因为这一点，才使我成为了一名机灵的好报人；这也造就了好的新闻报道。记者和编辑必须真心实意地与他们的读者共有文化上的愚昧、迷信和信条；而且不得有哪怕一期报刊超前于读者们。你满可以赶在公众的前头报道新闻，只是不要抢先报道真相。

在报道圣路易斯的第二篇文章里，我所提出的最重要的问题是，“民主是一场空吗?”纯属戏谑，一种策略上的戏谑！我毫不怀疑人民有能力也有意愿自我管理，福克也丝毫不怀疑。我提出这个问题来，仅仅是想要唤起投票人的自尊心和忠诚。福克早就指出，而且我也报道过，投票人——他们当中的大多数——是如何被吸收进党派之中的；他们又是如何受人引导转而效忠于党派的领导核心，这忠诚他们本应奉献给他们的家乡市镇、州乃至美国的；他们是怎样受骗到这样的程度，相信那些自己一心要选举的被提名人，这些家伙是由众所周知的为两党所支持的或者不受任何党派约束的贪贿者帮派提名的，这些贪贿者将少数差劲的市民可以收买的选票拉过来支持差劲的候选人名单，藉此操纵政党的核心组织，最终控制获胜的当选人；还有，这些为首的贪贿者如何运用他们的势力，向出价最高的人——有的时候是本地的“善良”商人、有的时候则是“卑劣”的纽约人以及其他“外来”金融家——出卖种种特权、各种许可证还有其他有价值的授予物和公共财产。福克还获悉，我也报道过，这些尔虞我诈的政客打算出售联合市场、旧的法院大楼以及自来水厂，他们并没有透露这些计划，水厂——本市的供水系统——被受贿者们估价为四千万，他们计划从中牟取一千五百万，以便这个帮派里的十五个成员每人各得一百万。

“方案是要办这事儿而且要蜻蜓点水地办事，”这个帮派里的一个人对我说，“要是人们完全被某个不断漏出消息来的方案弄糊涂了，这事儿就成了……它总有一天会成的。”

这话我们印出来了，同时印出来的事实还有：这些正主儿，愿意坦白的、被人告发的——其中的一些人正在受审中——依然坐在市政委员会里；他们眼下还在那里用不正当的方法牟取钱财，并且一步一步地跟福克对着干；他们正在组织下一波政治上的运动，以图打败福克并保住他们的地盘、他们的权利，进而完成他们海盗一般的打算。《麦克卢尔杂志》所“断言”的这一切，圣路易斯比“我们”知道得更多更详细，怀着希望、也怀着信心，圣路易斯的市民们会起来维护民主，这民主是美国人民、是福克也是我所信仰的。不错，我也信仰政治上的民主，就算在我观察到所有的政治迹象都暗示只要福克在圣路易斯去竞选巡回检察官贪腐帮派就有可能打败他的时候，我也信，因而我建议他通过竞选州长去求助于密苏里的人民而不是求助于圣路易斯当地民众的头脑！用这种方式去判断去思考的人的头脑，比如我的头脑——我的头脑无论如何还算是通人情的——够使吗？这究竟是怎样的器官？可以直面这一切违背信仰的事实却依然坚守其信仰。

福克把他这宗针对大佬埃德·巴特勒的案子从圣路易斯法院转到了哥伦比亚这座密苏里州的大学城。我去那里目睹了审讯，感染了福克的情绪。凿凿陈词响彻那座旧的法院大楼：“嗟乎！正义，自别处被逐之时，请以此地为汝居所。”(Oh, Justice, when drivenfrom other habitations, make this thy dwelling-place.)福克并没有抨击巴特勒；他辩论起他的案子来就好像受审的是民主制度和密苏里，不是这位大佬，而他的最终请求，差不多成了密谈私语，就是为了“密苏里，密苏里”。那位大佬被判有罪，民众并不介意——这是在密苏里，回到圣路易斯他们就不公正了。大家都回来的时候，我从那里听到了第一条流言蜚语，固执的断言到处在重复：“巴特勒决不会穿上囚衣。”大佬本人也傲慢地作出了反应，他几个礼拜闭门不出——直到来自最高档住宅区的一个市民委员会要求他搬到边远地区去，还向众议院递交了一份针对其邻居的请愿书，呼吁要净化街区。当然巴特勒让这事儿没有办成。福克最初惹来的招呼之一是来自高层消息提供者的警告，这一回他到底走得够远的了。他对此毫不在意，接着起诉其他案件。其中之一是关于富有的酿酒商亨利·尼古劳斯(Henry Nicolaus)的行贿案。尼古劳斯先生作为答辩提出他确实不知道他所签发的那 14 万美元支票要做什么用。太遗憾了？法官立即把这个案子从陪审团那里调出来，作出了无罪的裁定。这是福克败诉的第一个案子；接下来的 8 个案子他都胜诉了，创下了他 14 赢 1 输的纪录。最高法院接手了这场斗争，慢慢地，一场又一场，接着是一批又一批，最高法院的上诉庭撤销了这些贿赂案。在连珠炮似的贿赂引诱之下，司法体系垮了。行政体系倒还没有垮，两党支持的帮派以改革者和商人为垫脚石，靠一份贿赂者的候选人名单团结起来，推举候选人，于是——大佬巴特勒改组了"新的"众议院，安插他的人做议长，他那垃圾处理厂（为了这厂子的利益，他把自己为之被判有罪的那些贿赂款都搭进去了）的主管则做了公共卫生委员会的主席！

这算什么事儿？这个问题福克和我都问了好多次，寻找不到也寻思不出一个答案来。我们好像是在遵照这答案去行动的，我们一定是把它放在我们神经系统的什么地方了；它只是还没有在我们的头脑中呈现出语词的形式来。我们的话题都还停留在为他竞选密苏里州州长草拟讲稿的阶段，他对密苏里人的诉求是，要说服他们把他从圣路易斯人造成的败北当中拯救出来。我们强烈地预感到——而且乔·福克对密苏里的那些演讲也将表明我们懂得——这个州的投票人还处于思想单纯的阶段，当贪腐的事实在圣路易斯开始被揭发的时候，那里的投票人也正处于这样的阶段。他们以为他们都是无辜的，他们以为是坏人蒙蔽、误导着他们；他们并不理解自己卷入到了贪腐之中，因而在这贪腐之中也都有份儿。圣路易斯查出了罪行，密苏里有朝一日也会查出罪行来的。等到那一天来临——它会来临的——那时，本州的人民就会联合圣路易斯的市民们，抵制福克以及他对他们的好事的扰乱。

圣路易斯的人民，跟明尼阿波利斯人民和纽约人民一样，理论上都反对行贿受贿，也反对与警察、代理人以及基层官员直接相关的腐败，他们支持改革派革除这些小恶。待到福克深入揭露，不仅仅埃德·巴特勒的垃圾生意、还有各家公共服务公司的特权都牵涉到谎言赌博卖淫，有些圣路易斯人就会转而同福克作对。他们或者他们的朋友持有这些公司的股票，因此可以理解他们实在算不上他们所自称的正派市民。所以，福克不得不去求助于密苏里的人民。在他们推选他做州长之后，他又走得这么远，他们终于明白了自己肯定要受反腐之累。此时，福克背后站着全美国的人民，在就任密苏里州长之后，一时之间他还成了出任总统的可能人选，当时他甚至连再度当选为密苏里州长都没有可能。

这一切意味着什么？这种既成秩序算什么？福克和我谁都回答不了这样的问题。相反的问题，我倒是知道答案，可我们不愿意面对它——看不大懂，我相信福克也看不懂。一天，我看到在他起居室的桌子上有一本书，亨利·乔治[2](Henry George)的《社会问题》(Social Problems)。他觉察到我看见了它；我们正巧一直都对政治腐败的本质及其治理感到疑惑。

“那本书解释了这一切。”福克说。

“你读完了它?”我问道。

“没有,”他说，“我读了一点点，这足以让我觉得，那位作者在用它来品评一切，于是——我放下了它，就像我把一位社会主义者拿来给我看的另一本书放下了一样。”

“为什么?”我惊讶地追问道。

“噢,”福克答道，“要是我一旦把社会主义或者任何其他预先设计好的解决办法塞进我的脑子里，我可能就毁了——政治上不正确。不可能取得什么成功。不过你不在官场，你何不读读它们?”

我告诉了他我的原因，跟他的不同，比他的更好，我想。我的原因是，我不但读过，我还研究过那些书，在大学里一位挺不错的政治经济学教授的指导之下；由此我理解其中空无一物。就像福克将要继续跌跌撞撞地冲向终点，我也将继续“带着科学思想”去追查腐败体制，看看它在其他的城市是不是同在圣路易斯、明尼阿波利斯还有纽约一个样子。

译注：

1，芒西，Frank A. Munsey，1854—1925，20世纪初期美国三个主要报团的主要负责人之一，其报业哲学对美国近代报业形态有极大影响。他认为：“经济学上的定律，同样适于报纸企业，而且对于现代所有企业都相吻合。在工商业、运输业、银行业，…小型企业无论如何不能与大企业竞争。”他认为：报纸必须合并。在19世纪八九十年代他还写过几部小说。

芒西报团的发展可分为三个阶段：

一、初创期：1889 年创办芒西周刊（后改为月刊），1891 年创办消遣性的大陆报（Continent），1901 年开始先后收买华盛顿时报（Times）、纽约每日新闻（Daily News），1902 年收买波士顿新闻（Boston Journal），1908 年收买巴尔的摩新闻晚报（Evening News），并于费城创办时代晚报（Evening Times）。1912 年收买纽约新闻报（Press）。这段期间，芒西周刊（月刊）、巴尔的摩新闻晚报都赚钱，华盛顿时报成为老罗斯福执政期的机关报；纽约每日新闻、波士顿新闻、费城的时代晚报则亏空累累，相继停刊或转售。

二、蓬勃发展期：1916 年取得纽约太阳报（N. Y. Sun）控制权，与新闻报合并。1920 年收买纽约前锋报（N. Y. Herald），将太阳报合并，又买电讯晚报（Evening Telegram）。

三、晚期：1923 年，收买环球报（Globe），与太阳报合并。1924 年，收买邮快报（Mail and Express），与电讯晚报合并。同年，出售前锋报。1925 年，以一千万美元高价收买芝加哥每日新闻、谈判中芒西突然去世，其报业帝国亦随之而崩溃。

芒西个性冷傲，幼年贫苦，经营头脑敏锐，报界因其并吞野心对其十分厌恶。芒西死时，有两千万美元遗产，大部分捐赠纽约艺术博物馆。

2，亨利·乔治，Henry George，1839—1897，美国土地经济学家、土地改革家，代表作有《进步与贫穷》（Progress and Poverty）（1879），主要主张为单一税（single tax）。

匹兹堡：揭开盖子的地狱

在我完成圣路易斯的工作之前，就在“我们”还没有决定接下来报道哪座城市的时候，古尔德[1]（Gould）铁路系统的一位高级职员邀请我去他的办公室，提议报道匹兹堡。他说那里彻底烂掉了，比圣路易斯还要糟糕，跟明尼阿波利斯一样糟糕。他之所以知情，是因为古尔德公司（the Goulds）正在那里勘测一个铁路终点站，尽管商会和商人们都看中了与“宾州铁路局”竞争的另一条铁路的肥水，但是他们却什么都做不了。把持着该市并与把持该州的马特·奎伊[2]（Matt Quay）帮相勾结的官商圈子是宾夕法尼亚铁路的垄断者，保护着这一垄断权。他，还有古尔德的那些代理人，长期以来一直都在谈判，到现在还在谈着，可是没有任何成功的希望。他们深知宾夕法尼亚匹兹堡贪赃舞弊的统治者管理者的方法手段和权势，他本人对该州的局面愤愤不平。要是我能去那儿揭露这一切——就像我在圣路易斯所做过的一样——古尔德的人愿意暗中把他们的细节提供给我，这些证据可以证实最糟的情况，把这座城市从其可憎的苛政当中解放出来。

这一邀请打动了我和《麦克卢尔杂志》的同事们。也许古尔德那些人的打算是要跟匹兹堡大佬中出了名的恶棍们圆滑地从正面谈生意——就在我从背后踢他们的同时，不过我不在乎。坏人内讧好人得益，我还算是一个好人罢。这对我来说是一个好机会。就本人而言，我不敢光凭自己一个人的本事去着手宣传一个陌生的城市，我还从来没那样做过。我那些编辑和读者一直都把我看作一名恶行的调查者曝光者，就连这位古尔德的官员提起要求来也好像我已经把圣路易斯给曝光了一样。实际上，作为报道了纽约警界政界腐败的一名记者，我是作过一些有独到见解的研究，可我还算不上一名调查者；我只是去到别的一些人比如乔·福克或者霍维·克拉克已经在作调查的地方，摘下他们劳动的成果、冒险的成果，描述并解释了他们的证据。

我犯愁的是，独自去抨击一座城市，比起抨击那里的行贿受贿者们来，会让我更加没了保护。

另一方面，痛斥像匹兹堡这样的一座城市，将会树立我的职业名声和公众名声，何况有了这样一群律师说客私人侦探的秘密帮助——就像沃巴什铁路公司[3]（Wabash Railroad）在那里曾经得到过诸多帮助那样——我不难揭开匹兹堡的盖子，让人们看看那盖子下面翻滚着的都是些什么。这也是这位古尔德人的建议。他要求我发誓绝不泄露我的消息来源；他愿意为我向他在匹兹堡和宾夕法尼亚的圈子作铺垫，但是我不得向任何人提及他。

匹兹堡符合我构建理论的目的。它还不像明尼阿波利斯和芝加哥那样臭名昭著；它的曝光会成为一个出人意表的事件。再者，因为在其他的城市所见到的维护派系私利而不讲原则的腐败，跟政治无关，倒是跟经济有关，我本人渴望用经济的眼光去审视一个城市——一个被做大生意的政客们统治着的城市——这个城市正陷于一家铁路公司反对另一家的争斗当中，这争斗渐渐损害到小企业。第三个好处在于，匹兹堡是一座苏格兰－爱尔兰－亚美利加三种血统融合的城市。一些为美国的地方自治政府辩护的人，见到我把圣路易斯、纽约和明尼阿波利斯作为腐败的典型城市，就指称：圣路易斯是日耳曼人的，明尼阿波利斯是斯堪的纳维亚人的，而纽约则是爱尔兰人的。匹兹堡适合用来回答这种无聊的想法，另外，确实还有一些宣传的常规要考虑到。

在那些日子里，各地有教养的市民宣称，而我也认为他们确实相信——他们当然是遵照这一推论行事的——正是愚昧的、外来的乌合之众，使得拥挤的大城市里的地方政治如此地腐败。纽约、圣路易斯、明尼阿波利斯等等城市的改革派，都在不断地要求他们的州议会削弱市政当局的警察以及其他地方性强制力，因为这些权力大多都极其明显地被人滥用。根据我渐渐为人们所理解的理论，正如一个城市必定类似于另一个一样，一个州也必定类似于它大大小小的城市。福克也想找出这样的法则。他还没有开始根据这一法则去行动，不过他不断积累的证据足以表明，密苏里被跟圣路易斯一样的人们用跟圣路易斯一样的方式腐蚀着。我先前应允过，过些日子回他那儿去，去报道他所揭发的一切、报道他向自己即将出任其州长的这个州展现其反腐能力的一切；同时，我需要去了解也需要作好准备去跟其他的一些州作比较。宾夕法尼亚会很适合，先有匹兹堡，后有费城，引我走进宾夕法尼亚这个州。

在我去匹兹堡报道它的时候，我还没有摆脱我对它的最初印象。它看上去像是地狱，真的。到达的那个晚上，我漫无目的地走到户外，走进它幽深的街道上烟雾弥漫的阴郁气氛当中，不知怎么地，越过一座桥，爬到一座俯瞰全城的小山上，几处熔炉在喷着火，暴涨而阴沉的两条江河夹城而过，鼓风炉间或打开，烟雾升腾在城市的上空，它们火山一般的光柱直冲云霄，给流银的双江又镀上了金色。那天晚上我写信请艺术编辑 Jaccacci 派一个艺术家——不要插图画家就要画家——给我，来把那景色画下来。朱尔斯·盖兰(Jules Guérin)来了，他取了景，然后画了一幅“匹兹堡如同揭开盖子的地狱”，这画儿我据为己有了，珍藏至今。这是我的画，我为它出的力，和盖兰出的力一样地多。我赋予它我内心里的恐惧感；我害怕那座正在大量生产钢铁和百万富翁的城市之神秘和威力。我怕它，因为我不得不“做了”它——一个人做。

古尔德的人违背了对我的诺言。我现在回想不起是不是对盖兰讲过，反正他来匹兹堡的那一天，我去了古尔德在圣路易斯的那位高级职员指点我去寻找匹兹堡真相的古尔德匹兹堡公司，作短暂拜访，那里的人们并不认识我。我要去见的那个人接待了我，可是他既没有听说过我也没有听说过要协助我的允诺，他就是这么说的。他尴尬为难的态度，还有他向他的秘书示意的一瞥，都证明了他言之凿凿的虚假。他肯定地说他们并没有打算强行把他们的铁路铺进匹兹堡；宾夕法尼亚铁路局迄今为止都还在经营运输，何况古尔德公司跟宾州铁路局也有令人满意的约定，要是这个城市以及这里的商人们普遍地希望另一条铁路进来，他们是很乐意进入此地的。我明白了。谈判进行得比圣路易斯那人所期待的要好；只要古尔德的那些代理人还能够圆滑地从正面去讨价还价，就没有任何从背后去讹诈的必要；古尔德公司将会被纳入到巨大商业利益的集团当中，这个集团控制着当地政府；因此，也用不着其他什么救星了。我立刻明白了稍后由知情者和事实所证实的一切，但我照样还是既迷惘又孤独。

我，一个外地人，游走在一座城市无边的迷雾里，为了着手我的调查在找寻着某个场所或者某个人，踌躇中我都打算过一走了之。不行。我必须留下。“我们”已经宣布了，我将调查揭露那看似强大险恶而又隐匿无形的影子政府的腐败。这一回没有福克，没有霍维·克拉克，根本没有任何朋友，哪怕一个熟人都没有。连宾馆的接待员们都冷冰冰的；他们认出了我；各家报纸已经报道了我的抵达以及我的意图。有牵连的每一个人一定在留意我、嘲笑我；我发觉警探们突然光顾我是为了要监视我的一举一动然后向上汇报。我似乎读懂了厅堂中、商店里、街道上窃窃私语窃窃笑的人群中那一张张嘴脸，那被我的昏乱逗乐了的好奇表情。

以前我游历过许多陌生的国家；到哪儿我从来都没有像初到匹兹堡一样，觉得自己这么像一个异乡人，这么孤独，这么不受欢迎，这么被人嘲笑，多么讨厌的日子！

不过，我还记得——坐在我那阴郁的宾馆房间里的时候——我让自己思考我的职业，思忖着要隔多久才会冒出一些人来，他们所知道的情况比他们的报纸上印出来的字要多一点；谁又能悉知一切？一座城市的民众，他们都会知道点什么，起码知道人人都知道的事情。我证明了这个想法的正确。街车上、饭店里，我向碰巧挨着我坐的人打问：“谁是你们的政界领袖?”他们一般都会告诉我。这里有过两个党魁——克里斯·马吉[4](Chris Magee)和威廉·弗林[5](William Flynn)，不过克里斯死了，因此只剩下弗林。对了，他的背后有的是大商人；大商人的名字路人皆知——真是鼎鼎大名，比如安德鲁·W·梅隆[6](Andrew W. Mellon)。他们这些普通市民也知道，“把戏是如何玩转的”，还知道好几桩大的贪赃枉法。他们能够告诉我详尽的丑闻，细数传说中的价码、日期以及利益的分配。类似的谣言传说在纽约最后得到证明都是与事实相符的，我还记起在圣路易斯谣言传说也都是很靠谱的。

我去了当地所有的报社，一家又一家；我还想到了一个方法，这方法我先前在所有的题材上——包括商业、政治、改革——都曾用到过。各行各业都有诚实的人，诚实到无知的程度；他们真心实意地相信事物就是它们看上去的那个样子，轻信地对你重复当前那些使一切听上去都令人满意的谎言。他们分不清好赖，不过事若关己他们总还分得清谁是谁，比如他们清楚谁是他们市里的老大。我向当地的报社发问——也是向这座城市发问——直截了当地要找这家报纸的后台老板。带上我的名片去到编辑部，我会问那勤杂员：“听着，小伙子，这儿谁是‘头儿’?”

“呃,”他可能会答道，“某某某先生是主编。”

“不，不,”我申明道，“我指的不是那装门面的，我的意思是——实际上的。”

“哦，你指的是业主。那就是某先生。”

我会装出一副愤慨失望的样子说："业主！那也只是主编在前他在后。我问的是，谁在管事儿？谁懂行？究竟——谁拿主意？"

"噢！"他——不管他是办公室勤杂、记者还是主笔——往往大声嚷嚷，他那张习惯性地掩饰着的脸会露出喜色来，"噢，你在找的那个人是——纳特·布朗(Nut Brown)。"

纳特·布朗这个名字与最初在匹兹堡助我之人的名字相似。他是匹兹堡一家报社的记者，一名在匹兹堡-宾夕法尼亚官商圈子的报纸上没有写也不能写报道——非但指用英语写作——的记者。纳特·布朗实际上指挥着那家报社的编辑主笔主编、发行人还有业主，难得在办公室露一面。

"他几乎从来都不来这儿，"他的办公室勤杂说，"那是他的桌子，"——连说带指——"可他忙得很少用它。他没有办公室，一直在满城奔走。不过你会找到他的——依我看就这会儿——你到收市的时候去股票经纪人的办公室，在怀特-布莱克股票经纪所，他会在那儿的。"

他在那儿，且看看他是什么样的人：一个"消息灵通的家伙"，一开始做报童，失了学，因为身边发生的事情而学会了世故；他从不担心"实际指挥权"，绝不容忍太多的想象；作为一个热衷党派政治的人，作为一名记者，作为一名商人，他都是成功者；他按牌理出牌，总是赢牌，也不愤世嫉俗。

"当然，"当我向他介绍我自己和我的意图的时候，他说，"我会给你消息的。"

他说到做到，证实了我从路人那里听来的种种传闻，另外还多有发挥。我打断他，问及既可以证实他这些细节又可以规避或应付诽谤控告的证据，他当即就爽快地给出了他的答案：

"奥利弗·麦克林托克(Oliver McClintock)有这些证据。"

奥利弗·麦克林托克！我听说过他：可不是什么好话。他是匹兹堡的败兴之人，没有谁说过这位热衷于改革之人的好话。他"探问"一切，"老是精力充沛"而且"从来没什么进展"。作为匹兹堡为首的、仅有的、孤独的维权斗士，他虽然起不了作用倒也没有受到打压。他是我应该回避的一个家伙；我曾经受到如此的告诫，而且我也就这么相信了。我所听到的第一个对此人表示尊敬的字眼，就这样突然从纳特·布朗这个不当谋利者的嘴巴里说了出来，他既意识到了也乐于听到我表示感叹的惊愕："奥利弗

· 麦克林托克!”

“对了,”纳特说,“奥利弗 · 麦克林托克有符合我们要求的东西。他是一个、一个、一个——那些说辞我们是对公众说的,不过我们自己在私底下,还是对奥利弗 · 麦克林托克心存些微的敬意。他是一个斗士。要是他有一个团体,要是他有那么几个人,就算是十条汉子吧——我指的是有**大丈夫气概的人**——他就会一下子整个儿地端了我们的不老实、不正当的团伙。”

得到这样的介绍,我前往奥利弗 · 麦克林托克的营业地点去拜访了他,听清楚我的姓名、我的意图的那一刻,他在唇边竖起他的手指,四下里看了看,才引我进到他里间的办公室里。关起门来,我第一次听到了美国改革者的故事全本,一出关于失败、屈辱、殉道的现代悲剧。他是一个精明的商人,却在内心里保存着关于勇敢男人和善良女人之清平世界朗朗乾坤的孩子气的想象,这想象里面含有骑士的故事也含有学究的种种传说。可是,想象自动地脱了节,他在匹兹堡的生活所得到的教训,给他描绘了另外一幅画面。如他所述——低声地说出来的——他如何一点一点地发现政务和商务当中实际发生的一切,起初他不愿意相信,后来被事实说服了,像从前的英雄们一样被激起了前行的斗志,谦逊地做某位伟大的领袖——腐败、欺诈和谎言的尅星——指引下的一名小卒。他对好多经商的朋友——知名的先进市民——都提过要求,后来弄得他们尽力地劝阻他;到了这时,他还在强调一切都错了,坚决主张他得到劝诫的某事必须要完成。他不相信自己的耳朵,他“错就错在他的证据”,纵然他是对的,他也应该不要去染指,否则——他的生意将会受到危害,此外还危及他的家人,危及他本身。

这位文静的白发商人试图证明他的那些证据。他留意市政合同的承包,记着账,不久就掌握了一小堆一小堆的书面证据,显示出一切公共事务上官商圈子常规的、肆无忌惮的行贿受贿。他扬言要公开,四下里给朋友们看;这一下他成了所有关于不当谋取权钱的消息自然汇总的中心。他确实知情,也能够证明在小生意大生意里面将会要发生什么,可是没有谁在乎他的论证。他遭人回避;甚至就在他的店铺里、在他自己的家人相处之间,他也被制止发表意见。麦克林托克先生从未停止他的调查,不过直到我出现,他拿他那些资料全无用处。我接收了这些东西,不过并没有把其中的大部分交付刊行，它太琐碎太模糊了；公众不会去读算术计算的。这不是什么要找的证据，我由此学会的不是出刊而是找一个安全的地方储藏我所收集的证据，保存好它以应付总有可能被人提起诉讼的诽谤案。我不得不向杂志社的律师(他老是说我的证据不充分、我的文章不应该印出来)出示这些证据。而奥利弗·麦克林托克(还有其他所有人)的大量证据带给我的最佳用处还有：从头到尾读它们，去追踪贿赂者们的方法手段以及常规惯例，从中看清楚影子政府的轮廓。而且，再不济，也要让这圈子里那些当官的成员及其商业后台们明白，我握有真货而且也会把这位不懈斗士所收集的炮弹带上法庭，斗士只求得到一个作证的机会，来讲一讲他们的经历。这也算讹诈！

麦克林托克先生就是我在匹兹堡的福克，他做了我的工作，拥护我所写过的反腐报道——随时准备支持我所说的话。另一方面，我们《麦克卢尔杂志》就是麦克林托克的一件小棉袄、一个打气筒、一种帮衬，就像我们为福克所做到的那样。我们是他俩最合适的朋友；把他俩的诸般努力炒作出了一定的影响。今天每一座美国城市里不是有福克们就是有麦克林托克们——他们确知正在发生、将要发生的权钱交易而且也能证明之——却没有耙粪者来书写、没有耙粪的出版物来刊发他们的事实真相。

奥利弗·麦克林托克提供给我的真相，我才报道了不到十分之一。我所写的一切已经足以显示出，小到警界贪腐、大到商业腐败，匹兹堡都类同于纽约、圣路易斯和明尼阿波利斯。我自己的兴趣在于，从匹兹堡看整个宾夕法尼亚的形势，就像在密苏里、在纽约州一样。接下来我将写费城；匹兹堡对于其他的更大的城市来说就算是一个引子吧。麦克林托克的一系列证据常常经由宾夕法尼亚的首府哈里斯堡延伸到大都会费城。我觉得我已经为费城做好了准备。我确实觉得准备好了，不过，主要地还是因为我相信那里也会出现一位麦克林托克，了不起的筋疲力尽的改革者，他掌握很多证据，也乐于透露给我；此刻在见识了四个雷同的城市之后，我能够、也有足够的勇气把这些证据运用到极致。我记得，离开匹兹堡的时候，我去拜访奥利弗·麦克林托克并感谢他给予我的帮助。我还记得他那不易动感情的眼中的光芒，当时我对他说起、同时也力图让他认识到这样一个事实：尽管匹兹堡的人们不论上层、中层和下层，在街道上回避他；他的家乡那些知其所知也知其为人的统治者管理者，都在私底下最最秘而不宣地认为，他才是匹兹堡第一流的公民——因为他就是。

译注：

1，古尔德，Jay Gould，1836—1892，美国铁路公司总经理、投机者，靠肆无忌惮的掠夺而致富的“强盗大亨”。最初当勘探员，继而经营一家制革厂。1859 年起对小铁路的证券进行投机买卖，1867 年成为伊利铁路的一名董事。他和 D·德鲁、菲克斯联手以防止 C·范德比尔特夺取他们对该铁路的控制，并向纽约州议员大量行贿以使虚股的发售得到法律认可。他和菲克斯又与 W·M·特威德联手利用股票进一步投机获取暴利。1869 年他们企图垄断黄金市场，导致灾难性的黑色星期五。1872 年由于公众的强烈抗议，被迫放弃对伊利铁路的控制权，其时他已拥有 2500 万美元的财富。1874 年获得联合太平洋铁路公司的控制权，到 1881 年已拥有全美国铁路总长的 15%。其后他将联合太平洋铁路公司股票出售，转投资于圣路易斯西南部的一个铁路系统，到 1890 年拥有该地区铁路总长的一半。此外，于 1881 年取得西部联合电报公司的控制权，1879—1883 年是纽约《世界报》的所有人，1886 年买下曼哈顿高架铁路。他一生冷酷无情，不知良心为何物，没有朋友，直到去世。在他那个时代，财团法人的法律尚未完备，政治道德的水准低下，因此他能左右逢源。他的遗产估计达七千七百万美元，因其子乔治经营不善，至 1918 年，赔掉了所有的铁路线。

2，奎伊，Matthew S. Quay，1833—1904，权倾一时的美国宾州政坛大佬。1850 年毕业于杰斐逊学院，1854 年进入律师界，在内战中担任过各种职务，还曾因为作战勇敢被国会授予荣誉勋章。1865—1867 年任宾州众议员，1869 年起担任共和党州委书记，一直到死，他都是宾州最显赫的共和党政客。1886—1887 年任财政部长，1888 年成为共和党全国委员会主席，1887—1899 年任美国参议员，随后连任失败，部分是因为他被指控挪用了存储在跟他有关联的人民银行中的公债，被宣告无罪以后，州长委派他为临时参议员，但是参议院拒绝接受他。1901 年在州党代会上获得连任的提名，并重新当选。http://en.wikipedia.org/wiki/Matthew_Quay

3，沃巴什铁路公司，Wabash Railroad，沃巴什河是美国印第安纳州和伊利诺伊州的河流，全长764千米，18世纪时被法国人用作路易斯安那与魁北克之间的运输通道，1812年战争后沃巴什河流域被移民迅速发展起来。19世纪50年代铁路修通后，河上运输除下游的驳船外几乎完全停止。沃巴什铁路是古尔德的沃巴什－圣路易斯－太平洋铁路系统中的一部分。1886年，伊利诺伊州铁路管制机构发现沃巴什铁路公司收取的自该州吉尔曼到纽约市的短途铁路运费高于从皮奥里亚到纽约市的长途运费，因此而判定该铁路公司违反了该州铁路管制法律中按比例收费的条款，命令沃巴什铁路公司调整运费。铁路公司不服，遂向最高法院提出起诉，控告伊利诺伊州的管制法律和管制机构的决定违宪。这就是著名的"沃巴什－圣路易斯－太平洋铁路公司诉伊利诺伊州案"。最高法院的判决，无异于宣判了各州对铁路管制的死刑，彻底否定了州对州际贸易的管制权。

4，马吉，Christopher Lyman Magee，1848—1901，美国匹兹堡的政客，在19世纪的最后20年，伙同弗林，操纵当地的共和党组织，统制该市。他是宾夕法尼亚铁路公司等商业利益集团的政治代理人。1901年的一场小病要了他的命。http://en.wikipedia.org/wiki/Christopher_Magee

5，弗林，William Flinn，1851—1924，美国匹兹堡的政客兼建筑业巨头。早年作为收集零星选票的选区头头活跃在共和党内，1877年谋得消防委员会成员的官职，1881年被选入宾州议会，1882年被任命为当地共和党执行委员会的主席，1890年当选为宾州参议员，在参议院倡议"好路法案"，该法案于1895年成为法律。其主要的商业利益在于大规模的承包合同。他的布思暨弗林商号设立于1876年，作为诸般手段和一个"信誉可靠最低标价的投标商"方案的结果，该商号在匹兹堡和宾夕法尼亚西部赢得了大多数的大建筑及市政铺设的承包合同。他还是迪凯纳木材公司和匹兹堡银峰金矿公司的总裁，并在阿肯色燃油公司、阿肯色天然气公司、海湾石油公司和匹兹堡煤炭公司中担任职务。在当地被垄断的投标体制的危机因为公共建设局长 Edward Manning Bigelow 而发展到危急关头的时候，弗林的政治经济组织开始崩溃，在1902年一系列的选举中，改革派掌握了优势，进而市民们投票击败了弗林的核心组织。1912年他退出共和党这个老大党，追随T·罗斯福加入进步党。http://en.wikipedia.org/wiki/William_Flinn

6，梅隆，Andrew William Mellon，1855—1937，美国实业家、金融家、政府官员，保守的共和党人。其父托马斯·梅隆是一位律师、法官，也是一位相当成功的银行家。1874 年他进入其父的银行工作，接下来的 30 年间，他建起了一个金融帝国，提供资金给企业以扩展铝、钢和石油等产业。他还协助建立了美国铝公司和海湾石油公司，并同弗里克一起成立了联合钢铁公司和联合信托公司。到 20 世纪 20 年代初，他已成为美国最富有的人之一。1921—1932 年在三任总统手下担任财政部长，努力减少政府的负债，还曾说服国会降低税收以鼓励企业扩张。他为 20 年代的经济作出了贡献并因此受到人们称颂，但在经济大萧条时期大受指责。1932 年辞职转任驻英国大使。他也是一位著名的慈善家和艺术品收藏家，捐赠了大批藏品，并出资 1500 万美元以建立国立美术馆。

费城：泄气的民众

因为笃信美国城市共同具有的相似之处，所以，我带着跟面对匹兹堡时所感受到的恐惧疑惑一样多的信心，着手写费城。我完全知道要去寻找什么，我的头脑中有一幅现行体制的图谱，一座城市的图解，我把它粗略地画了出来给S·S·麦克卢尔看，他吃了一惊。

“你的理论在说服你，”他提出异议，“你以为你懂得很多，这反倒让你不能够理解并报道这个新闻事件。”

我嘲弄的回答是：科学研究的方法之一就是要形成一个假说，然后用事实去验证它；而对真实性的验证方法之一是，基于你的理论作出一个预言，然后观察所预言事件的结果。推论到新闻上面，我提醒他，我的理论意味着我们正在为一门关于政府的政治职能及体制的学科探究基本原理。

如果官场的贿赂腐败——他视之为特例的、局部的也是令人遗憾的——以同样的方式在所有的地方发生，那么，如此普遍存在的罪恶必定不是一种坏人之邪恶的偶然结果，而是固有因素非特指个人的作用，要识别并加以治理而又不憎恨或惩罚任何个人，或许也是可能的。

麦克卢尔先生并不笑，也不肯去理解基于我的理论的所谓“好新闻”。他嘴上说厌恶这一观点，不过我觉得他所顾忌的是我们的发行量。他怕的是，我作为一个空谈理论的人，会由一名记者蜕化为一名宣传者因而风险就在于此。我自己并不怕，我喜欢变换我的思维。在作理论推测方面，确实存在着危险，我早就注意到并且也能够接受种种假说施之于教授学生身上那不可避免的具有喜剧特点的影响，这些假说都变成了下意识的深信不疑。既然已经如此地警醒，因而像面对事实的记者那样，我抛弃了我的专业、我的道德教训当中许多我受之于大学教育的观念。这很难做得到；许多观念硬化得像动脉血管；实际上，我另有一个理论：形形色色的深信不疑都和动脉硬化完全一样。但是从职业上讲，我不得不一而再再而三地去报道的那些事实，迫使我自己一一放下我那些不切实际的理论；而我所得到的报偿就是发现一个人换脑筋跟他换衣服一样惬意，实践会把一个人引向别的、更加迷人的——理论。

例如：我所知的笼统的道德原则在实践中根本不适用，只有限定了人们的举止的特定的职业道德规范还算适用，而这些准则从根本上就大有区别，以至于像纽约的市长斯特朗[1]（Strong）这样一位“好商人”会变成一个“坏政客”。此中的一个原因是，尽管一个商人对于遭遇并应对商业上的诱惑训练有素，但面对政治上的诱惑他还是新手一个，难免意志薄弱。另一个原因是，在商业上正确的东西或许在政治上就是错误的。坦慕尼协会[2]的大佬理查德·克罗克（Richard Croker），在商场上还没有斯特朗市长在官场上那么“坏”，不仅如此，克罗克在做生意上也不会比他做政客更“坏”，等到他在公众盘诘之下承认他“始终为了他自己的腰包而当差”的时候，他受到谴责，因而在政治上注定要垮台。而W·L·斯特朗，作为一名商人，他一生要挣的钱都挣到手了，他就没有因为谋利而受谴责。这在商界是顺理成章的事情。作为一个成功的投机商，这位富有的商人被擢升为纽约的市长；而作为一名改革的官员，他却失败了，因为他的商业行为准则和商业训练实在不能够让他胜任这个工作。因此，我修正了我的道德信条，另外形成了一个有教育意义的理论，更加有趣，更具探索性，那就是：政治上的伦理道德高于商业上的伦理道德。

然而，事实恰恰相反，我不切实际的那些旧理论几乎没有一种适用于实践，而这以后，我关于政府控制经济和社会生活之程度的新理论，也开始牛皮吹爆甚至面目全非了。比如，费城，就修正了我关于美国地方政府之同一性的假说。

既成秩序屹立不倒，人事安排一仍其旧：市长、一堆市政务会委员、还有一堆依例当选的官员——这一干人等在那份新的布利特[3]宪章（Bullitt Charter）当中都得到了描述，这份宪章是由一位有阅历、有智慧而且廉正诚恳的专家草拟的，意在反对并战胜根深蒂固的腐败政治中典型的邪恶。不过，在这一宪章及其得以运转并艰难地起到一些作用的背后，同样存在有根深蒂固的大佬、帮派和操纵政党的核心，在统治着费城，就像圣路易斯、明尼阿波利斯、纽约以及匹兹堡受到统治一样。然而，最令我震惊的是，很快将发现，这著名的布利特宪章采纳了我曾系统性地阐述为改革理论的一条原则，我早先急切地向帕克赫斯特博士[4]（Dr. Parkhurst）和其他纽约改革派提议，将这一理论用于他们新的大纽约宪章（Greater New York Charter）。布利特宪章把权力集中到市长手中，将他置于行善或作恶的境地，不过同样地都由他来承担责任，故而投票人能知道谁该褒奖谁该责备、谁该擢升谁该罢免。我还得着重提一提（对我而言）惊人的新理论，那就是：政体的形式并不重要；法律政令以及宪章、请愿书、备忘录基本上都撼不动实际意义上的政府。

我用这一理论来取代过时的、关于抑制与平衡的美国理论，多少有点要作出预言的意味，我自己以后再也没有读过我为之花费心思的任何一个城市、任何一个州的请愿书。纸上参政作不得数。后来，我在宾夕法尼亚发现，那里的大佬们都明白这一点。他们中有一些人帮助改革派，让他们新潮的反贪贿请愿书得到人们的理解和接受，他们的目的可不是改革。州级大佬参议员马修·S·奎伊（Matthew S. Quay），跟一个市级大佬有一些分歧，就为了要跟那个家伙为难，这位参议员促成该州议会通过了布利特宪章，以为杯葛。他说等到他碰到涉及那份文书的种种分歧的时候他会处理好的，他做到了。那位过气了的市级大佬被奎伊和那新近出现的宪章打倒了，参议员委派一位区级政客伊斯雷尔·W·德拉姆[5]（Israel W. Durham）去费城当头儿。对我而言这倒是新见识；据我所见，没有哪位我遇见的市镇头头得到过任何一位州级大佬的任命。当头头的应该历经合乎常情的资历养成，而不像一名市长那样只是一种合法的设施。然而实际上奎伊不得已地选择了一个区级头头，扶持着他去掌控党的市级机构。这里面大有学问，不过，当前的核心问题是，公然无视那新近出现的宪章和有着无上权力的市长，既成秩序还是占了上风。奎伊及其市级代理官员控制着两个根深蒂固的政党的两套班子——和改革之前一个样——因而也控制着市长和选举产生的官员们；奎伊们使得政府所代表的不是作为整体的人民，而是交易，我所知的每个城市里那些促成腐败的种种交易，这交易哪里都一个样儿，由来已久。

人人都是由党的领导来选定的，而且，每一位选中的人照例都是无人不晓的。我问过宾馆经理，我从哪里可以得到头头们和改革派的姓名。他对政治不感兴趣，一点儿也没兴趣；不过，他知道，“伊斯”·德拉姆就是费城的迪克·克罗克、埃姆斯“医生”和埃德·巴特勒。匹兹堡的奥利弗·麦克林托克在费城名叫鲁道夫·布兰肯伯格[6]（Rudolph Blankenburg）；当地的约瑟夫·W·福克名叫罗瑟韦尔（Rotherwell）；当地的查尔斯·H·帕克赫斯特就是审查协会[7]（the Watch and Ward Society）。费城与其他城市的相似之处是如此地吻合，因而形势带有了喜剧的特色。不过——略有不同，不同之处我早就提到过；还存在有其他变化了的形式，不仅仅有这样那样微不足道的不同，还有一个在不知不觉间起作用而且极其重要的大不同。

比如，我的酒店老板说起，在最近的这次选举中，他去到投票地点的时候，却被人宣称没有了投票资格；因为他"已经投过票了"。他辩解说肯定没有投过票；于是争吵一番，这一下才发现他的名字还有他兄弟的名字都被核心领导所组织的重复投票者们用过了。"我很多朋友都有过同样的经历，"他告诉我，"我不依不饶，他们终于让我投了票，不过他们召来了一帮流氓——捏造乔治·华盛顿和本杰明·富兰克林之类的名字——投跟我相反的选票。"

这样滑稽的厚颜无耻是费城所特有的；这伙人"开玩笑似地"用遍了神圣不可侵犯之联邦宪法的那些签署者的名字、用那新近出现的宪章签署者的名字、还用高级俱乐部成员名单上的名字去投票。这种对圣人圣物玩闹似的藐视，只是我在这一类糟透了的老城当中所见识的新奇事物的一个征兆。新奇的是，这位酒店经理以及费城其他的好市民，对他们这些既声名狼藉又无礼欺人还不信世间有真诚善意的、从政经商的坏蛋们的态度。

他本人以及他的善意对此不起任何作用。"没有什么结果，"那酒店老板说，"我们尝试过一而再再而三的改革；我们也抗争过，要打败这种把戏；可我们压根儿就没有机会。"我所见过的改革派大多都持有这样的观点。他们仍在起作用，不过仅仅是在细节上面，对政府彻底的改革则起不到作用。他们掌握有真相细节。因此，任谁想要搜集所有关于许许多多丑闻的证据，随便什么样的证据，根本就没什么困难，这些丑闻曾经让并且依然在让这座城市蒙受耻辱。当地的改革派都是既有能力又有勇气的大丈夫，这些斗士当中最执着的一位就是 E · A · 冯 · 瓦尔肯堡[8]（E. A. Von Valkenburg），费城《北美人报》（North American）的主编，这是一家属于约翰 · 沃纳梅克[9]（John Wanamaker）之子托马斯 · B（Thomas B.）的大报。冯 · 瓦尔肯堡是一个笑眯眯的老练报人，他曾经在宾夕法尼亚的其他城市当过记者编辑。他悉知人事，报道一切。尽管受到暗杀的恫吓，他也只是把他的办公桌从窗边移开，然后又继续搜集刊发那贪腐的证据、那些带有诽谤性却让人回不了嘴的细节。那伙人企图用个人隐私的爆料来胁迫这家报纸的业主；约翰 · 沃纳梅克的反应是开出了一份 250 万元的公开报价来买市长将要分发的一条电车线路的特许经营权。《北美人报》不受恐吓，那伙人也没有被吓倒。市长阿什布里奇[10]（Mayor Ashbridge）同意沃纳梅克的报价，很快就签字颁发了那份特许。冯·瓦尔肯堡想要从我这里弄清楚，在圣路易斯和明尼阿波利斯，改革者们究竟是怎样设法更进一步的。他，在他的城市里也只有他一个人，似乎还抱着一点战胜现行秩序的希望。我跟他说不清楚该怎么去做；他问了又问，从他那一大堆的提问来看，他还是“消息灵通”的。可我实在不知道他所要的答案；我自己还有一肚子问题，却没有多少答案。我必须自己去找答案，寻找那没有哪位改革者给得出的答案。

在绝望中，有一天，我到当地的头头伊斯雷尔·W·德拉姆的办公室去作短暂的访问。他的秘书摇着头，“不要指望德拉姆先生会接见你；他太忙了。”他还得去问一问，出来的时候他的眼睛和嘴巴吃惊地张得大大的，“进去吧。”他说，于是我往里走，遇见了一个很值得结识的人。他正坐着，身形瘦小，在他的办公桌旁轻松自在的样子。“不大妙。”我心里想。他的双眼敏锐，也很友善，带着一丝探询。他并没有起身。见我在他的门口止步不前，他微笑着点点头表示欢迎。

“关上门，”他轻声地说，“我一直想要问你两三个问题。”

“噢，别，你别问，”我表示异议，“我到贵地是来刺探报道资料的，可是每一个人都在问我问题，就跟你一样，我可不乐意。你得先回答我的问题。”

他笑了。“好吧，”他说，“你先问，然后轮到我。你想要知道什么？”

在市长阿什布里奇治下，出现过“不正当交易”和“假公济私的勾当”的一阵狂欢，迸发得像火山一样。我问德拉姆，他们怎么敢在这么短的时间里如此无法无天、如此大规模地干好事。对于我的问题，他并不介意我在假定特许经营权的授予都是不正当交易，也不介意我在臆断他知情。他顿了一顿，然后轻声问我是不是打算在报道中引用他的答复。

不会引用的，我表达了诚意。我真的只是被弄糊涂了，只是想要弄明白阿什布里奇机关里的权术策略手腕；从严格意义上来讲，整个机关看来像是坏政治，“坏上加坏的政治”，我记得我当时说。他缓慢地摇着头，深思熟虑地说：这么说不对。

“原先，”他说，“阿什布里奇希望事情如此。但他需要一个担任公职的任期，倒不是出于什么更大的野心，他想我们容许多少交易他就往那个任期里塞多少交易。我们——我们详详细细地谈过。因为这位市长懂得他只会做满仅仅一个任期，而我们还得留在这里承受常有的责难。责任由我来担。不过，我们推断——”

“那么，”趁他在那里犹豫，我极力主张道，“在纽约或者任何别的地方，你可以拖延那些不正当交易中的一项，区区一项就足以弱化我听说过的任何潜规则体系，接下去，拖延五项甚至——更多！”他笑了。

“我们推断，”他接着说，“我们自己的人也都赞同，确实如此，只要拖延五项——甚至更多，就可以挽救我们了。”

他让我表现出我的昏乱；然后，如同灵光一现，帮我理乱。

“假如我们仅仅只对这些交易当中的任何一项开刀，报纸和公众就会对它全神贯注，记住细节，然后争斗。但是，我们推断，假如我们既迅速又猛烈地接连向它们每一项开刀，一项，两项，三项——这一项接着那一项——报纸就说不尽它们了，公众也会惊得一愣一愣地，到头来——就不再指望下一项，实在太多了！”

我俩坐在那里，他逗笑着，我吃惊得一愣一愣地就像他的公众。

“啊，连坦慕尼协会都不知道的事儿，你们宾夕法尼亚的政治家也知道。”

他点点头。“是的，”他说，“我们知其所不知。我们懂得公众的绝望是可能发生的，也懂得这就是好策略。”

原来如此，为什么我的酒店老板、还有改革者们、大学里的教授们以及好市民们普遍地都说没什么改革的事情可做，这就是原因。

“对了，”伊斯·德拉姆答道，“布利特宪章对我们来说是一个壮举。它成了改革派最漂亮也是最终极的冒险，到了我们接受那宪章并且把我们的事情办得端端正正的时候，我们就会很长久地树立改革的信心。”

“到那时，”我总结这一席话，“到那个时候费城就是终结改革之城了。”

在我接下来又大声地作理论推断的同时，他点着头，富于幽默感地注视着我。我在这座城市感受到的不同就在于：费城所处的形势，圣路易斯要等到贪腐体系从福克的多番进攻中恢复之后才会出现。一座城市的人民，应该让他们自己在这被揭示出来的状况和惯例之间消弭纷争，重新整理他们的思路，使自己的观念顺应人情世故的常态。这位头头倾听着；止住了笑，止不住地点头。

“假如那样的话，”我继续说道，“政治腐败，就是一个变化的过程。腐败，不是短暂的罪恶，也不是偶然的不道德，更不是一个民族的初级阶段的一时征兆；它是民主政体被逐步改造为富豪统治所经历的一个自然过程。简言之，背叛不忠背信，不是一种恶行；它是一张照例必有的又可以让人飞黄腾达的玻利希彩票，而根据城市历史的长短，一座城市会有别于另一座城市。费城比圣路易斯更糟，因为它更加老到——在经验方面。”

很快，我说得这位头头迷惑起来，他困惑而又极感兴趣并且深受震动，恰如从前的我。

“倘若这一过程继续下去，”我说，“那么，我们美利坚的共和政体将成为集中体现特权阶层有组织之恶行的一种体制。”我已经忘掉了德拉姆；当时我不是要指责他有恶行，不过，我现在还记得他打断我的独白、问腐败该如何予以制止时所用的那种敬畏的语气。我意识到了他的关心之所在。我说我确实不知道反腐之道，我站起身来重新思考我脑子里冒出来的那些念头。他提出了异议。

“我有几个问题要问你，”他说，“你答应过，要是我回答了你的问题，你就会回答我的。”

“当然，我答应过。你的问题是什么？”

“在你写圣路易斯的那篇文章里，”他开始问了，“你说那里的大佬埃德·巴特勒利用两党的少数派统治着那个城市。我们这里应该也有两党的少数派。巴特勒是如何操作他那一套的？”

我多方解说，通过指使替换投票人、可以收买的投票人以及有组织的投票人，巴特勒就能够影响两党的提名和任命；然后，在投票中，内定胜出者，要么是一党的全部候选人，要么是从双方候选人名单中选出来的最称心的坏蛋。这样的解说德拉姆还是弄不明白，这些他都懂，他想要知道的是，操纵选举是如何在细节上行得通的，比如，在那么多的选区里，还有此后在决定总统、副总统候选人提名的政党代表大会上，以及在议会里。我变得极感兴趣了。我自己早就对那些细节感兴趣，也早作过调查；我没有把调查结果写出来，从来也没有别的人问及这些。对于德拉姆——纯粹一个政客——这些都具有极大的吸引力，他要是运用起这些来也会是富于创造力的，我像一个热心人对着一个乐意聆听的人一样讲个不停，也像是一位权术大师向另一位权术大师一样言不尽欢。终于，我让他弄明白了两点。

“对呀，”等到我把利用各党少数派以不正当方法谋取权力的技巧解说完毕，他经过缜密思考地讲，“对呀，”他反省道，“这就对啦！这会行得通的，我看得出来。而且”——他拍着他的膝盖大声地嚷嚷——“这还不费力，比我们的办法容易一些。”

这时，他和我一起挪到了门边，他很当真地说：“我想，从今往后我记住你了。”

这突如其来的、针对个人的措辞拖住了我。“你什么意思，记住我？”

“嗯，”他说，“自从你进城起，我们就一直在打量着你，审读你其他的作品，想弄清楚你一个改革者，是如何用你的方式识破这些把戏的；你懂这一套。”

“是吗？”我说，“那么你说你记住了，到底说明了什么？”

“喔，我看得出来，你是一个为人正直的天生坏蛋。”

我区区几个令人惊愕的问题，也就是见他时应景的敲门砖，竟让他联想到，我有当一名政客的所有天分，不知怎地，我这政客在从事改革，而没有投靠组织。当我边笑边谈论着这些话、试图打趣他的时候，他并不理会。

“另外一个问题，我还得问一下。”他说。

我只得催他问出来；他想问又不想问。等到他最后终于脱口问出这个问题来的时候，他却又不想要我回答了。

“我打算问你的是，我所犯下的是怎样卑劣的错误。看上去我跟我的朋友们一直亲兄弟明算账，而且——跟所有人都这样。可是在另一面，他们总说我是个坏蛋，我也不否认这一点。我同他们都确信我什么地方出了毛病，可到底是哪儿呢？他们拿来指责我的事情还不算太坏，起码没有到我所预见的坏的程度。我对受我保护的人、还有对我——自己，都是诚心实意的。唉，我是有一些不对劲，我想要弄明白：到底什么不对头？”

我开始作出反应，以某种方式，不是要回答他的问题，只是说说话而已，这时他打断了我，抬起了他的手。

“现在别说，”他说道，“别现在就对我说。”

“为什么不?”我好奇地问道。

“因为我相信，你会告诉我的，不过我真的不想现在就知道。形势也许会逼我认输，可是我不会。可我是一个病夫，也许很快就会认输，到了我将要伤害但是又不能够伤害我的朋友们的时候，我就会邀请你顺便来访，来告诉我，我所犯下的是怎样卑劣的错误。你会来的吧?”

我答应了，他为我打开门让我走，然后猛地关上了那张门，在我的身后。

译注：

1，斯特朗，William Lafayette Strong，1827—1900，1895—1897 年间的纽约市市长。共和党人，因共和党人与反坦慕尼的民主党人的联合选票而当选，具有改革观念的斯特朗设立了教育委员会、创建了许多小运动场，还被认为是管教部门之父。他委派了美国文官委员会前长官 T·罗斯福出任纽约市警务处处长。斯特朗早年做过干货推销员，1853 年前往纽约，1869 年做了斯特朗商号的老板，后来成为中央国民银行的总裁、Homer Lee 银行钞票公司的总裁、纽约信托公司的副总裁，还是伊利铁路的董事。http://en. wikipedia. org/wiki/William_Lafayette_Strong

2，坦慕尼协会，tammany，纽约郡民主党组织的通称。前身是成立于 1789 年的圣坦慕尼公会，建立者是一位名叫 William Mooney 的独立战争老兵，名字来源于居住在特拉华河流域的印第安人德拉瓦尔人的酋长 Tammen(d)，这个名字的原义是“和蔼可亲的人”，据传闻 Tammen(d)才能出众、待人如友，声望极高。

该协会及类似爱国团体的成立是为对抗当时类似辛辛那提协会之类的培植世袭贵族势力的组织，开办之初是社会慈善团体，号称将致力于爱国主义和人民友爱，不过很快便带上了政治色彩。1798 年，当时的首领 Aaron Burr 把圣坦慕尼公会改组为一个政治组织，并在 1800 年的选举当中大力支持托马斯·杰斐逊(Thomas Jefferson)。该协会采用印第安的称呼和用语，秘书是“书记”，会场叫“帐篷”，13 个董事被称为酋长，主席被称为大酋长，“伟大的酋长”这个尊称则是留给总统的。

一个重要的分水岭发生在 1817 年，爱尔兰移民的势力希望加入坦慕尼派，并且通过选票和利益的交易成为了坦慕尼派的骨干力量。1830 年，党派的总部设在纽约市的坦慕尼协会会堂(Tammany Hall)，其后这个名字就跟党派的名字联系在一起了。它自称为工人阶级的斗士，宣称为工人阶级谋取福利，后来又拥护移民，骗取移民的支持和选票，建立起了一套贪污、选举、命令和掩护的模式。

1855年，坦慕尼协会推选了他们的第一个纽约市市长Fernando Wood，迈开了长期控制纽约市的第一步。19世纪60年代，威廉·M·特威德(William Marcy Tweed)担任坦慕尼协会会长后，组织势力逐渐达到顶峰，在南北战争期间，坦慕尼协会摇身一变成为美国民主党在纽约的组织，进而控制了纽约民主党，其后赢得对纽约市的彻底控制，开始了一个极端腐败和堕落的时代。该协会在获取选票上有各种招数并极具欺骗性：非法给予移民公民身份，在移民中选出一些代表在市政府中就职，并对新移民和穷人提供各种服务。除此之外，坦慕尼协会还在选举中搞欺骗、实行贿赂和勒索，并卷入了一系列的丑闻。在1865到1871年间，坦慕尼从纽约市诈取和贪污亿万的政府公共基金。1871年大佬特威德被捕，坦慕尼协会一时大受打击，但在19世纪80年代很快又恢复元气，在凯利、墨菲和克罗克的主持下，继续控制纽约市，贪污腐败继续盛行。1930—1931年，以Samuel Seabury为首的调查组调查坦慕尼的信誉，导致沃克市长辞职，该协会势力大大衰落，到二十世纪五十年代在De-Sapio的领导下，坦慕尼再度复兴，协助Robert F. Wagner于1953年当选市长，后来Wagner以反坦慕尼运动的领袖的身分连任三届市长。在民主党进行政治改革的新时代，这个大都会的政治机器的作用衰落了。坦慕尼协会对纽约的长期统治，被认为是美国最重要的政治结构形式。

3，布利特，John Christian Bullitt，1824—1902，费城杰出的律师和知名人士。1849年从中央学院毕业后，遵从在一次华盛顿之旅当中结识的国务卿、未来总统詹姆斯(James Buchanan)的建议，前往费城从事法律事务，他最早的客户之一是肯塔基州银行。布利特和他的合伙人Samuel Dickson创立了该市最成功最赚钱的律师事务所，即今天为人所知的Drinker Biddle & Reath。他担任了1873年宾夕法尼亚制宪会议的代表，并于1885年起草了《布利特备忘录》(Bullitt bill)，两年之后它成为费城宪章(the Philadelphia City Charter)。1886年他还创办了第四街国民银行。他的孙子William Christian Bullitt, Jr. 1933年做了美国驻苏联大使。http://en.

wikipedia. org/wiki/John_Christian_Bullitt

4，帕克赫斯特博士，Dr. Charles Henry Parkhurst，1842—1933，美国长老会牧师和社会改革者，1880—1918 年在纽约市当牧师，1891 年开始关注市政事务，并被选为预防犯罪协会的会长，他开创了反坦慕尼协会的运动，亲自搜集腐败的证据以证明他的指控。这场运动导致了莱克索调查委员会的设立和1894 年改选改革派市长的选举。他参与起草了最初版本的纽约宪章(1898 年)。他的主要著作有《我们同坦慕尼的斗争》(1895 年，1970 年重版)、《我在纽约四十年》(1923 年)。http://en. wikipedia. org/wiki/Charles_Henry_Parkhurst

5，德拉姆，Israel Wilson Durham ，1855—1909，面临民众暴动而辞职的政坛“大佬”，曾经是来自费城的宾州共和党参议员，三届全国党代会代表。他是知名的面粉商之子，在给父亲做助理的过程中，结识了显要的朋友圈子。作为选区党的领导，他于1885 年成了公职候选人，被党代会一致推举为警务司法官，1890 年被重选为法官，后来成为费城政界的主导因素之一，被党务工作者公认为他们的领袖，他对一切问题的看法从未受到过质疑。他为人友善，终身未婚，对老父很孝顺。http://mountmoriah. info/index. php? title = Israel_Wilson_Durham_(1855—1909)

6，布兰肯伯格，Rudolph Blankenburg ，1843—1918，美国宾州费城1911—1916 年间的市长。生于德国，1865 年来到美国，成为一个被归化的美国公民，1867 年结婚，其妻 Lucretia M. Longshore (1845—1937)是一位杰出的主张妇女参政者、一个积极的“贵格”(美国费城人的别称)、一个重要的改革活动家。他是一名成功的纺织品制造商。1911 年他靠着宾州民主党人的选票被选为市长，由于他坚定地信奉渐进式改革，被人称为“改革老手”(The Old War Horse of Reform)和“德裔干洗工”(The Dutch Cleanser)。http://en. wikipedia. org/wiki/Rudolph_Blankenburg

7，审查协会，the Watch and Ward Society，即 The New England Watch and Ward Society，(书籍与表演艺术)审查协会，19 世纪晚期到20 世纪中叶，马萨诸塞州波士顿的一个介入书籍与表演艺术审查的组织。当时，波士顿公立图书馆把碍眼的书存放在一个上锁的房间里，慑于该组织对检察官和法官的影响力，出版商和书商都收缩出版，而戏剧也以一种被删改的“波士顿版本”(Boston Version)上演，该协会的种种活动为大众文化提供了短语“波士顿查禁”(Banned in Boston),这一短语成了讽刺的对象和营销的口号。20世纪20年代后,它的重点转变为打击赌博活动的蔓延。1957年该组织更名为新英格兰公民犯罪委员会,并于1967年成为马萨诸塞州犯罪与矫治委员会。1975年它与其他机构合并,形成谋求公正的社区应对机构,旨在促进监狱改革、为前罪犯维权。http://en.wikipedia.org/wiki/Watch_and_Ward_Society

8,瓦尔肯堡,Edvin. Augustus. Van Valkenburg,1869—1932,费城《北美人报》的总裁兼主编,进步党的支持者。

9,沃纳梅克,John Wanamaker,1838—1922,美国商人,宗教领袖,市民精英,政治人物。还被有的人看作是现代广告之父。其长子Thomas Brown Wanamaker(1862—1908)擅长金融事务,于1899年买下费城的《北美人报》,请激进的空谈家诸如单一税制的倡议人小亨利·乔治、社会主义者Henry John Nelson、Caroline H. Pemberton写专栏,而这激怒了他的父亲,小沃纳梅克进而印发礼拜天版,这也冒犯了其父恪守《圣经》的开明的宗教观。http://en.wikipedia.org/wiki/John_Wanamaker

10,阿什布里奇,Samuel Howell Ashbridge ,1849—1906。1899至1903年间的费城市长。

人之将死的大佬

伊斯雷尔·W·德拉姆，费城的大佬，经常回答我向他提出的问题。他常常避人耳目地来到我的宾馆房间，“只是来闲聊一下。”他说。其他的人也这么来闲聊：改革派、商人、官员、教师和教授、带来情报消息和忠告的报人、还有带着不满、委屈、冤情来的普通市民。这些闲聊给了我信息；事实、真相、细节在我这里汇总，直到我对它们——还有对把它们带来的一些人感到腻烦厌倦为止。我喜欢德拉姆先生的造访；他从来都不向我提供什么信息。“告密”有悖于他的游戏规则，尽管有的时候他证实或者校准了我不能肯定的信息，尽管他从没有否认过任何细节，可是他也确实没有泄露过任何人、任何事。他带给我的益处在于，解释那些似乎前后矛盾的细节，并且帮助我构想出这些细节的画面；一言以蔽之：这位大佬是我领悟力的外援。

我为他做过什么呢？我想，我给了他一种在逆境中泰然自若的政治观、一种对待自己、对待责任不带偏见的反省。因为要帮助我利用相对较少的证据去勾勒其市政体制的示意图，显然，他凭着丰富的经验，自己逐渐意识到了他还有他的那些不道德的手腕权术策略从根本上意味着什么。当我说起一个商人的贿赂只不过是一桩犯罪而多年以来接连发生的商业贿赂就是一场使得政府成为商业利益之代理人的政治腐败，他深思熟虑地说道：“假使那样的话，比起贿赂来，向竞选基金的捐款，就更加忠于党的领导，因而也更加恶劣！”他还是有想象力的，总是胜我一筹。我复述了我俩初次访谈的过程中那些我曾经表露过因其存在而那样地令我惊跳的观念，复述那些在他的言谈之中曾经暗示过的观念。我反复说政治腐败是一种过程，而我这么复述，是因为我自己并不接受这种说法。假如形势真是那样的话，那么，苍天，还有上帝，就都站到了贿赂者的那一边。在一个重商的国度里，商人们必须而且也愿意去腐蚀一个能够凭藉法律去妨碍或促进生意的政府。但是，在这种非得控制政府不可的交易体制的根子上，一定出了错——与社会利益为敌。我拿不准我的论点，不过大佬德拉姆先生，作为这个正在印证此一论说的行政体系的首脑，意识到了这一点。

他接受我提出来却又拿不准的这个论点。“我们应当阻止这一过程，”

他突然情绪激动，说个不停，“它应该受到阻止；决不能继续下去了。”当我答以他就能够阻止它、他和他那些犯有过错的同类都有权势、有机智也有勇气去摧毁它，他同意我的观点。“改革派做不到，”我进一步说道，“他们见识不广、人手不够又缺少正当的手段。”他犹豫了一下才明白，点头赞成，“是啊，他们算不上坚定不渝，何况他们也没有魄力。”一段长时间的沉默之后，这位头头叹了一口气：“我真希望我再年轻一回，或者说身体健康——”

他看到了假公济私的勾当，而这勾当也诱惑着他，就像同样的前景吸引着许许多多政界商界的领袖们一样。我有过许多类似的阅历，因为和大坏蛋们打交道，我发现，如果他们名气足够地大、人又足够地坏，他们行大善似乎就跟作大恶一样地热切。他们只不过没有被人们要求行善；财产的流转、报偿的多寡、官声的有无以及受教育程度的高下，所有的关注都不得要领。费城的改革派和好人们所鄙视的“伊斯”·德拉姆，无一例外地比他们每一个人都好；他是我在那个城市所遇到的最好的人，悟性最高，生活阅历和专长见识又最适当，而且——他另有一个长处，多少有一些正直，不过得用别的词语来形容。《新约全书》对此的表述最明白易懂也最简洁，耶稣说：我来本不是召义人，乃是召罪人。[1]

伊斯雷尔·W·德拉姆先生和其他的政界大佬、一些大商人以及一些十足的贼——比如像杰克·布莱克[2]（Jack Black）——他们都知道自己就是罪人，他们也不否认这一点（宣誓的时候除外），而且他们更不会企图去为他们自己辩护。因此，坐下来与他们攀谈是一件很适意的事情。他们接受事实，你也就可以从种种事实谈起，就像你能够跟科学家们漫谈一样。他们会得到拯救，有朝一日，到他们蒙主召唤的时候。他们可以帮助我们拯救社会，这些知错了的罪人不会为了试图开脱他们自己而否认事实，他们才是我们最有效的帮助者。可是，心胸狭窄的好人们完全不了解这些人所犯之罪、何时犯的罪或者如何犯的罪，他们不去面对，因此到了他们要去应对人事的时候也就没有了应对的能力。在圣路易斯，他们只想到他们都是为了改革，随后渐渐发觉自己在不当谋取钱财的机构里有股份有朋友，因而转变成了懦夫，成了纠缠乔·福克的捣乱者，就像他们那促使罗马人去迫害犹太人之弥赛亚的同类一样。在费城，恶同此类的市民们开始改换他们的道德准则行为准则、他们的政治哲学以及他们的经济学理论，以证明他们屈服于商业贿赂、政治腐败是有道理的。费城的腐败甚至累积成了人们的思想倾向，在那里，那绝无仅有的、看清了他们每一个人都在作恶的罪恶性质也意识到了矫正的工作量和很可能要付出之代价的人，就是坦率的骗子——即德拉姆——他主要的疑问是，“我所做的那些好事反倒成了多么卑劣的犯罪?”

也许他是怀着希望要推测我对这一问题的答案才来看我的。指向答案的每一个门径都吸引着他，不过，他害怕直截了当的表述。他的理由让我想起木材大王魏尔霍伊泽的态度，魏尔霍伊泽说他不会去征求牧师的意见，因为他们只会让他住手，可是他住不了手；而且，向他的银行家征求意见也全无用处，因为他们只会真心实意地去证明他不得不做的事情是有道理的。德拉姆并不回避这个坦率的问题，因为他拿不准他做的什么事儿成了“多么卑劣的犯罪”；他确信他的不道德是毋庸置疑的，比我还要确信，可是他并不希望有人来解释它，因为他已经受到诱惑——去拯救他自己还有他的城市。不过，他只是推迟了来找答案的时间。我行将离开费城的时候，他说他得了一种致命的病，日后一旦他大限将近，他就会派人来叫我，我只得答应召之即来。果然，一段日子之后，我正忙于其他事务的时候，收到了德拉姆的电报，“来，你答应过的。”于是我就去了。

这次访谈，我以“人之将死的大佬”(The Dying Boss)为题把一切写得如同杜撰。德拉姆的故事，跟其他的大佬首领老板领袖的故事里相关的部分形成了一个整体：坦慕尼协会的大佬查利·墨菲[3](Charlie Murphy)的青少年时代、还有罗斯福总统关于临终床上的参议员马特·奎伊的叙述。没有添油加醋的事实是：虚弱病重的德拉姆告诉我，他准备好——终于愿意了——要听一听他的“大罪”是什么，于是我说他罪在不忠，他震惊了，表示不敢相信。因为他一直认为忠诚是他最引以自豪的价值，也许就是他的一种美德；因为他从来没有叛卖过他的朋友——无论他做过别的什么数不胜数的坏事——因为他一直在做忠诚的、令人心满意足的朋友，我的指责完全出乎他的意料，也令他难以置信。我的论理总是令人泄气，尽管也让他意识到了罪错。他是百姓天生的领袖，我是这样想的；他教大众喜欢他信任他，甚至不惜报之以他们的投票；他集拢了权力，把它安排得井井有条，这权力出自于他们的选票、他们的信任和他们对他的忠诚；而他，一个好人，赢得了他邻居们的信赖，也拥有了能左右一切的势力，到头来把这当成特权、当作公共财产中其他的权钱特许，他和他那一帮人把这些卖给了富商们和其他的人民公敌。他是他自己的叛徒。他要客观如实的答案，我就给了他答案——直截了当，他领受了这答案，没有找一个字的借口或者辩解。他甘受这一指责，一段长长的、愁容不展的静默之后，他所有的话就是："听着，我注定活该为此下地狱，恶鬼阎王又会对我干些什么呢？难道你以为他们会把我放到火上面去烤，就为了——为了你所说的——不忠？"

我得弥补我所造成的伤害。为了打消他的疑虑，我不得不说了一些逆耳的话；他看起来像是灰头土脸的。因此，我问他，对于他的帮派里背叛了他的家伙，他做过什么。他说他不为已甚，只是让他们走人。于是，我作出反应问道——尽我所能令人不快却又无可否认地说出口来——他相不相信他的上帝跟他"伊斯"·德拉姆一样地仁慈宽容呢？他也听懂了我的意思，看上去感觉要好一些了，后来，他比医生们所作出的预测拖得要久一些才去世。

在我打算写宾夕法尼亚、写邪恶大佬当中的知名人物的时候，奎伊事件也许同样地在这里也起了某种作用。匹兹堡和费城之后，我并没有报道这个州，尽管我应该去报道；这真是办刊没有充分利用的题材，我没有写宾夕法尼亚，因此也从来没有在州级大佬的地盘里见过这位大佬，在这里只有一个人了解他。我跟奎伊参议员的见面都是在华盛顿，也总是带有几分礼节性的。对其性格的模糊感觉让我联想起他的代理人德拉姆，而这模糊的感觉，则是我从T·罗斯福那里得来的赠品。一天，我正在白宫门边闲逛，总统露面了，正从外面走回来。

"跟我进去，"他一边说着，一边拉扯着我的胳膊，带着我和他一道走进他的办公室。

"我刚刚做了一件非同寻常的事，得到了一种最不同寻常的体验。我拜访了一位参议员。你知道，总统一般是不拜访人的，可是我得知奎伊快要死了，惋惜之情油然而生，于是——就去见了他。"

T·罗斯福脱下了他的帽子，却没有坐下。他有些激动，在办公室里来回地走动，我站在一旁等着。终于，他走上前来同我说话，讲述他的经历。过后我马上都记了下来。

"我被接进参议员的病房里。他躺在那里，在床上长时间地一动不动，眼睛看着我。我——哎呀你知道有人生了病甚至快要死了的情形——要知道你怎么都会觉得总要说一些愉快的话、一些陈词滥调，我就唧唧喳喳地说开了，都是些甜言蜜语和蠢话，我说，‘唷，参议员，你看上去好多了！要不了多久你就会起床出院，又和我们一道做事了。’这话我自己听了都觉得不自在，肯定也会让奎伊心烦意乱的。他一时间没有说一个字；直勾勾地盯着我，一边用他那修长瘦削的手指抓弄着床罩。讨厌！我觉得很虚伪。这时候他慢慢地摇着他的头，很慢很慢，说道，‘不，总统先生，我不会再和你一道了，我快要死了，而且’——因为我又要开口劝慰，他伸出一只手止住了我的虚礼——‘去死真是再好不过了。我只是不喜欢像这样在这里躺在床上等死，我希望躺在阳光里的一块岩石上等待死亡悄悄地来临，我希望死得像一匹狼。’”

总统显然喜欢他所描述的这一幕，也为之而感动，他轻快而又急促地说起，奎伊解释他派人去请总统是有目的的。他终其一生都是古老的五族联盟[4]（the Five Nations）中的印第安人名义上的首领和保护者，“你要知道，他本人算半个印第安人。”T·罗斯福说。由于他快要死了，奎伊为那些印第安人担忧，因此他打算请求总统接替他出任五部落的首领和保护人。“当然，我对自己被选中还是感到很荣幸的。我答应奎伊接替他担当这一重任，何况我还很乐意。这下奎伊满意了。‘都妥了。’他说，‘这一下我可以安息了。’可是——”T·罗斯福话锋一转，“难道这就是奎伊所希望的，像一匹狼躺在一块荒僻的大石头上面在阳光底下悄悄地死去？”

接着，总统开始生我的气；他斥责我没有对像奎伊这样的人作出正确评价。他历数我对大佬们和其他“实际上的大人物”的“嘲弄和非难”，他几乎变得越来越激烈。我明确地说我区别对待此类人物和他们的罪恶；我要谴责的是罪恶，而不是人。多说无益，他越来越暴怒，我明白他辱骂我仅仅是为了发泄他的情绪。过后他也就释怀了；他平静了下来，一再说起这一天的经历，末了以一种期望收了场，他希望他本人到头来能够在阳光底下悄悄死去，死得像岩石上的一匹狼。每一次复述这一段经历，他都会调换奎伊天鹅将死之歌（swan song）的语序。

可是，奇怪的是，了解我也理解我不断刷新之理念的T·罗斯福，就为了要谴责像奎伊和德拉姆这样的人，到那个时候还在酝酿他对耙粪者的指责；比起这位总统来，我更欣赏德拉姆，我想。这正好说明，甚至在对话中，还要提出我逐渐理解的、对于耙粪者之价值的认识，我是多么地迟钝；我很难相信我是对的。这推翻了我太多的关于道德和政治的理论、推论，情形和费城一样。

译注：

1，我来本不是召义人，乃是召罪人：He could save sinners；the righteous He could not save.《马可福音》2：15～17

2，布莱克，Jack Black，1871—？美国19世纪末20世纪初的流浪汉和职业窃贼。他写过一本《你赢不了》（*You Can't Win*，Macmillan，1926年），回忆他作为一名知廉耻的不法之徒的生活道路。人们认为他于1932年投水自尽，因为据信他对朋友们说，如果生活变得太可怕了，他就会去纽约港划船划到筋疲力尽，双脚绑上重物，跳船投水。http://en.wikipedia.org/wiki/Jack_Black_(author)

3，墨菲，Charles Francis Murphy，1858—1924，美国的政治人物，纽约市坦慕尼协会的头头。爱尔兰移民之子，14岁退学，打过各种各样的工，攒钱买下了一家沙龙，最终拥有四家这样的社交场所，很快成为坦慕尼协会的一员，1892年他成为曼哈顿所谓的贫民区的头头，1902年接替Lewis Nixon成为坦慕尼协会的会首，继而成为该协会历史上最有权势的领袖。沉默寡言、主张绝对禁酒的墨菲（绰号"沉默查理"）给该协会带来了一种受人尊敬的气氛，他提拔了新的一批坦慕尼政客，带领这些人一改特威德时期的方式，采用进步党时期的方法，用工厂安全和童工法律来回报穷人的忠诚，把坦慕尼转变成为一个从东欧、南欧移民手上拉拢选票的政治组织。http://en.wikipedia.org/wiki/Charles_Francis_Murphy

4，五族联盟，the Five Nations，由北美五个易洛魁（Iroquois）印第安人部落Mohawk、Oneida、Onondaga、Cayuga和Seneca组成的联盟。

芝加哥：改革榜样

我的报道“费城：腐败还自得”，似乎给出了一种延续至今的印记：那座美丽的美国古城是国内最糟糕的地方。当然，这并不真实。这里只是比圣路易斯和明尼阿波利斯古老一点，要是我从那儿动身去的是波士顿或者新英格兰其他的古城，我或许会指明这一点并将费城准确定位；波士顿是合乎逻辑的下一站。可是，我在《麦克卢尔杂志》的编辑同事们反对我的选择，因为他们运用了我的理论。他们倾向于下一步做芝加哥。

也许在不知不觉之中，我的同事们怀有当时对政府的非难当中很普遍的看法：我们的政治腐败是世界上最糟糕的体制，因为我们是世界上最年轻的国家。我们的城市正在深受他们所谓的初级阶段阵痛之苦，以后，随着岁月的增长，它们就会变得越来越好。英国（耙他国之粪的）耙粪者詹姆斯·布赖斯[1]（James Bryce），还有E·L·戈德金[2]（E. L. Godkin）——我过去工作过的那家报纸《纽约晚间邮报》的爱尔兰-英格兰版的编辑——就宣讲过年轻论。我认为，他们愚弄美国人（还有欧洲人），使之相信，英国和英国式的思想及政治实践都比我们的要高一些；不列颠的自由主义就是我们要为之奋斗的努力目标。

马萨诸塞州的波士顿以及新英格兰的其余部分，无疑正好验证我的推论，我的推论是：英国只是我们的宿命而不是我们的希望。新英格兰的波士顿，比宾夕法尼亚州的费城要古老一些；跟费城很自得一样，它很自豪；新英格兰差不多跟老英格兰一样地平静、忙碌、富足、有贵族气派。不过，这正是麻烦之所在。波士顿和新英格兰看起来太好、听上去太平静，弄得我们都担心到那里去作一番新闻调查或许会虎头蛇尾。对此，我也不能肯定；实际上，波士顿的好名声不禁让我怀疑起我的推论来。最终，对于我们在那里一定会找到比费城更加糟糕而且芝加哥也必然如此的一些话题，我表示同意。对此毋庸置疑。我想，芝加哥或许早已备好了我们想要寻找的轰动性的邪恶故事。于是，带着拿定了的主意——去揭发一个无法无天的年轻的西部城市里腐败到令人难以忍受的、无政府主义的犯罪活动——我动身去那里。没有谁告诉我，在那里我将发现一个改革的榜样，一种实用的、兼有贵族气派和民主精神的改革实验。

威廉·C·博伊登是可信赖的。我首先打电话给我那位代理主管编辑的和蔼可亲的兄弟，告诉他我最后打算“做”芝加哥。

“那你最好见一见我的合伙人，沃尔特·L·费希尔。”他说。

“为什么？”我问道，“他是不是上一次我来这里的时候你想让我写文章赞扬的那位改革者？”

“是的。”博伊登答道，再没有多余的话，甚至连笑都没笑一下。他似乎赞成我直取那些核心大佬进而“挖出芝加哥内幕”的计划，因此我就开始动手了，而且很快我就发现有些跑偏了。我打电话给奀鸟[3]（Hinkey Dink）和澡堂约翰[4]（Bathhouse John），他们看样子像是那种人；两人无疑都是党的选区领导；可是他们不愿意也不能够谈论政事。他们发动激烈的长篇演说反对改革派，说改革者干扰芝加哥的一切。错在改革派！我耐心地将我的调查和疑问生搬硬套地用于现行秩序。谁是芝加哥的头头？没有谁，他们说。谁支配市长？没有谁。谁控制了市政委员会？选举人团。一个改革的机构！这真荒唐。我不能从政客们这里接受改革者在什么地方有如此之权势的说法，何况是在芝加哥。我料想，事情有点蹊跷。操纵政党的核心机构是存在的；现行秩序就在那里。我头脑中“典型的”美国城市的图解，正与芝加哥一致，可是我的采访乱套了。这里的核心组织没发挥作用，大佬领导们都陷入了困境。

因为要找我自己的同行来指点迷津，我拜访了《论坛报》的总编辑詹姆斯·N·基利[5]（James N. Keeley）。和我一样，事实证明他做编辑是大材小用。作为一名骨子里的记者，他只对新闻感兴趣，而且经常自己上阵去抓新闻，他有一次甚至远涉埃及去抓来了一个题材。基利是一位天才；他懂政治，了解他的城市，熟习一切；他迷倒了我，可惜他对我全无用处。我还恳求过《每日新闻》的新闻编辑查尔斯·蒙特罗斯·费伊（Charles Montrose Faye），人称新闻行当里“大概最聪明的家伙”，他说话结结巴巴，不过足以表达他对我的轻蔑和拒绝，他不会以任何的方式帮助我。

“你－你，”他情绪迸发，“你一个纽－纽－纽约报－报－报社的人，来－来到这里，就－就－就认定了你－你－你要找－找－找的东西，没有谁会－会－会告诉你什么的，我－我－我不想争－争－争论。你就胡闹吧——全都是误－误－误解，真要命！”

显然，他以为我是带有先入之见的。可我没有；我有吗？和大多数人一样，我认为自己起码思想开阔而又公正。怀着对自己的疑惑还有对芝加哥的绝望，我决定拜访克拉伦斯·S·达罗[6]（Clarence S. Darrow），向这位为罪犯们辩护因而从社会的底层对其城市必有透彻理解的哲学家兼律师请教，他或许会对我有所指正。名片递进去之后，我等在他办公室的外间，就像一般的委托人守候等待一样焦虑而又期待地望着他的门。他出来了，高个儿，身躯庞大，神情专注；他把我的名片拿在手里研究，仿佛在尽力回忆在哪里见过我的名字。他径直走向我，凑上前来，头向后仰，端详着我的脸，然后大声说道："噢，我知道了，你就是相信正派确实存在的那个家伙！"然后他大笑不止，一边握住我的手摇晃，一边笑到眼泪都出来了。然而，他并没有邀请我进他的办公室；也没有解答我的问题。这些问题更加逗乐了他，而我——唉，我只好逃开了。直到一两年前我才明白了达罗嘲笑我对正派的信仰的用意之所在；我在当时得出的所有印象就是，他也把我当作一个出于某种愚蠢的坚定信仰而心怀偏见的人来藐视，因此不值得他虚掷哪怕片刻的光阴。

羞辱令我愤怒。我径直去找伊利诺伊的最高党魁比利·洛里默[7]（Billy Lorimer），后来的联邦参议员。大佬们一般并不嘲笑潦倒落魄的家伙，他们忍得住。到达他的办公室的时候，我自己一下子陷入了一种心境，这心境在我的第一个问题当中就表露无遗。

"你这儿的党组织怎么了？"

"没事儿，"他很快地答道，"你为什么这么问？"

"喔，它似乎不在运转，"我说，"它是我所见过的最没用的党组织。"

于是他为当地的党组织辩护。我则引证坦慕尼协会、圣路易斯和费城——都有起作用的组织；也有大权在握的领导人。这儿呢？呸！他突然激动了起来，说了句芝加哥的民众之类的话。"民众！"我对他笑了起来，用达罗前不久嘲笑我的方式。他是一个信赖民众的党魁。他还提起了"改革派"。改革派！我说我见识过改革派，甚至包括他所说的某些改革者，他们都一个样儿；从来就没有哪个讲究实际的领导人，受到过比改革派的一时搅扰更加过分的妨碍。他认为我应该发现芝加哥的改革派有所不同，我则认为有所不同的倒是芝加哥的官员政客：软弱、没能力——

"你，"他指责道，"讥笑改革派、讥笑芝加哥、讥笑一切。你来这儿有多久？你对我们了解多少？你又见识过什么样的改革派？"

我一笑，他接着说：“听着，你见过婊子养的费希尔吗？”

我蔫了。就在这一刻，我觉得我自己有必要说明：正是基于这位伟大领导本人的威信，我才起劲地把芝加哥当作改革的一个典范来看待。芝加哥！我杂志的版面还等着另一个首次发表的报道呢；这报道通常是：警界贪腐、当权者与罪犯赌棍娼妓酒贩、各路窃贼以及各类凶手的交易。芝加哥的祸害是明显的、普遍的、放肆的。我屡屡受到警告，夜里不要到大环[8]（the Loop）周围闲逛；对有保护伞的恶行和犯罪如此大开绿灯，我眼珠子都要瞪出来了。夾鸟本人就曾对我说过，我不该独自从他的地盘走着回家。可我住在闹市区的一家俱乐部；何况作为一名报人，我不能够远离有重大新闻苗头的现场。到时候我们的读者会多么想要一睹我所看到的这些素材！比起芝加哥大环管控拙劣、收买警察的无法无天来，纽约市油水区[9]（Tenderloin）倒成了秩序和美德的典型。用报纸的行话来说，这一切还不算是一则芝加哥新闻报道的卖点；根据现有的材料来看还不算。这算吗？带着不情愿和疑惑，我还是遵照这一组织系统的首脑和名誉负责人的建议去行事。我回到博伊登的事务所，去见那位——他的合伙人，沃尔特·费希尔。

费希尔因为我对他的轻慢而用轻蔑来惩罚我，博伊登一定向他描述过我的态度。博伊登幽默过了头，告发了我自信的看法：费希尔以及芝加哥的改革派大体上不值得我去注意。因此，尽管费希尔礼貌地接待了我，但是他的答话简慢无礼。毫无疑问，我的怀疑态度的后遗症让他恼怒。我不得不承认他还有一些能量——他和他的选举人团——可他是如何说服它的呢？他又是如何掌控它的？他与它有什么关系？

“你们不是在缔造一个最好的政府。”我尖刻地评论道，列举着我所见过的一个个应受谴责的事件。

不，费希尔冷淡地答道。他们并不谋求好政府，时候未到，好政府或许会出现得晚一点；眼下，选举人团正在为代议制政府而战；市政委员会已经被街车巨头耶基斯[10]（Yerkes）和通常都想得到特权的其他商人所收买控制。费希尔和芝加哥改革派正在强力推动市政委员会的委员们要坚持本市的立场，尤其是在同商人们打交道的时候，要在签订协议的过程中代表公众利益。他们首先要同他们自己阵容中的腐败作斗争，任由警界恶行无法无天地卷土重来；他们打算要改造好人而不是改造坏人。这或许可以解释他们因他们的运动而赢得的公众支持。不过，他们到底是如何设法做到这一点的呢？

就这一问题，费希尔没有向我提供任何我认为有意义的答案的问题，他不愿意概括。他向我出示了有关候选人及官员信息的卷宗，跟我在纽约在费城所见过的一样。都是些攻击他人保护自己的炮弹。这些又是如何运用的呢？他用一种厌烦的语气概述了该地选举人团的计划。其中了无新意，从政治上讲，它根本就是含糊难懂的，直到我们碰巧谈及第十七选区——该区选举人团有一年帮共和党人说话、第二年却帮民主党人说话、第三年又站回到共和党一边。他们是怎么做到这一点的呢？

费希尔变得活跃起来。他的脸露出喜色；面带热衷而又敏锐的神态，他眼光一闪，开始向我讲这个故事。这是一个关于权术、策略、手腕的故事，费希尔是热衷于党派政治的人，选举人团中改革派的种种办法都是权谋之计：他们根据每一个选区的实际形势去经营该区。他们了解事实真相，掌握候选人、官员政客、有关联者、行贿受贿者还有选区民众的信息，到时候，凭藉着这样的信息，通过宣传、通过交易，他们就可以使匿名的少数派转变态度，这些少数派一同追随选举人团倒向一边，倾向于一个最终的目标。

这，真是非常实际的权术手腕，可是，它明智吗？它并不明智。这是一种冲动，芝加哥的冲动，完全是碰巧发生的。沃尔特·L·费希尔是选举人团的第三任领导人，这一任职本身就是偶然地或者是由于冲动一步一步地形成的。有一些年轻人，百万富翁之子威廉·肯特[11]（William Kent），最高法院法官之子约翰·梅纳德·哈伦[12]（John Maynard Harlan），还有诸如此类的其他人，出来竞选市政委员会委员并且当选了。有了像芬利·彼得·邓恩[13]（Finley Peter Dunne）这样的记者去报道他们，他们居然把市政委员会当作了“斗熊场”（bear garden）里喧闹的舞台。他们发表有情报根据的令人深思的演说，冒着谋杀的危险，不断用事实去指责他们那些刁滑的同僚。

费希尔把比利·肯特召来给我讲述这一运动的早期史，肯特说：“根本做不成任何事。我们败选了，不过我们确实搅得委员会的会议引人关注，参与的程度堪比那些喧闹恶臭的会议；我们向富于幽默感的记者们提供‘新闻’，这些新闻很快就引起了人们的注意，都是一些夸张的噱头、闹剧、传奇剧！哈伦是我们的演说家，他是一个很不错的演说者。他会信步走到一个受贿者的跟前叫他坏蛋；重提旧恶，附带上我们其余的人编造的恶名，哈伦能狠狠地打击他——彼得·邓恩则去听、去看、去引用、去描述。找乐子呗。”

因为当地人的公众注意中心有了这样一些情节片段，民众被唤醒了，于是两百名头面人物——以最重要的银行家莱曼·J·盖奇[14]（Lyman J. Gage）为首——在一起开会，希望有所作为。这两百人指定了一个十五人的委员会去找可干之事，十五人当中的一位起草了一份组建一个新的地方性政党的计划，这真是一个老而又老的空想计划。跟其他的任何一个城市一样，芝加哥开始走一条人们常走的路，这条路已经一再被证明是一条死胡同（impasse）。不过，芝加哥还是有人明白或者觉察到这完全错了，他们宣布反对这一动向；同时宣布延缓通过那项展开调查的动议。“我们知道得够多的了，”他们说，“调查委员会就是缓兵之计。”他们还曾宣布反对一项要向腐败的州议会谋求一份新的特许状的提案，而且他们也不愿意等下一次市长选举，再选出一位好商人，来担任能给他们带来好政府的市长。他们策动那个大委员会去寻找一个人——只要一个人——来组织一个选举人的社团，以迎战每一场遭遇战。这个人应该并不打算竞选公职；他要打算做领袖，做发号施令的人，因为少数派总是摇摆不定的。

乔治·E·科尔（George E. Cole）是他们选中的人。他是一个“二流商人”（他自己对我这么说的），大约五英尺高，肩宽二三英尺——好一个拳击手！他看上去像一位航海的船长，做起事来说起话来劲头十足。他挑了九名船员——挑选的依据是他们能做什么而不是他们所代表的是什么——摆脱那个大委员会，并没有什么计划，就开始“教人们确信我们的存在”。他两条短腿叉开，两只近视眼闪烁着，站在聚光灯照射的舞台当中的升降台上，为了再度当选而叫嚷着他要狠揍坏人。芝加哥喜欢鲁莽放肆，也愿意让任何一个人来尝试一下任何一种名堂；不管你是谁，你从哪儿来，或者你打算做什么，芝加哥都会给你机会，冒险精神就是芝加哥精神。因此，这个时候，乔治·科尔站了出来，说他和一个不为人所知的小委员会决心清理市政委员会，全市瞠目，感到好笑，接着便问如何做到。“我们将公开那些想要重登宝座的窃贼们的前科。”科尔回应道，接下来他就把肯特、哈伦以及其他正派的市政委员所掌握的、关于他们那些不正派的同僚们贪渎的实情真相、正式记录、表决结果都捅了出来。科尔说，在34名行将离职的市政委员当中，有26个无赖流氓恶棍；有一些无赖收手了；其余的则在他们的选区——每一个自我管理的选区——被弄得垂头丧气。“该死的国王科尔”、“大佬科尔”则被指控玩弄手腕、讹诈、做种种秘密的交易——这些他都置之不理。他应付正派的候选人跟应付爱吵闹的人、愚蠢的人一样地费劲；科尔还得抵制那些带头市民的牵制，哪怕他们是（因为他们就是，当然这指的是他们中的一部分人）昔日那个催生了他这个选举人团的二十人委员会（Committee of Twenty）的成员。所有尊奉某个人、尊奉这个党那个党或者尊奉自由主义条条框框的人一视同仁，他带领着选举人团赢得了一个又一个胜利，赢得了使芝加哥惊愕、给芝加哥逗乐的影响力。到了他健康衰退的时候，比利·肯特接替了他；肯特到了精疲力竭的时候就让位给了费希尔，费希尔延续了这个选举人团的种种做法，但是——此刻他有权有势了——他确实没有必要再去吵吵闹闹。他不事张扬地把那些贪渎的实情真相交付刊行，到各个选区去做秘密交易，去争取市政委员们的多数票，然后就在他的私人办公室里调遣他们、给他们指令并且对他们许愿。有一个夜晚，我亲眼见识了这一套动作的完成。在费希尔的办公室里，我看到他——这位改革的大佬表现得就像一位忠于党的政坛大佬，为了强调他们大家所掌握的或者投票赞成的正是芝加哥全体人民的最佳利益，在对形形色色的（老实的和不老实的）官员政客吹胡子瞪眼指手划脚、然后送这些受他看顾、受他节制的官员政客出去。作为大佬、作为书记，沃尔特·L·费希尔要对付从芝加哥公共福利当中发掘财富的巨大金融利益集团，还要引导这些利益集团去提供一些服务。这是一项长期的、缓慢的、艰难的任务；它持续了多年——十年或者十二年——到我写它的时候，我把这描述为一个正在起作用的改革范例。当然，从报刊特有的视角来看，芝加哥的表现多少可供其他城市仿效的是一个轰动一时的人物或事件；比起我曾经打算要写的贪腐文章所能造成的轰动来，这更是令人惊讶的“新闻”。这里有了一条成功之路，别的城市切实地仿效芝加哥，那就是说，他们也建立起了地方性的选举人团（Municipal Voters Leagues），果然，其中的一些有了下文；没有促成好政府，也没有促成规范的代议制政府，可是——总算有了一点点、一时之间的改善。

芝加哥最终还是失败了；这样一来，写一篇轰动性的政坛新闻或者推动一场新的改革运动的时机也成熟了。我当时正在观察这结局的种种端倪，并且将之记录在我的报道当中，但我并没有认识到那些起因将导致这样的结局。沃尔特·L·费希尔——后来进入塔夫脱总统的内阁、现在成了以能力和敏锐享誉国际的人物——不是而且从来也不是过激分子，他确实没有见及特权的种种来源，更不用说以不正当的手段去谋取它们，在芝加哥他动用大权所做的一切就是，去敦促甚至在必要时去迫使那些为其种种特权而必然关联到他的商业利益集团，达成公开的协议并且为他的城市提供一些服务。这正是雄心勃勃的企业所表达的渴望，它需要一个时常能体谅企业并且公正对待企业的政府。然而他们，那些商人以及他们的商业伙伴们，在芝加哥、在纽约、在各地——在他们与真诚公正的芝加哥"改革"政府有实用价值的合同之外，还是会去憎恶、去搏斗、去大声疾呼、去曲线挣钱、去行贿，最后他们会毁灭这个政府，正如芝加哥持枪的歹徒就要灭了另一个歹徒一样地实在，也一样地有把握。为什么？他们说(是对我说的)，他们所需要的，不是号称代议制的政府，而是好政府。

译注：

1，布赖斯，James Bryce，1838—1922，英国学者、法学家、历史学家和自由民主党政治家。1907 年被任命为驻美利坚合众国的英国大使，卓有成效地巩固了英美友谊，在政界和科学界他结交了许多美国朋友，其中最著名的是西奥多·罗斯福总统。http://en.wikipedia.org/wiki/James_Bryce,_1st_Viscount_Bryce

2，戈德金，Edwin Lawrence Godkin，1831—1902，美国报人，报纸编辑。生于爱尔兰，其父 James Godkin 是公理会牧师和报纸撰稿人，1856 年他移居美国。1865 年他创办了《国民报》(The Nation)，1883—1899 年间任《纽约晚间邮报》的总编辑，他频频恶毒地抨击坦慕尼协会，1894 年被控告犯有诽谤罪。著作有《现代民主的问题》(Problems of Modern Democracy，1896)、《预见不到的民主趋势》(Unforeseen Tendencies of Democracy，1898)等。http://en.wikipedia.org/wiki/Edwin_Lawrence_Godkin

3，奀鸟，Hinkey Dink，本名为 Michael Kenna，1858—1946，"奀鸟"是他的绰号，因为个子矮小。芝加哥第一选区选出来的两位市政委员会委员之一，他的任职时间为 1897—1923 年。十岁辍学卖报，12 岁买下街角报摊，后来经营工人合作社，用饭菜换选票。他和他的搭档 Bathhouse John Coughlin 被人称为码头双雄，赢得了妓女、皮条客、小酒馆老板和赌徒的支持。两人操办第一街区舞会，收取匪类的募捐，二人因此每年进账五万美元，该舞会于 1909 年被市长 Fred Busse 关闭。http://en.wikipedia.org/wiki/Michael_Kenna

4，澡堂约翰，Bathhouse John，本名 John Coughlin，1860—1938，“澡堂约翰”是他的绰号，因为他做过澡堂按摩工。芝加哥第一选区选出来的两位市政委员会委员之一，至死担任此职。曾经被控贪污。http://en.wikipedia.org/wiki/John_Coughlin_(alderman)

5，基利，James N. Keeley，1867—1934。《芝加哥论坛报》的总编辑、总经理（1898—1914）。他按照自己关于现代报纸的理念塑造了论坛报：报纸是为读者提供“个人服务”的独立机构。在芝加哥渐渐变得没有人情味的时候，他力图使论坛报成为其读者的“朋友”。http://www.bookrags.com/biography/james-keeley-dlb/

6，达罗，Clarence Seward Darrow，1857—1938，美国律师和演说家。1887 年来到芝加哥，介入为被控在秣市骚乱中犯谋杀罪的无政府主义者辩护的工作。1890 年任芝加哥市政机关法律顾问，后担任芝加哥和西北铁路法律事务总代理人。离开西北铁路后，曾为普尔曼罢工（1894 年）中的德布兹辩护，从而成为闻名全国的工会律师、刑事律师。曾代表举行罢工的宾州煤矿工人出庭，让世人了解到矿工恶劣的工作条件和童工的使用；使被控 1907 年谋杀爱达荷州州长 F·R·斯托伦堡的 W·D·海伍德无罪开释；1911 年为被控炸毁《洛杉矶时报》大楼的麦克纳马拉兄弟辩护。1925—1926 年间他还救了被控谋杀 14 岁的 R·法兰克斯而被判死刑的 R·洛布和 N·利奥波德；为一个底特律黑人家庭辩护，这个家庭为了抵抗要赶走他们的白人邻居而与一群暴徒格斗。最著名的案子可能是斯科普斯审判案（1925 年）。他的观点是：人是他左右不了的社会影响和生理活力的牺牲品。

7，洛里默，William Lorimer，1861—1934，美国来自伊利诺伊州的联邦参议员、众议员。生于英国曼彻斯特，1866 年随家移居美国。10 岁时瞟学了画招牌的手艺，在芝加哥的肉类加工厂和街车公司工作。从 1895 年开始，他以共和党的身分在国会三连任，1909 年得到联邦参议员的宝座，《芝加哥论坛报》披露了这张入场券是洛里默花了1000美元买州众议员 Charles A. White 的选票买来的。他在参议院混到了1912年7月，取消州议会的参议员选举改为全民选举的第十七修正案要到1913年才签署，当时，一番调查和激烈的辩论之后，参议院通过决议，宣称“他的竞选使用了不正当的手段和惯例，因此这一选举结果无效”。http://en.wikipedia.org/wiki/William_Lorimer_(politician)

8，大环，the Loop，芝加哥商业中心。

9，油水区，Tenderloin，油水区，美国俚语，指城市中以奢靡繁华、警察可以从中大捞油水而闻名的街区。

10，耶基斯，Charles Tyson Yerkes，1837—1905，美国金融家，在芝加哥和伦敦的公共交通系统的发展当中起了主要的作用。高中毕业之后作了当地一家谷物经纪行的职员，22岁开了自己的经纪行并进入费城证券交易所，1865年之前他涉足银行业并推销各级债券，靠着父亲的人脉和自己的业务技巧，他在当地金融界和社交界小有名气。在给费城司库提供财务代理的过程中，耶基斯用公款在一场巨大的股票投机中作赌注，不料芝加哥大火引起了金融恐慌，破产的耶基斯被控犯有盗窃罪，判刑33个月，为了摆脱牢狱之灾，他试图胁迫两名有影响里的费城政客，这将连带地影响到日后的选举，于是他得到赦免，只要他否认他此前的指责，最终他只服刑7个月。1882年他来到芝加哥，开了一家股票和谷物的经纪行，很快便参与到公共运输的圈子里。1886年他伙同商业伙伴运用一种复杂的金融交易，接管了北芝加哥街车公司，随后一连串的接管，使得他控制了该市北区和西区大多数的街车公司。自始至终，耶基斯肆无忌惮地运用贿赂和敲诈勒索来达到他的目的。他曾经把兴建洛杉矶公共交通系统的各公司联合成辛迪加，买通并控制该市及加州的政客、市政委员会为其土地特许权延期100年而不征收任何费用，激起了公愤。1895年他着手争夺一条更长的街车线路的特许经营权，为了换取支持，他给州长 John Peter Altgeld 一笔贿赂，可 Altgeld 拒绝了贿赂，否决了这项特权议案。1899年，耶基斯卖了他大多数的芝加哥运输股票，迁往纽约。他的生活极其富丽堂皇。1892年为了兴建“耶基斯天文台”，他捐赠一笔基金给芝加哥大学。http://en.wikipedia.org/wiki/Charles_Yerkes

11，肯特，William Kent，1864—1928，代表加州的联邦众议员，带

头向联邦政府捐献土地以修建缪尔(Muir)筹建的红杉国家公园。1887年毕业于耶鲁大学，在芝加哥从事房地产和畜牧业，也参与政治事务，成为市政会的一员和该市选举人团的主席。1907至1917年担任国会议员，随后被委派到美国关税委员会(即现在的美国国际贸易委员会)，任职到1920年。他的父亲为A. E. Kent。http://en. wikipedia. org/wiki/William_Kent_(U. S. _Congressman)

12，哈伦，John Maynard Harlan，1864—? 生平不详，1905年参加过芝加哥的市长竞选。其父为John Marshall Harlan，1877到1911年任最高法院法官。其子为John Marshall Harlan II，是1955到1911年的最高法院法官。

13，邓恩，Finley Peter Dunne，1867—1936，立足于芝加哥的美国作家、幽默大师。1898年开始出版他那闻名全国的杜利先生(Mr. Dooley)随笔，虚构出来的杜利先生是一位持怀疑态度的爱尔兰籍的酒保，经常对友人畅谈那个时代的政治和社会事件。邓恩借杜利之口抨击政治腐败、企业垄断和美国帝国主义思想。邓恩的俏皮幽默和政治智慧赢得了杜利迷们的嘲笑对象T·罗斯福总统的支持，杜利先生的小品大受欢迎，成了民意的试金石，甚至在白宫每周的内阁会议上都要读它。邓恩以人道主义胸怀倡导改革，绝非政治激进派。http://en. wikipedia. org/wiki/Finley_Peter_Dunne

14，盖奇，Lyman Judson Gage，1836—1927，美国金融家，第42任联邦财政部长。17岁就开始做银行职员，1853年移居芝加哥，作了三年的簿记员，1858年进入商人借贷信托公司担任任助理出纳、出纳，后担任芝加哥第一国民银行的副总裁、总裁。1890年被选为1893年芝加哥世博会的理事会主席，之后又担任新近组成的谋求改革城市管理的芝加哥市民联合会的主席。1897—1902年担任麦金利总统和T·罗斯福总统的财长，1902年引退后在纽约做银行家。1906年，Andrew Carnegie创立了简化拼写委员会(the Simplified Spelling Board)，盖奇是30名发起成员之一。http://en. wikipedia. org/wiki/Lyman_J. _Gage

纽约：好政府

芝加哥之后，我们没有如预计的那样去波士顿，而是去了纽约。我把芝加哥写成改革的榜样，对这篇文章的反应表明，我们的读者对改革的兴趣实际上跟他们对贪腐的兴趣一样地浓厚，他们想知道要得到好政府都应该做些什么。问的就是"好政府"这么一个观念、这么一个种说法。芝加哥的改革派曾经藉着区别好政府与代议制政府，来对我发起猛烈的攻击。去寻找一个堪与芝加哥的代议制政府试验相比的好政府试验，进而及时报导它，这或许不失为好的新闻报道。还真有这么一个试验地：纽约。

是的，纽约。带着纽约人朴素的想法——我们的城市是这片大陆上最糟糕的地方——出发，回到家乡看到纽约还不错就会产生一场不小的震动。是什么造成了这样的改观呢？是与其他糟糕的城市相比较而言吗？不仅仅如此。相对主义(Relativity)是政治评论的一条原则，而时间作为第四维往往也会校正一个人的预测，时代在各个城市里就像在各位市民身上一样都会造成重大的变化，而我在老旧的费城和年轻的芝加哥之后曾经打算去老旧的波士顿，正是想要看一看变化有多大、看一看变化所走的是哪一条路线。在城市的历史上，纽约绝对跟波士顿一样地古旧，而且我一直在关注芝加哥改革派企图迫使他们的市政委员——无论好的坏的——去代表芝加哥的公共利益，也在拿他们与纽约的政治改良派[1]成员们(Goo-Goos)作对比，这些改良派打算组织起来要让好人——那些好得更合意的商人——谋得官职，因为好人就能给他们以好政府。他们赢了，那些好政府改革者们；他们都掌了权。同年(1903年)，他们又在准备着一场选举，这场选举是要让投票的纽约人来决定：是让好的改革派留任；还是罢黜他们，倒退到坦慕尼协会的会堂里面去。当时，在家乡——改革启动的地方——我有一个机会，替我的改革老友们做宣传，目睹一场好政府的试验。

重回纽约，重游我昔日常去的地方，与老友重逢，我很快得到了两个印象：第一，纽约确实有好政府，或者说有一套令人满意的行政机关；第二，当年秋天好政府就会败下阵来。这两个印象后来证明都是对的。

纽约市长塞思·洛[2]（Seth Low），是一个商人，其父也是商人，洛很富有，受过教育，正直，而且从政的方面训练有素。在布鲁克林并入大纽约（Greater New York）之前，他做过那里的市长；还做过哥伦比亚大学的校长，他给它投了资。他是一个付出多于收获的人。为了作好心理准备去就任市长，他花了六个月对纽约的财务情况作了深入细致的研究。在他之下，他所委派的人，不仅仅是好人，而且也不总是商人；他还选用了一些专家；他同他们一道制订了不少谋求改善政府的计划，他们以惹人注目的效率推行着这些计划。他们的成绩有不少固定了下来。从前斯特朗市长的城市环卫局，做出了改革范例还平服了公众针对其费用的义愤，也教纽约人明白了什么叫做清扫街道——和这项政绩不可磨灭一样，塞思·洛的财政局、向贫民提供经济公寓、与它征收增值税不如征收地价税这样实用的征税原则也都一直保留了下来——这些都被当作洛市长的伟大功绩的纪念碑屹立至今。他还在筹划更多的事情。终其任期，他和他的顾问团都在研究学习市政管理；他们渐渐地成为这一行的大师，就像在一些德国城镇里职业的市政经理人一样。一句话，一个城市在我们的经济体制之下该当如何，洛先生带领他的顾问团就正要准备让纽约如何如何，这时，1903 年的那场选举却把他们撵走了。

凭什么？这叫什么事儿？难道选民们不知道这一届政府是好政府？我的那位改革故人，警察局以前的局长施密特伯格[3]（Schmittberger）认定纽约的警察部门是好的，他欣喜于它的好：各项法规都得到了完美的推行，贪污贿赂被减到了最低限度，好警察得到认可、得到提升或者得到鼓励。他对我表示，要是我有所怀疑，不妨去四处转转，听一听罪犯们、酒贩酒鬼们、妓女们还有赌场老板赌棍们的抱怨，听一听捞钱的警察们的牢骚。我去转了也听了，这样的好世道实在是当地靠犯罪吃饭的人们所不喜欢的。这是自然的。然而，面朝华尔街的古老而又精致华丽的三一教堂（Trinity Church），对这出色的管理却没有什么好话；三一教堂拥有大量的出租房屋，由高级理财人和其他为首的平信徒（layman）管理着。治安法庭都是公正的，书记员如是说，那些不得不去到治安法庭书记员跟前的人——不是去起诉就是去应诉——也不否认这一点。洛先生还指派了公正的绅士和律师担任治安推事、执法官，他们向民众解答法律，并不像他们所取代的坦慕尼的那些马屁精那样，往往顺水推舟地“深表同情”。可是显然，跟富人一样，穷人也更喜欢他们的法官有人情味儿。而拥护改革的那些治安推事、执法官的公正善良，居然是不得人心的。在出租房屋的问题上，租户们对实在公正的出租房屋新法规的感受，跟三一教堂和其他地主的感受一个样。双方抱怨着不同的祸害，而这新法对他们各打一板子，因此——这是多么令人厌恶的公平公正，不动产所有权人和交房租的人都这么认为。一般商人和改革派也都这么认为。

在那些日子里，城市俱乐部(the City Club)就是纽约改革者们的坦慕尼会堂。这算是所谓的交流场所，在这里我们聚在一起分享我们的希望和恐惧、分享我们的道听途说和实情真相。各个好政府社团(the Good Government Clubs)的领袖们——这些人挑选并推举了塞思·洛——到1903年初夏对他和他的成绩都不感兴趣了。没错，他们或许还会提名让他连任；不过他们也没把握，可是——还有别的人选吗？这真令人惊讶。他们对种种问题的回答，都暗示了一点也不怀疑这位市长的卓越或者他的人事任免、方针政策以及工作表现的优良，但是——但是什么？他们不把这但是说得更确切一些；似乎他们对这但是也心里没数。我只能猜测，而我的猜测是一团乱麻。难道他们——难道这些要人、名人们——其实都不大喜欢好政府？更不要提那好政府里的好官了？改革派也都是自私的吗？不，他们不全是为自己才谋官的，一定另有原因。

而商人们呢——在芝加哥他们说他们实在不喜欢“代议制政府”；他们觉得还是好政府更可取一些，于是他们还以为自己真的喜欢好政府。可是在纽约，在这个有好政府的地方，他们对好政府却都怨气冲天。至于理由，他们都还不大明白；他们并没有多谈也确实没能力多谈。他们向坦慕尼的竞选基金捐款，让他们的钱替他们说话。归结他们所有人所说的一切，就是不知为什么好政府在纽约不利于生意，就像不知为什么代议制政府在芝加哥不利于生意一样。这两个城市的政府、法律、习俗、实践、有普遍代表性的生意以及格外重大的或享有特权的生意都有一些相似之处。这套体制持续有效。存在于我头脑中的美国城市图解，与纽约和芝加哥的图解一致，恰如它与费城、匹兹堡、明尼阿波利斯以及圣路易斯的图解相吻合。可以阐明商界反对在纽约得以实现的好政府的惟一不同就在于：尽管芝加哥改革派正公开地在那里跟某些行贿的交易作斗争，在纽约没有谁有这样的想法。

塞思·洛和他的执政党以及他的好政府俱乐部支持者们，都绝不是过激分子。洛先生本人几乎算不上一个自由主义者；他是那种在英国可能被人称之为保守派的人。他接受了商人们的那种体制；像历代的腐败分子在这个政府占有一席之地一样，他在其中取得了主导地位，进而试图在没有任何根本性变化的情况下，就要把它打造成为一个效率高的因而也有条不紊的机构，以保护和促进所有的私营商业和公用商业。官场腐败者们惯常的特殊利益——娱乐业、交通运输业和承包业务——都被牵涉到了；就连卖淫利益集团也受到了妨碍，其实并非特意如此，只是因为采取了迫使警察变“好”的强制方式。

当年秋天，到了商界的钞票和民众的选票都否决了塞思·洛班子的时候，作如下推论看起来竟是合理的了：比起想要一个代议制政府来，商人们确实更不想要一个好政府；民众也真不喜欢好人和好政府，或者，我们可以说，民众真不喜欢极为称职的好人当官以及坚定不移的好政府。他们两下里都觉得还是“坏”政府更可取一些。不管怎么说，结局和推论一样地明确，他们选举坦慕尼在纽约重新掌权。芝加哥的情形则是，商人们徒劳地反对代议制的改革，因为民众支持它。

从政治上看，好政府的试验失败了；代议制政府的试验却走向了成功——到目前为止。

因为我自己的一切都还悬而未决，我回到了康涅狄格州科斯科布的家中，把我写我所报道过的城市的七篇文章编成一本书。麦克卢尔-菲利普斯公司以“城市的耻辱”(*The Shame of the Cities*)为书名出版了它。其中的推论极少。我不能演绎我自己的观察资料；因此在那本书的引言中我说，这书得以出版，只是因为这些篇章被我写成了带有目的的新闻报道，这一目的就是：“要从似乎不知廉耻的市民品行当中唤醒公民自尊心。”在指摘民众——美国的民众——的同时，我也指出“错不在哪一个阶层，不在哪一个种族，也不在哪一种特殊的利益或者利益相关者、利益集团的群体。祸害美国人民的弊政，是由美国人民自己造成的。”典型的美国公民就是商人，一种有缺陷的公民；假如他是一个大商人——他绝不至于忽略政治——他就会时常忙于政治，忙得有条不紊。不过，我也不责备这些大商人，错只在民众，我指出，在民众的领袖大规模受到腐蚀的同时，民众受到了小规模的腐蚀，因此我用唤起爱国心的字眼、唤起公正的字眼去呼吁他们不再追随坏的领袖，我恳求他们要追随好的领袖，比如罗斯福总统和约瑟夫 · W · 福克——还有我！

有一天，厄普顿 · 辛克莱[4]（Upton Sinclair）在《麦克卢尔杂志》的办公室打电话给我，多有告诫。

"你所报道的，"他说，"足够画出一幅贪腐体制的完整画面来，不过你似乎对它不作判断。你难道没有判断吗？你不判断你正在报道的东西吗？"

我回答说报道是对我之所见的描述，显然，他之所见也尽在于此，因为他深切关注才会说"是人都会对此作正确判断"。辛克莱没有认识到，我不十分相信我一点点地在判断的东西，而且在这么短的时间里，我也不可能转变我的思想以便与这新画面相匹配。学无止境；在我的脑海里，我有我自己的两幅画面，一幅叠加在另一幅之上。要根据事实的本相校正我的想象力，我需要时间，不再需要更多的经历，唯有时间；于是我在康涅狄格州格林尼治的那个新英格兰城镇的家里悠闲地消磨时光，划船，跟科斯科布的艺术家们交谈，跟渔夫们跟城里人聊天。到了选举日[5]（Election Day），在格林尼治，我站在承办者那里，目睹选民鱼贯而过，他们因为支持当地党组织而每人得到三美元。我的消遣是慢慢腾腾的领悟理解，一边梳理着我脑子里这大量的也是凌乱的观察资料，一边准备着出远门再去耙几个州的粪。

译注：

1，政治改良派，Good Government Association，波士顿 1903 年组织起来的一个改革社团。

2，洛，Seth Low，1850—1916，美国教育家、布鲁克林市长、哥伦比亚大学校长、美国的外交代表、纽约市长，他是进步党时期地方改革的先锋人物。茶叶商之子，1870 年在哥伦比亚学院以最高分取得学士学位，毕业后为其父做售货员，1876 年成为其父公司的股东。由于商场上的成功，他开始投身于政治活动。1881—1885 年任布鲁克林市长，他减少了该市的负债，针对市政措施及公立学校体制作了许多改革。1902 年出任大纽约的第二任市长，他两年的政绩包括：根据功过聘用市政雇员的文官制度、在警察部门减少普遍的贪腐、改进教育体系、降低税收。http://en. wikipedia. org/wiki/Seth_Low

3，施密特伯格，Maximilian Frances Schmittberger，1851—1917，美国执法官员，1909 年担任纽约警察局的总巡官。他是跟挥大棒者 Alexander "Clubber" Williams 督察关系密切的两个管片巡官之一，后来做了纽约警察局里的明星证人，在 Lexow 委员会面前为警界腐败作证。http://en. wikipedia. org/wiki/Max_F. _Schmittberger

4，辛克莱，Upton Sinclair，1878—1968，美国小说家、作家、报人、政治活动家。写了超过 90 本不同体裁的书。1902 年加入社会党，1904 年为了酝酿他的耙粪小说，在社会党的支持下，他乔装打扮，在芝加哥的肉类加工厂做工七周，1906 年《丛林》(The Jungle) 出版，成为了畅销书，在当年引起了几个月公众骚乱，由此催生了《纯净食物和药品法》(Pure Food and Drug Act) 和《肉品检查法》(Meat Inspection Act)。辛克莱用这本书的收入在新泽西建起了乌托邦式的 Helicon Home Colony，他竞选国会议员，一年之内这个聚居地被一场可疑的大火焚毁。为实现自己小说中所表现的理想，辛克莱积极从政，1905 年推动建立产业民主联盟。他为言论自由而奋斗，1923 年成立美国公民自由联盟南加州分部。1934 年他以民主党人身分竞选加州州长失败。http://en. wikipedia. org/wiki/Upton_Sinclair

5，选举日，Election Day，美国全国范围的选举有两个：大选和中期选举。这两个选举的选举日都是 11 月的第一个星期一之后的第一个星期二。http://en. wikipedia. org/wiki/Election_Day_(United_States); http://www. 77jieri. com/archives/4. html

科斯科布：艺术家的聚居地

康涅狄格州的科斯科布，是一个小小的古老渔村，一字排开在一条长街的一边，长街面对着位于格林尼治市的科斯科布港，这是纽约、纽黑文和哈特福德铁路向东延伸所经过的第一个新英格兰社区。在往返纽约的区间里，不能与大城市失去联系的人们回乡间住处或者路过，都要经过那里，有钱人去公园一般的格林尼治，其他人则来如画的科斯科布。我的小家搬去科斯科布好多年了，每当我变得满脑子的实情真相细节因而必须跑开去“理出头绪”然后把它写下来的时候，我都会去那里。我认为，科斯科布是一个思考的好去处；因为思考——如我所想——是一种下意识的或者潜意识的过程。我放下我应该思索的文章题材，去划船，在花园里劳作，或者做任何可以转移我注意力的事情，全然空我，与此同时，那些实情真相细节，比方说，芝加哥的细节或者纽约的细节，一般会按照一篇文章的顺序自行排列起来的。在科斯科布有好多事情要做。

静谧，几近死寂，这是成功的艺术家们、如今还在作画的画家们时常出入的一种可圈可点的处境：特瓦赫曼（Twachtman）、墨菲一家（The Murphys）、蔡尔德·哈桑姆（Childe Hassam）、埃尔默·麦克雷（Elmer MacRae）；也有作家：伯特·莱斯顿·泰勒（Bert Leston Taylor）、华莱士·欧文（Wallace Irwin）、汤普森·塞顿[1]（Thompson Seton）；还有教育家、出版家：《我们自己的庇护所》（*Ainslee's*）和《人人》（*Everybody's*）杂志社的吉尔曼·霍尔（Gilman Hall）、《世界报》（*World*）的唐·塞茨（Don Seitz）、《太阳晚报》（*Evening Sun*）报社的穆迪（Moody）。就连附庸风雅的人们——他们常常像苍蝇叮牛一样地追逐着艺术家——也不仅限于交流和渴望表达，还要卖弄着他们自己选择了它而它却没有选择他们的手艺。这是一个“艺术家聚居地”（art colony）；那里的画家们有的时候被称为“科斯科布画派”（the Cos Cob school）；我们谈论艺术，瞧不起那些谈生意谈政治的人。城里人和渔夫们都还不错；他们适应了这片土地——还有这里的海景，不过，对世上其他地方的人，对那些发了迹要买下格林尼治、还要让这美好的古镇现代化的纽约佬，我们都如此自命不凡，弄得他们在不理睬我们、于是我们也排斥他们之后想要讨好我们而不得。

一个富家婆的丈夫买下了我们的画家爱画的一座小山，在那山的一侧清除野生草木，栽种植物，还用电灯光作装饰。有一次，她开车上冬青旅店(the Holly House)——我们都在那里住过——想要几个房间，那店家的女儿认出了她和她的随从，就对她说"我们不接待富人"。

这冬青旅店带有一种名副其实、藤蔓牵连、令人顿生美感的古老属性——古老到屋檐下还留有昔日奴隶的住处；从它那里朝外看，透过跟栎树一般高的榆树林，可以望见内港和一栋废弃了的造船屋，上面有几个鸽舍。旅店有一条长长的游廊，有时候微风从河面上吹来，有时候从那海湾吹来的风要大一些，风让辩论者们觉得清凉，能让由特瓦克特曼所发起的那些客餐辩论平静下来。我们在一间雅致的、幽暗的、装饰有鲜花的餐室里，围坐在一张长桌子的旁边共进客餐。消遣总是老一套。特瓦克特曼或许会一边走向自己的位子，一边跟我密谈，"要我说，除非在君主政体之下，否则就不会有什么艺术。"等到交谈当中出现了暂时的平静，他就会大声宣告他的主张，这往往是我起来表明反对意见的信号，"你错了，特瓦克特曼。艺术是自由的花朵，只开在共和政体之下。"其他的人会插嘴，站在他那一边或者我这一边。划清了我们的追随者的界线，他和我引导着辩论，使之变得激烈，激起愤怒——或者任何一种激情，一直要到每个人都发下誓言并且坚定不移，我们或许又会逐步地向对立面转变，他为共和制争辩而我则为君主制争辩。我们的目标是要带动这个聚会圈子里的大家——我们当中的每一个人——不打算拉下哪怕一个热情的支持者。第二天晚上，特瓦克特曼又会先密谈、稍后再宣称"外国女人不漂亮，只有美国女人才拥有真正的美丽"，于是我们再一次试图兜着圈子把那些紧跟我们的人带向相反的观点。隔不多久我们就能玩一回这样的游戏真是棒极了。我们只在一个人那里出了点麻烦，弗雷德里克·道(Frederick Dow)先生，一位律师，他不仅仅是一位法律事务代理人，而且还是一位训练有素的智者。他就没有加入这种争论，只是边听边强忍着。"真莫名其妙!"他会抗议道，"你们在反过来驳自己！你们在转换立场。难道你们不明白吗？难道你们没有意识到吗?"实际上他的揭底并没有使我们多数的追随者停下来；他们更加忠心甚至更加好斗而不是更加明智。可是，这种游戏太令道先生痛心了，弄得他有一回从那餐桌边起身跑开去，双手挤压着他的脑袋。“我受不了这个。”他大声喊叫。特瓦克特曼可怜他，嘱咐我去告诉他我们在忙什么。打那以后，这位现场当中惟一有逻辑头脑的智者总是被逗得乐呵呵地坐在餐桌边，后来还走到游廊上来加入到我们中间。在这里，当地的艺术家们作家们——被他们的辩论领袖抛弃、背叛并引入歧途——还有他们的妻子们还在孤立无援地为了辩论主题而斗争到底，直到夜晚的空气使他们平静下来，要不就是谁看到或者说起了别的什么事儿。

我们经常辩论的问题之一就是，艺术家用不用得着他的那些思想。特瓦克特曼断言，他们靠他们的神经肌肉作画，一旦他们开始思考，他们——乃至于他们的画——就都会没有了感觉。这样的争论一直在延续，在那个季节贯穿始终；它一再被提起，我也开始认同特瓦克特曼的论题，说艺术家都是而且也应该是没有头脑的；他强调他们的灵性。有一年春天，我们发现街车公司建了一座新桥架在港口的脖子上，人人都很愤慨。这里成了噪音、蒸汽、烟雾混杂的喧嚣之地，这毁了这个地方的景致和宁静。我从理论上为街车公司辩护，说喧嚣也可以作为画家们的一个主题；不光是静止的村庄值得画，忙碌的港湾也值得画，我还预言一两个月之内在座的每一个画家都会愿意画那桥的建造场面，画出桥梁在风中摇摆、烟雾在风中吹散。那年夏天我要去西部，回来的时候正是一个秋天的上午，我从画家丛中穿过，科斯科布每一个画派都支起了画架，描绘那座喧闹肮脏的桥梁改建场面。谁也不跟我打招呼；我拖着我的行囊疲惫地走着，脸上带着回得家来与他们重逢的喜悦笑容，他们都不抬头看我一眼。只有特瓦克特曼同我讲话，而他全部的话就是：“啊，见你的鬼。”

一位华人实业巨头让我的思绪从工作上转移开去。他有一套办法，在海湾沿岸逐步建立他的生意，在每一处都开一家洗衣店。到了他使之运转良好又要去另一个地方开另一家店的时候，他就会指派一名代理人——另外一个中国佬——去继续经营当地的生意。这种要建成托拉斯的生意科斯科布的当地人都了解，当阿辛在我们的港口里正对着邮局又开了一家洗衣店的时候，我们每个人都支持同乡人，于是说：“好啦，让他试一试。他或许拿得下纽约州其他的海滨村庄；可他说服不了我们。没哪个外乡人能够强行闯入一个像科斯科布这样上流而又古老的新英格兰社区。从来都是马歇尔太太洗我们的衣服，没哪个中国佬可以让我们撇下她。”说句两不得罪的话，马歇尔太太也是出身于坐船从远方来到此地的、老而又老的家族，那船装载的乘客，要多过寻常货船里挤满了的人，也许诺亚方舟除外。显得高雅的人们对她的名号怀有好感，所有老资格的新英格兰人和所有主张公正的游客都联合起来抵制那中国佬，他除了捕鱼别的什么都做不成。日复一日，阿辛在他那无衣可洗的洗衣店前面捕了好几个星期的鱼；日复一日，村民们看着他捕鱼，问他能坚持多久。他总是笑笑，和蔼可亲地跟那些本不打算同他讲话的人说话。一天，就在我正要上我的船的时候，趁着没人注意，我问他，他打算如何在此地打开局面。

“啊，”他答道，“俺啥时候都一样，啥地方没去过。”说完，他接着捕他的鱼。

他捕鱼的方式很奇特，捕获还真不少；他所捕的鱼是白人不吃的种类，他把它们做成了鱼干再吃。每一个人尤其是渔夫对这一切都很好奇，一开始他们还笑话他把一张开着口子的小网挂到他简易的鱼竿上沉到水底下、不管不顾地就走开了，过一会儿他又回来收获一满网的鱼。你可以看到渔夫们为了观察他的捕捞、学习他的布网，故意从他身边走过；不过这么一番对利害关系的背叛之后，他们还是不能令人满意地说清楚那捕鱼的方法。其他的人试着如法张网。一天，一个采牡蛎的人提起了那张网；里面鱼儿真不少，他呢，四下里一看，看到阿辛准备收网装鱼的盘子还留在那里，这位采牡蛎的人把鱼从网里全都倒到那盘子里，然后又把那网沉放到河水里面。眼见了这一切的其他人，重复了这种出于好奇、出于消遣或者出于和气的动作，很快，我们看到村民们在他们来往邮局的路上，习惯性地提起那张有趣的渔网，然后把那些有趣的鱼儿全倒到那个盘子里。一个礼拜左右，只见阿辛跟爱闲聊的村民们交谈了起来。这个中国佬是一个说话和气、友好真诚的好人，他对中国捕鱼的叙述蛮令人好奇的。其他的人跟他也攀谈了起来；所有的人都跟阿辛说起话来，到后来，我出了一趟远门回来，发现那家洗衣店全天开业，人人把自己的洗洗涮涮都交给那中国佬去做，附带说一下，这家伙要价便宜。我不知道马歇尔太太的结果怎样，阿辛是走了，他的堂表亲经营着他的洗衣店，这位亲戚说老板阿辛正在把他的连锁洗衣店开进波士顿。阿辛是一个钓人的渔夫，也是洗衣业的一位预知输赢的人。

动物小说作家欧内斯特·汤普森·塞顿(Ernest Thompson Seton)，来这儿一年了，他把这里的港湾景观看成了不动产。他想找块地建庭园，为他用自己想象力丰富的头脑构想出来的童子军(the Boy Scouts)建一个基地和一个活动中心。他本人倒没有多少生意经，不过他的妻子格蕾丝(Grace)这个加利福尼亚女人有。在巴黎嫁给他的时候，她赞同她父亲艾伯特·加勒廷(Albert Gallatin)的意见：汤普森·塞顿有发展前途(他那个时候的确如此)；她接管了他的经纪。她抬高了他的价格，拓宽了他的市场，并且让他开始讲谈、演说还有写作。他对田地的追寻——是购买而不是描绘——每每引着他走远路，而我呢，因为和他交上了朋友，渐渐地感觉到了一种实在的新乐趣。我向科斯科布的艺术家们大谈不动产，他们嗤之以鼻，拒不受我的影响；我就此设计了一个游戏，我们当中的一些人玩开了。这个游戏就叫"不动产进行时"，玩法是你四处走动或者让不动产中介人开车带上你四处走，去看待售的房子、小块地皮或者农场田地。这给了你一个藉口进入房子——真正老式的新英格兰房屋——去看古风犹存的壁炉和古董家具；一些不拘小节的人把这个游戏降格为对家具的肆意猎取，后来，我遗憾地看到，他们把不动产交易落实到了椅子、桌子、床等等等等的家具上面。我们当中最愿意冒险的几位确实去相看了田地和房子，得分是你相看房地的数量和你抵抗住诱惑的回数。这里面存在着风险。你或许偶然遇上某个物业是如此地妙不可挡、如此地便宜，于是你竟然就买下它了，那样你就算是输了游戏，你就得退出。塞顿买下他的庄园时候，我倾心于一块70英亩的土地；我这70英亩是他的第二选择。后来我以两倍于我买它的价格卖了它，不过因为输了游戏，我还是受到了嘲弄。也有别的人输了。奥古斯特·F·Jaccaci(August F. Jaccacci)——《麦克卢尔杂志》的艺术编辑——在我犯错的时候他也犯了错，他买下了所有土地当中最大的那块。

伯特·莱斯顿·泰勒(Bert Leston Taylor)喜欢这个游戏；稍后他把它推广到了芝加哥，当时他到《论坛报》(*Tribune*)去写他的"每天O行字"(Line o' Type a Day)。这个游戏他胜出了，从来没有买任何东西，不过，倒不是智慧保全了他。泰勒有依赖性，依赖他在科斯科布的家庭；他的钢琴家妻子也是如此。他们一家人由他们的女儿——当时一个十岁或者十二岁的孩子——照应着。泰勒效力于《恶魔》(*Puck*)杂志，我们呢，作为他富于幽默感的邻居，就想知道一家连环漫画周刊拿这样一位头脑清醒的、严肃的思考者派什么用场。他曾经跟我一起去玩帆船，可是对于船，我俩谁都啥也不懂。一天，我们的单桅帆船在一阵轻风中安稳地停了下来，我俩没有能力让它移动；于是我们商议起来，原来泰勒的父亲是一位航海的船长；我们畅谈我们关于船只的所有见闻，一边抽烟一边思考，可是，我们的想法没有一个可以推动那条船或者为我们遮挡烈日。等到我发现我们正随波逐流到了港湾的桥下面的时候，我俩肯定是在船上摆了一个小时的龙门阵。我们既吃惊又愉快地驶向岸边；一个采牡蛎的人目睹了我们的困境，我们靠岸的时候，他轻声地对我们说："当你发现船粘滞在泥泞当中的时候——你所要做的就是把你船上的中插板往上提起约摸一分钟。"

我们羞愧地走回家的时候，泰勒说："你知道吗？那个海边讨生活的家伙大概以为我们被陷在泥巴里了。"

"不知道，"我答道，"但是我知道是什么让我们脱身的。你知道吗？"

"不知道。"他说，于是我得意地告诉了他我的猜测："上涨的潮水。"

泰勒钦佩地看了看我，然后转身走开了。打那以后，他经常地找我商量事儿，倒也不限于航海术。在他接到一年一万美元的开价要他离开《恶魔》杂志社去芝加哥的《论坛报》的时候，他和他妻子来我家向我和我妻子讨计，是马上就走，还是当年夏季休假去完成他早就计划好了的加拿大森林钓鱼之旅。他酷爱钓鱼，把他为这次旅行所作的费用估算拿出来给我看。费用确实很便宜；他为期待中的这么一种花费不多的夏日消遣而喜不自禁；因而他愈加坚定地决意不去理会《论坛报》报社"请马上就职"的电报。他们不妨催他们的；反正他要去钓鱼。

只是为了恶作剧，我在一张纸片上计算出那一年一万块钱大约合每周200块，这些再加上他的其他开销，拔高了他三个月的暑期度假的成本，将近2500美元。他看向他的妻子，他妻子也看着他，接着他伤心地说了一声"太贵了"，然后就回了家，收拾行李，赶去芝加哥，赶写他的"O行字"。

帆船运动是我特别喜爱的消食方式。事实上我不懂得如何航海，这反倒强化了我对帆船的专注以及我对洞察人类行为之念头的回避。何况，我的船员吉尔曼·霍尔(Gilman Hall)是一个水手。因为他曾经让我为公众所知晓，所以他以我表示出了某种兴趣；对我和O·亨利(O. Henry)感兴趣。作为《我们自己的庇护所》的一名编辑，亨利出版发行了我们的第一部“作品”。O · 亨利经常把“吉姆”——我们这样称呼霍尔——当成了自己的私人银行家，教他为他自己相中的千里马出钱。我倒是还让吉姆修改我的行船路线——当我的船员，算是补偿了我们这位需求最少的领航员。他忠于职守，遵从着我（经过修正）的各项命令，不论我在海湾上航行到多么远，他都很可信赖地领我们回家。他支付了我们第一条帆船“糖蜜”（Molasses）号一半的船价，我们花了 10 美元，买的只是这条船，不包括船的名字，卖主保留了那名字。倒霉的是，我们恰巧在一场风暴之前接手“蜜糖”号，这场风暴使她沉没在了她下锚停泊的地方。此后一两年里，我们偶尔用租来借来的船航行，大部分时间花在关于买船的谈论上面。曾几何时，我在杂志社的办公室里、在华尔街到处谈论买船和航行。

有一天，《麦克卢尔杂志》的事务经理不满地来到我办公桌前，不耐烦地问我：“你到底要什么类型的船？我想弄明白，总不能就这么跑去买下一条船吧。”

我既惊讶又恼怒，质问他这事儿与他何干，他解释说这不干他的事，是 S · S 麦克卢尔交办的。

“S · S 刚才来找我，说你想要船，交代我去给你买一条来。可我怎么能跑出去就买一条船给你，说得容易，除非我知道你想要哪一类的船。”他愤愤不平地一个劲谈论着他如何不曾买过一条船，从单桅帆船到大汽艇他都不懂，更不知道上哪儿去买船。他赞成 S · S 所说的，我的工作对杂志社大有好处，我该得到更多的酬劳，何况送给我一件礼物比给我加薪水总要合算一些，不过这礼物究竟是一艘蒸汽游艇还是一条单桅帆船，确实会有所不同。

我说出了我想要的那条船和那造船人（一位广告人）的名字；过了几个星期，吉尔曼 · 霍尔指挥着一条 20 英尺的新单桅帆船在航行，当时我掌着舵，不经意地在脑子里重新编排关于这个美国城市的两种印象，一种是我想象中的，一种是现实中的。

有一天，我正要带上泰勒出门用我的新船去航行的时候，哈里 · 利昂 · 威尔逊（Harry Leon Wilson）说出了被我们视之为友邻的世人的愿望。

“啊，”他带着发自内心的真感情说道，“我希望你们俩都淹死。”

译注：

1，塞顿，Ernest Thompson Seton，1860—1946，英裔美国博物学家、动物小说作家。一度做过野生动物画家。1898年出版了他最受欢迎的《我所知道的野生动物》。深切关心北美大草原的前途，曾为建立美洲印第安人保留地进了很大的力量，并争取为濒临灭绝的动物设立公园。他在1902年创办了印第安森林知识学习小组，为孩子们提供一个了解自然的机会。后来成为创办美国童子军的委员会的主席。

美国的耻辱：密苏里州

一连串的“好政府”之后，纽约市心甘情愿地让坦慕尼协会复辟，紧接着有消息传来：芝加哥改革派被迫将他们为“代议制市政府”而战的斗争带回到市议会里面，带到伊利诺斯的州这一级去进行；这复辟也让我确信，“我们”必须停止大谈特谈这个市那个市，必须指出市政当局也是州当局的一部分——各州同它们的市镇一样地糟糕或者一样地出色——还要指出，没有州的改革，市镇的改革是办不到的。州的工作体系——不管是同属于一个党还是分属于不同的党——大致构成了市镇工作体系的背景；一个腐败的州将会为一个腐败的市镇辩护。我此刻的推论就是，州是为善或者作恶的行为单位。如我所想，因为要明确转向州一级，我们决定先取密苏里。起先，对于宾夕法尼亚州、密苏里州、纽约州、伊利诺斯州、康涅狄格州这五个州当中的任何一州，我的了解都够我动手的了。福克——正在竞选密苏里州州长的圣路易斯检察官——就是市一级的改革者被击退转入到州一级的改革当中去的一个活生生的例子，因此他呼吁我们提供帮助。对选举，他相当有把握；看来推动一个州改革并造就一任州长，也算是“我们”的一个功劳。那以后，福克就掌握了我所需要的一切实情真相细节。我去了圣路易斯。

我忐忑不安地去到那里，很快我就明白了何为充满勇气的怯懦。哈里·霍斯[1]（Harry Hawes）——圣路易斯那些觉得自己被我那几篇文章伤到了的政客当中的一个——声称（我听说的），他准备一见到我就要枪毙了我。后来霍斯做了联邦参议员。他或许根本没说过那样的话；可我在纽约的时候就有人告诉我、后来到了圣路易斯之后又听说了一次，他公开地扬言、私下里威胁要杀死我，而且我也相信这一点。我的恐惧很清晰；我的畏怯在增长，直到它变得难以忍受。我真不知道该做什么；我对自己所做的事情也很吃惊。不久前的一个下午，看到他登上一辆街车，我不假思索不及筹划，也没有带上枪，便跑到这条街上，在那辆移动的车将要开过去的时候抓住了它，一跃而上，侧身挤过拥塞的乘客，径直来到我的未遂谋杀者身旁。在恐惧之中，我这么做了；这看上去也许像是英雄行为或者有备而来；这样的经历总让我置疑勇气。霍斯漫不经心地转过身来，看到了我，然后令我感到欣慰地伸出了他的手。

"哈——罗！"他大声地说，"你又回这儿来了？"

对啊，我回来了。

"那么这次你打算做什么？"

"做同样的事，"我说，"只不过我想这次要抓州里的辫子，把它跟市里联系起来，把情况弄得更清楚一点。"

"就这样？"他应了一声，接下来我们一路聊到我乘车错过了好几站，然后我同他道别，跳下了那辆车。我感觉好多了。我觉得自己很勇敢，而且我也喜欢这种出于勇气的紧张感，我应该会一会更多的敌人。

福克对真相细节都了如指掌，常常挂在嘴边。当然，这一切，在他的法庭审判当中他早已摸弄再三，此刻作为他竞选演说的排练，他又在反复地讲述它们。我们的目的是一致的：整理这汹涌而来的大量证据、大量供状忏悔以及底层社会的流言蜚语，描绘出一幅关于密苏里州政府的画面来，这一画面如密苏里人之所想，就画在密苏里那幅老画的画布之上，这就是：在宪法里、在宪章里、在史书上还有在教科书上有名无实的政府。而福克，就是这幅画的画家。我听过他的一些演说，都是辨术高超的演讲；这些全是出色的画作。他是一个顶呱呱的、有感染力也相当高雅的雄辩家，很能引起关注和议论，他的机智在于把他的能力传递给他的听众的那样一种力量，其能力在于从大量的材料当中挑选出他所需要的、也不超过其需要的东西来勾画那个腐败政府之轮廓。而这也正是我的苦差事，一个执笔者而不是一个侦查真相者的特别费劲的事儿：为了描述真相——联邦任何一个州的真相，要从形形色色的事实细节当中挑选出不多的论据。

我的报道用了"福克为密苏里而战"(Folk's Fight for Missouri)这一报刊所特有的标题，最初发表在《麦克卢尔杂志》上，后来印在书名为"为自治而斗争"(*The Struggle for Self-Government*)的论文集里，这书1906年由麦克卢尔－菲利普斯公司出版发行。这本书，以及耙粪文章的每种图书，现在都绝版了，不过在这里，我还没打算把那篇关于密苏里的文章重写一遍。简单地说吧，这篇文章揭示出，密苏里政坛和政府的职务腐败，同圣路易斯市的一模一样——同样的方式方法、同样的动机目的、同样的效用和好处、同样的人，殊途而同归：要让州里的官员、议员、法官成为一贯代表贿赂者、营私舞弊者和罪犯们的特殊利益的组织系统当中的一分子；这篇文章还表明，贿赂行为、营私舞弊行为作为所犯下的一系列重罪，成了一种接连不断的过程，这一过程使得该州及其市镇只在理论上存在的民主政府改变了性质，堕落为财阀统治阶级的组织系统，这样的组织系统不是为当地民众服务，而是为特权垄断的追求者们服务的。这篇文章还解释了为什么该州法院撤销了福克的那些案子；法官是由党组织领导核心从社团公司市政当局的律师们当中、还有罪犯们当中提名任命的。不过，除了圣路易斯的贿赂者以及竞选基金的捐献者以外，密苏里还出现了州际铁路和国有的各种垄断企业：公用事业公司、教科书出版商发行商、发酵粉公司，以及许许多多后来我从其他州发现的、卓有成效的其他垄断企业，这些垄断企业惯于贿买法律和司法解释，有的时候还以密苏里特殊行当的股权和密苏里公共事业的股权为交换的条件。这实际上是一种既成秩序、一种程序——市里的、州里的显然也是一种州际的业务系统——而不是行使政治职能的政府，当然也不是民主的政府。

这令我惊骇；几乎难以置信；我像福克问他自己那样问我自己，谁在招灾惹祸？我们的问题还停留在“谁”的层面上，还没有深入到“干了什么”的层面；今天的大多数人都不会去问是什么引起了犯罪、引起了腐败乃至引起了战争，但是会去问谁或者谁们是罪魁祸首。我曾经不得不与那些该当受罚的官员们交谈，也曾因为发现他们并不“坏”而逡巡不前；他们无疑都是好伙计，即使算不上是好人的话。他们确实曾经收受了贿赂，可他们也辩解说商人们一般总会花钱行贿的；那么，腐蚀官员的邪恶之人，那些坏家伙，就是那些行贿的生意人了。我必须见识见识更多的坏家伙，在密苏里，我这么做了。为了找到巨贪硕鼠，我不得不求助于总检察长；在他的办公室里，有一大堆用打字机打出来的庭审记录，这些东西我想要浏览一下。圣路易斯一家当地报社的编辑跟总检察长私交甚笃，当我告诉他我想要从这个敌人那里得到什么的时候，他评论道：“你有你的厚脸皮，他有他的厚门板，凭什么他该帮着你去揭发他和他的主顾们?”不过，他还是应我的请求打了电话，听到了答复，然后，“我太惊奇了!”他惊叫道，“他希望马上见到你，说是他一直就想见你。”我去了这位检察长的办公室。那里还有其他的来访者在等着，我的名片一递进去，马上就有一位随从露面了，而检察长也来到门边，为我把着门，“进来。”他说。我走了进去，穿过房间来到一扇窗前，然后转身，我那好客的主人还一动不动地站在门边，手拉着门，眼瞅着我，看来很惊讶。

“怎么回事?”我也很惊讶地问道。

“啊，见鬼了。”他应道，“我以为你有六英尺高。”

原来他是在目测我不断缩水的五英尺六寸的身高和75磅的体重。随后他很快地关上了房门，来到了我面前。

“我听说你想要确凿的庭审记录，”他说，“你可以得到它们。我希望我能够做你们正在做的事情，你和乔·福克。你们对了，我们错了；我从来没有意识到我们错到了何等地步。你可以理解，我们以为我们所追求的是此一法规或者彼一特权。我们从来没有停下手去思考其他人也想要一此一彼，也没有停下手去思考我们所有人一起在做卑劣的事情。我们从来没有毫无保留地领会这个道理，像你们所领会的那样。人像这样囫囵吞枣的时候，结果总是很难受的。”

他走开去，又踱回来。

“我自己是不会作任何让步的了，从现在起再也不让步。我站到了另一边，我和我的人都在战斗——斗到我们背靠着牢房的栅栏——斗我们希望之斗，斗我们必须之斗。我不能在你们那边露面，我想，现在不行，任何时候都不行。不过，我还是对你们正在做的事情表示敬意；我们当中的很多人现在都有这相同的敬意，但是我们不能够改弦更张。太晚了！我们必须为我们特定的任期而奋斗，我们热衷于此，我也热衷于此。好了，不要声张，唔——如果我有你想要的什么东西——你随便拿吧。”

这人并不坏，其他的人也不坏，比如威廉·齐格勒[2](William Ziegler)。这位白手起家、身家百万的实业巨头，建立起了全国的发酵粉托拉斯，就个人而言获得了成功，因为贿赂在密苏里被逮捕，随即受到起诉。他和他的州际说客丹尼尔·J·凯利(Daniel J. Kelly)曾经在24个州活动，他们发现这些州——凯利(对我)说——所有的一切都时机成熟了，都早已为他们准备妥当，各州被本地的商人贿赂得麻木了，一个带着钱来的、有全国影响的来客反倒更受欢迎。凯利并非怀有什么生来就有的邪恶，而齐格勒就某些方面来说也算是一个理想的公民，齐格勒当时花了上百万元支持北极探险者们在他们的探险远征当中把美国国旗插到北极。我感觉他是一个慷慨大方、能力出众、英勇无畏、姿态还相当谦逊的人，他不但愿意而且还很热切地想要告诉我他的经历，在讲述详情的过程中，他讲的情况甚至比福克在其控诉当中曾经描述过的更加糟糕、更加冷酷、更加普遍。他不仅仅“吸引住”了各地的议会和州长，还说服了化学专家和报人，为了报酬而替他那些不大可靠的效用捧场。齐格勒性格上的奇特，在于他有想象力，每当他的——他的以及他生意伙伴们的——贿赂舞弊办法的效力和作用不出其所料，他都会震惊。他判断局势，同时也心生厌恶，就像“伊斯”·德拉姆曾经表现出的那样。

“我实在不想这么干，”他再三解释道，“我根本没有意识到会这样。我只是见招拆招。”

“是呀，”我说，“用你们这些商人的话来说——似乎你们都很明智——到得桥头便过桥。”

“我可没打算要换州政府。”

当我回到纽约根据与齐格勒有关的采访记录写成密苏里报道交上去的时候，杂志社的营业部冷冰冰地评论道，版面排好后预留给这家发酵粉公司的封底广告可能要停了。我估计，跟以往任何时候相比，这个广告都更有把握保留下来，就当是一场考验吧，为此我再度探望了齐格勒。他说——并且他还通知了杂志社——他活多久，他公司的广告就登多久。这发生在他读了那篇文章的校样之后，这些校样显得——我是这样认为的——比我写政治腐败是什么、写从道德观点来看腐败意味着什么的任何作品都要好一些。他读它，是作为一个公民、一个有爱国心同时也有一点感情用事的人去读的，多少次他把它放下，以便运用他的想象力去思考它。末了，他说：“这就是地狱，是不是？而我在扮演十足的魔鬼！”

前总统格罗弗·克利夫兰[3]（Grover Cleveland）也有同感。我们的主管编辑艾伯特·博伊登是克利夫兰先生的朋友，他当时在普林斯顿。博伊登要求我到那边去看看他。

“直到密苏里的那一番揭发过后，他还很颓丧，想问问你一些相关的问题。”

当然，我去了。我想当然地认为，克利夫兰作为一个民主党人，会因为有损于他的党的这些事情而烦恼不安；作为布法罗（Buffalo）的前市长和纽约州的前州长，克利夫兰在他自己的城市自己的州，开始了他揭发欺骗行为和营私舞弊的揭露者生涯，他一定经历了福克所经历的一切。可是，我去拜访的时候，他根本不涉及他的党；他流露出民主是一个努力目标的意思，却不曾提问任何问题。他只是说："我已经读了那篇文章，可我不相信它。你怎么能够相信那一切——"他手指窗外，"光天化日之下那个样子?"

关于他如何看待我所列举的事实，他一个人滔滔不绝地在那里说着，看来他真的相信他所说的话。"我不是在怀疑你对福克那些证据的报道，作为一个整体，你的描述我不能够接受。的确，的确，我一点儿也不怀疑那些证据，那是真的。我自己在办公室就见到过，我简直不能够想象我看到的就是事情的本相，太可怕了！你应该把这些题材报道了再报道——到其他的州去——以使我们大家充分理解这一切。"

我告诉他随后我将在伊利诺伊州接着报道这个题材，他预祝我成功。可是，就在我们走到门边、在光天化日之下站在那里的时候，他摇着他的头："我以为我永远理解不了好人们会干出贿赂和腐败的事情来，也理解不了这是我们政府所特有的本质在发生变化的一个过程。不，我不理解。"

我离开了这位优雅健壮的老人，一边意识到他的想象真的落了空，一边回想起我使之动摇的其他人——我文章里的那些反面人物。在美国，想象力靠不住了；有权有势者了解真相，也造成了真相，还用事实细节编排出一种局面。我感到疑惑：贪腐是否不完全象征了那想象力的失灵，也象征了那些权势者中的才智之士的无能。

译注：

1，霍斯，Harry Bartow Hawes，1869—1947，美国政治家，律师，曾任国会议员、参议员。担任过圣路易斯的警察委员会的主席。http://en.wikipedia.org/wiki/Harry_B._Hawes

2，齐格勒，William Ziegler，1843—1905，美国实业家，皇家发酵粉公司的创始人之一，还组织过北极探险和惊险的帆船运动。1902年1月因为与密苏里州议会的发酵粉丑闻相关的贪贿而受到起诉。http://en.wikipedia.org/wiki/William_Ziegler

3，克利夫兰，(Stephen) Grover Cleveland，1837—1908，美国第22

任（1885—1889）和第24任（1893—1897）总统。1859年在纽约布法罗做律师，参加民主党的活动，1881年任布法罗市长，以反腐败闻名，1883—1885年任纽约州长，在他第一个总统任期里，他坚决推行文官制度。在对外政策方面，他好似孤立主义者，反对美国进行领土扩张。卸任总统之后退居新泽西，任普林斯顿大学讲师。

伊利诺斯州：革新运动

由于耙粪，确切一点说，是由于耙粪用事实真相助长了人们的不满，所谓的运动一场场地发生了。进步党[1]（The Progressive Party）就是其中之一；另一个则是委员会形式的政府，这引起了麦克卢尔先生的空想。他想让我从各州暂时歇手而去写文章赞扬委员会制，我拒绝了；难道我不明白问题不在于政府的形式？哥伦比亚特区（D. C.）的华盛顿，长久以来就拥有一种委员会制度。为了摆脱那里接近半数的有色人种选民，该市抛开一切民主的托词；剥夺了所有选民——白色皮肤的、棕色皮肤的、黄色皮肤的还有黑色皮肤的——的公民权，将一个市政府改造成为一个市委员会，它由国会的一个委员会和得到总统提名的当地显要所组成，而当时的总统就是西奥多·罗斯福（Theodore Roosevelt）！要探明一个包括政治家和商人的特别委员会摆脱了政客、党派和犯罪集团如何治理一个城市，这是多么好的一个机会！要表现该市的试验者如何让那场委员会试验在历经沧桑之后还卓有成效，这又是多么好的一个机会！这是多么好的把我们引向国会和联邦政府的一条线索！我在华盛顿呆过，足以了解，那个市政当局就是一个可耻的腐败政府，而且因为是美国的首都，它的曝光将会是一个轰动性的新闻题材。不过报道完几个州之后，我反思起来。我注意到，各州现在也都有所觉察，一些突出的、有全国性影响的、以不正当方法谋取钱财的商人，从密苏里逃脱了惩罚又在共和党的俄亥俄州故技重施，这些人当中的一个刺激了我，要前去追踪报道。

一家大的教材出版托拉斯的代理商，到本刊在纽约的办公室来拜访我，指明他的公司与我交付刊行的名单上那些在密苏里被福克揭露出来的、有全国性影响的营私舞弊者们的关联，说他猜想我打算追究到底，揭穿官方干预教材生意的全盘交易。我倒还没有那样的想法。

“哎呀，”他极尽其广告主的权威说道，“别那么干。我警告你，我们会有一场恶斗。”

我告诉他，他给我出了一个好主意，我从各地、从各地议会、在来来往往的火车上到处听来的关于教材出版商的种种活动细节，或许——如果搜集起来、经过核实再刊印出来——足以构成一个绝妙的丑闻。这些真相细节将表明，不光要用钱，同时还要用女色去“说服”各校的校长、理事会的成员和教师们；它们还将让人们看到，各家大学里的教授对于他们向学生们教了些什么又写了些什么，是如何被人逼得小心翼翼的。

教授们能够从他们的教材当中挣得两三倍于教书匠工资的钱——起码他们中间的有些人做得到——当然，一位被怀疑有“激进主义思想”的教授多半不会被人约请去为年轻人写教材，对于教材出版生意，“激进主义”就意味着“有独到见解的”或者对思想有“误导”的。

得到我们的广告主那样的当面警告之后，我渴望着去深挖教材交易；这交易或许可以在一定的程度上解释美国此等恶行的原因。我对那位警告者说我一定会遵照他睿智的建议行事的，实在抱歉，我并没有遵守我的诺言。后来，赫斯特[2]（Hearst）报系报道了教材交易，不过是以零零星星的、分期连载的方式，还构不成一幅全景图。

按下所有这些线索不表，我离开了与伊利诺斯相邻的密苏里。那两个州呈现出来的明显的相似之处，也许可以巩固或者修正我的理论：州政权是市政权的组成部分、州可以成为改革试点的单位。市一级的改革派，被本州的党组织核心杯葛同时还受到大企业以州一级立法机关的名义相威胁，重新集合在查尔斯 · S · 蒂恩[3]（Charles S. Deneen）的周围，跟圣路易斯的福克一样，蒂恩是芝加哥市库克郡的一名州检察官，他证明了有罪的富人如此之多，弄得州监狱专门辟出一排银行家的囚室。改革派都在支持蒂恩竞选州长，而芝加哥竞选人团的创建者乔治 · E · 科尔[4]（George E-. Cole）则正在组织州一级的竞选人团，以图把市政委员会行之有效的那套方法同样地运用到州议会里面去，他保留着一份关于议案法令的投票记录，其中显示出州议员所代表的是民众还是官商机构。伊利诺斯是共和党的、密苏里是民主党的，这样的事实也有助于清楚地表达本刊的编辑们所看到的两党之间并无二致，有助于弄清楚大生意和大政策也并无二致。使密苏里的民主党体制变得腐烂而令人侧目的那同样的把戏，在伊利诺斯由共和党人搬演了出来。

“什么样的商业腐蚀政治?”一位铁路公司的总裁问了我这个问题。他曾经指出，芝加哥改革派在斯普林菲尔德（Springfield）和芝加哥要抗争的是耶基斯和各家公用事业公司；因此他针对我把政治腐败归因于商业的“总括性的推论”提出了异议。在那一点上，我让他给说中了，我承认。

并非所有的商业都会在腐蚀政治方面行之有效，我只是偶然发现了一些事情，那些我称之为大生意的事情。要到更晚一些的时候，更加确切的分析才在俄亥俄出现。不过，因为伊利诺斯，我已经开始专注于大生意和小生意之间的不同，也接受了我这位铁路公司的朋友所说的大生意人领头、小生意人跟风。当时，他反对只有大生意才玩弄政治手腕的说法，附带补充道："各家铁路公司都很大，它们就不要权术。"——我告诉他，高官们都说铁路公司早就开始耍权术，既已得到了几乎想要得到的一切，这一类公用事业公司又还想得到能够延续其肮脏勾当的种种东西。他否认这一点，于是我回头去找那些官员们，那些了解一点伊利诺斯历史的长者。他们宣称那个州的各家铁路公司，过去通常是而且现在仍然是政治活动当中主要的开心果；说他们让伊利诺斯中央铁路公司(Illinois Central)参与他们日常的政治事务，捐助官场花销；还说他们甚至能够到芝加哥或者伊利诺斯去捞得他们想要的一切。折冲于这两派好辩者之间，我搜集了足以令我那位铁路公司的朋友哑口无言的信息，他曾经企图误导我。他本人还算是"精明的"，跟西部的营私舞弊者通常所表现出来的一样；他们并不像典型的东部巨头；他们世事练达，事关遥远的西部，除非亲眼所见，他们是不会坦白地承认你所了解到的情况的。因为被逼得没有了争辩的余地，这位铁路公司的总裁便说："铁路公司染指政治，如今只是为了保护它们自己免遭蛊惑人心的宣传祸害，"接着，他举例说道："就像我们在威斯康星正在经历的那样。"

"威斯康星？拉福莱特[5](Lafollette)？"我问道。

"对，就是那个该死的、蛊惑民心的政客，鲍勃·拉福莱特，"他回答道，"为什么你从来不去揭露像拉福莱特和汤姆·约翰逊[5](Tom Johnson)这样的家伙？为什么老是责备我们？"

这番话似乎是一场有充分根据的抱怨。我们揭露了行贿群体和受贿群体；我们也支持过福克和费希尔之类的改革派。我曾经想要写文章赞扬其他的一些改革派。揭发一个蛊惑民心的政客如拉福莱特者，将会是公正的也是有益的新闻报道。我那位铁路公司的总裁，看到我被他的主意激起了好奇心，愿意调动他的有利条件作为采访报道的后盾。要是我接下来要去威斯康星揪出拉福莱特的话，他将会写信给他在密尔沃基的商界朋友，为我提供证据，大量的证据。他跟一些人关系密切，一一列举。我写信给麦克卢尔先生，他同意了这个计划。因此，我对那篇报道伊利诺斯的文章——这其实就是密苏里一文的翻版——作了最后的加工，完美的姊妹篇。然后，我拜访我那位铁路公司的总裁，从他那里拿到了他写给密尔沃基“精明的人们”的一叠介绍信，他们将为我提供素材，用于揭露一州改革之一例——对证明我的州级命题大有帮助的一例。

其时，伊利诺斯和密苏里都证明了这同样的命题。圣路易斯的州检察官福克以及芝加哥的州检察官蒂恩，都被选为州长，一个是密苏里州长，另一个是伊利诺伊州长。市一级的改革派，向他们的全州同胞发出了呼吁，赢得了呼应，也赢得了胜利。

译注：

1，进步党，The Progressive Party，美国 1911 年成立的政治派别，主要由共和党中的不同政见者组成，由 T · 罗斯福领导，主张直接初选、公民投票、罢免权、女权等改革。亦称公麋党(Bull Moose Party)。

2，赫斯特，William Randolph Hearst，1863—1951，美国报纸发行人。1887 年接掌财政困难的《旧金山考察人报》，他成功地把它改造为深入报道与通俗相结合的有时尚风格的报纸。1895 年购买《纽约晨报》(后改名《纽约美国人日报》)，跟其他报社展开激烈竞争，并带头进入黄色新闻时代，所采用的提高发行量的策略对美国报业产生深刻影响。赫斯特的报纸用歪曲夸大的报道煽动反西班牙情绪，挑起了美西战争。1903—1907 年担任众议员。1935 年在其财富鼎盛时期，拥有 28 家大报、18 种杂志、数家广播电台、电影公司和新闻社。由于生活过度奢侈，遭遇大萧条，他的财务状况一落千丈，到 1940 年他对自己所创立的新闻王国已失去控制。

3，蒂恩，Charles Samuel Deneen，1863—1940，1892 年任联邦众议员，1905—1913 年任伊利诺伊州州长，1925—1931 年任联邦参议员。他曾是芝加哥臭名昭著的 Adolph Luetgert 谋杀案的首席检察官。http://en.wikipedia. org/wiki/Charles_S. _Deneen

4，科尔，George Edward Cole，1826—1906，早年是乡村商店店员，1852 年成为俄勒冈众议院的成员，1859 年成为俄勒冈的联邦地方法院的职员，1863 年以民主党人身分进入第 38 届国会，1866 年被约翰逊总统任命为华盛顿准州州长，1867 年回到波特兰，致力于铁路建设，1873 年任波特兰的邮政局长，1890 年任斯波坎的司库。http://en. wikipedia. org/wiki/George_Edward_Cole

4，拉福莱特，Robert Marion “Fighting Bob” Lafollette，Sr.，1855—1925，美国共和党(晚期是进步党)政治家，人称“好斗的鲍勃”。他担任过国会议员、威斯康星州的州长(1900—1906)、联邦参议员(1906—1925)，1924 年曾经竞选总统。在 1904 年的州长连任竞选中，因为耙粪者斯蒂芬斯的报道，他赢得了全国的注意。作为州长，拉福莱特倡导了许多进步党改革，包括第一个工人补偿制度改革、铁路价格改革、直接立法、市政自治、开放政府、最低工资、无党派的选举、公开预选系统、美国的直接选举参议员、妇女的选举权和累进税制。他营造了州政府和威斯康星大学紧密合作的气氛，研究发展了进步党政策，这即是著名的威斯康星思想。他的政策目标包括罢免权、复决权，直接预选和立法提案权。所有这些都是为了公民在政府发挥更直接的作用。这使得威斯康星州成了“民主实验室”。拉福莱特“可以说是反对各大公司不断增长的凌驾于政府之上的支配权力的最重要的、得到了公认的反对派领袖”，1957 年被参议院评为五位最了不起的参议员之一。

http://en. wikipedia. org/wiki/Robert_M. _La_Follette,_Sr.

5，约翰逊，Thomas Loftin Johnson，1854—1911，通常被叫做 Tom L. Johnson，美国民主党政治家。早年接受了极有限的正规教育，在一家街车公司打第一份工，在这里他迅速晋升到领导岗位。他发明了有轨电车的收费箱，因专利致富，在若干城市拥有有轨电车线路。1889 年宾夕法尼亚洪水之后，他领导救灾工作，1891—1895 年出任联邦众议员，1901—1909 年担任克利夫兰的市长。他也是单一税制的倡导者。http://en. wikipedia. org/wiki/Tom_L. _Johnson

威斯康星州与鲍勃·拉福莱特

就在我的伊利诺斯调查报告接近尾声的时候，我潜入密尔沃基，去拜访那些打算爆一爆“那个蛊惑民心的政客州长鲍勃·拉福莱特的猛料”的人们，我一点也不怀疑这家伙就是一个骗子、一个坏蛋。我杂志社的同事们也没有人怀疑，举国上下的改革派和民众都不怀疑。针对这个惹是生非的家伙在他自己的州里拉屎的谣传议论的反响，全国到处都可以听得到；而相关的流言蜚语描绘出了一幅拉福莱特的肖像，这肖像在大众的心目中定了影，也印在了我的心中。这使得他看上去就像这个时代另外两个声名狼藉的“蛊惑民心的政客”，威廉·詹宁斯·布赖恩[1]（William Jennings Bryan）和汤姆·T·约翰逊。我的任务是，要找到并且证明针对他的具体指控，进而把拉福莱特的肖像归纳到现成的模子里面去。

我首先拜访的那位银行家，对我抱有怀疑；他读过我的一些文章。他从头到尾看了一遍我递给他的那封介绍信，在我为了显摆自己很重要的先入之见而喋喋不休的时候，他一边开门，一边说——拉福莱特是一个不正派的伪君子，他用社会主义－无政府主义者的思想去煽动群众，还坏了不少的事儿。“好，”我说，“我们就从他的不正当的证据开始谈起吧。”这位银行家全无证据，不过他说公司的律师能够证明这不正派，恰好我还有一封介绍信是写给这位律师的。于是我们打电话请他过来。等人的时候，银行家尽力证明其他的指责：伪善、社会主义－无政府主义，等等等等，他语速越来越快，越来越兴奋，直到我意识到我的证人有着多过事实细节的情绪；甚至就算他知道一些真相，他也把握不了它们。他或许能够用拉福莱特的某些言行来作开场白，接下去就会大发雷霆。他无疑是恨这家伙的，可我不能够报道震怒。我预设的、关于一个蛊惑民心的虚伪政客的报道在渐渐淡去，就在这个时候，那位铁路公司的律师到了——这让银行家也让我感到欣慰——律师带来了一些文件：是证据吗？

这位律师很快主导了谈话。他说他收到了来自芝加哥的正式指示，要把情况向我和盘托出。我当即告诉他，我们——银行家和我——掌握证据到了什么程度，还有我多么想首先得到关于这个不正派的被告的证据，他说："噢，不，不，你说错了。拉福莱特没有不正派。恰恰相反，这个人的确危险，因为他太正直了。他是一个狂热的人。"

"可他是一个伪君子。"因为担心我的美妙报道化为泡影，我提请他注意。

"他是。"律师说道，"他粗暴地对待党魁大佬头头老板们，可他自己就是一个大佬。他说党组织的坏话，然后另立了一个组织，据说还是一个完善的工作体系。"

"也是一个煽动者吧？"

"这是他最坏的作用。他不仅是一个演说家，还是一个天生的演员；这家伙到处散布不满的做法，对法律、资产、商业以及美国所有的社会公共机构都是一种威胁。假如我们不能够在这里阻止他，他就会披挂上阵，在美国到处搅事儿。我们现在正在抓他的辫子；你接下去更要让他吃不消。这个家伙必须被封杀。"

"对，"银行家说道，"拉福莱特会满世界散布社会主义的言论。"

"可是，"我问道，"密尔沃基有很多的社会主义者，他们都追随拉福莱特吗？"

"不，不，"律师纠正道，"拉福莱特不是社会主义者。他差不多驯服了这里的社会主义者，快要从他们那里拉到选票了。社会主义者比起这位煽动者来，都还算是通情达理的人，他更大的程度上是一个民粹主义者。"

"好吧，那么，他通常宣扬些什么，通常又做些什么？"我问道。

银行家皱着眉头焦躁地坐在一旁，那位律师条分缕析地提出针对拉福莱特的一系列控告，指责他所推进的种种议案、所批准的立法以及所提议的立法、他的施政措施。尽管律师对其清单上的一项又一项很反感，对这个煽动家的计谋和权势很不安，他还是有感情有魄力有说服力地提出了控诉。惟一的障碍是，鲍勃·拉福莱特的措施在我看来似乎还算是公平的，他的方法有民主作风，他的行动既准确又有节制，而且他的战斗力和战斗精神是给人以希望的，是具有冒险性的。

一天，一夜，再加一天，听了那些人以及他们介绍给我的另外一些人这样的谴责之后，我转变了观点。州长拉福莱特的对头们让我确信，到那时为止，我还掌握着这最佳报道的线索，关于一个坚定不渝、能力出众、无所畏惧之人的报道，他在尽力建成的政府，既是好政府也是代议制的政府，这可是在一个州，不是在一个市。这并非我来这儿的目的，却正是我想要寻找的：州一级改革的一场试验。

回芝加哥的同时，我跟《麦克卢尔杂志》的同事们沟通。我态度的转变，对他们来说一定是意想不到的，他们肯定都很赞同。我在芝加哥完稿，然后到麦迪逊(Madison)拜访了州长拉福莱特。在他看见我之前，是我先看见的他，我所看见的是一位给人高大印象的铁腕人物，矮小却很结实，行动起来、说起话来、作起决定来都机警而又固执。早年他打算过要做一名装腔作势的演员；后来他一直就是一个装腔作势之人。很多的妙语都是他自己构思出来的，他会兴致很好地当众吟诵它们——有一点存心也有一点不自然——以为这会让人加深他像一个艺术家的印象。不过，凭我见他的第一眼，我所见到的，是一个真心实意的热心人，他不论是站着坐着还是在行动中，身心都透出一股久经历练、给人以力量的魅力。有人低声告诉他我的名字，他小跑着向我冲过来。拉福莱特热切地拿我当作朋友、当作他热情的支持者、当作帮助解除困境的人来接待，他读过我写其他州市的文章，自然就想当然地认为我或许是他这一边的。我不喜欢这样。我正在转变观点，不过思想的转变是要花时间的，毕竟我还没有站到他这一边来。他没有注意到我的烦恼，也没有听说过我对密尔沃基的密访；何况他自己正身陷困境。他的事业面临危机。尽管当选做了州长，大权在握，他还是没有做到他曾经许诺过的一切。当地根深蒂固的贪腐机器运用贿赂、敲诈勒索、威胁恐吓和女色，令拉福莱特凑不够“与他有关的”议员人数去废除或修改其议案法案，他们因为他计划中这样那样的措施而指责他激进主义、因为他没能批准那些议案而指责他效率低下和欺诈，准备着藉此在大选上击败他。他完全得不到充分的报刊支持。他为他不能够向他的人民解释这一切而感到遗憾，而且他还觉得，在他的州之外，全国选民的反对意见——以根深蒂固的威斯康星政党核心为代表——在本地危害着他。他需要一个朋友；我能够给予他的恰恰正是他所需要的，全国性的、不受任何党派左右的支持。他带我回家同他的家人共进晚餐，一家人都很热情甚至很亲密地招呼我，权当我是他们的同类。我隐忍了一会儿，以一种粗暴而荒谬的指责拒绝了拉福莱特夫人，这实在太失礼了，甚至到现在我还感到自己忏悔不了这件事。当时在场的福拉·拉福莱特[2]（Fola LaFollette）后来说起，她为她母亲和我两个人感到难过，从来都不曾这样难过。我当时的借口是——现在依然是——我有一个不明确的计划，只用拉福莱特的对头们打算提供给我的素材，写出我报道拉福莱特的文章；我与拉福莱特一家之间朋友般地亲昵的任何交往，都可能败坏我希望达到的效果，何况我确实从根深蒂固的领导核心的那些人那里得出了许多有待确证的真相细节。我在威斯康星看到的对立，比我在任何其他的类似形势下所看到的都要多。然而，我的粗野无礼和我在令州长焦虑的调查中的倾向真教我羞愧，这羞愧可以解释我谋求弥补的心理底线，我妥协了。我用一件必须要做的事情让他沉浸其中，建议他花时间向我讲述他从青少年时代开始的全部经历，其中善恶互见，他的错误、他的罪过和他的意图打算、各种理想还有崇高目的，统统交由我来书写，用我喜欢的方式去写。他应允了，仔细考虑了几天之后，他拿定了主意："行。我愿意效劳——在圣路易斯博览会上，我还得去参观威斯康星的展览和建筑。我无论如何必须到场，不过要履行的只是礼节性的义务，在那里的大部分时间我都可以和你共度，我将告诉你一切，一切都交给你，按照你认为正确的方式去处理吧。"

鲍勃·拉福莱特被人称为矮巨人。他虽然五短身材但却肩背宽阔健壮有力，他有的是肌肉强健结实的天生力气，一辈子都能让他自己保持良好的竞技状态。他所作的每一场演讲就是一场健美操操练。他的双手和他的脸都富于表现力；它们无疑可以让他紧攥的、符合拳击比赛标准的拳头被人理解为呼吁社会秩序，他骄傲的、目空一切的表情被人理解为要求公平合理，他总在寻求这种公平，哪怕是从他正在抨击的一名听众身上去寻求。他的真诚、他的廉正、他为其理想完全奉献的精神，都不容置疑；没有听说过谁会怀疑他的目标专一或者怀疑他的勇气。他身上种种奇特的矛盾就在于，他是一个斗士——为社会秩序而奋斗；世界大战期间，在一场重大的演讲当中，他很吓人地重创了自己的拳头，弄得他只好去治医治拳头，随后用绷带吊着它吊了几个星期。阿特·扬[3]（Art Young）为这只拳头画了一幅漫画，画面是一支和平主义者的胳膊横搁在大西洋上。拉福莱特是一个发号施令地规定民主政体的独裁者；是一个妄自尊大者，乞灵于公正原则为逆来顺受的人民赐福，他把他们组织起来然后煽动他们去争取民主——不管后果怎样。不可忍受的是，他动作既慢又还要追求完美，准备一篇演讲，就像一个人打算写一本书一样。

在圣路易斯博览会他的地盘上我们俩会面的时候，他面前的桌子上摆着整整齐齐的一叠书籍文件清单报纸。看来他翻看过这些东西。他肯定会信守他的诺言告诉我一切的。我俩在那密室里辛辛苦苦地谈了一个星期。这一定会伤到他的自尊，不过他还是很讲策略地隐去了不必要的细节；我明白，因为他在威斯康星的对头们稍后再没有跟我说起对他不利的任何事情——这些事情拉福莱特在圣路易斯也没有对我说起过——在他的职业生涯当中还有不少的过失他们都没有提及。也许他们已经忘了这些事；我认为他们确实不了解其中的情况。我了解到有两三个议案，他提出来的时候连自己都不能判断，因为他自己也没把握它们是对还是错。例如，他没有着手对付他所遇见的一切坏事恶行；他的理由是他手头上的事情已经应接不暇了，这跟福克一个样儿。他的一些党人堕落了，他还要从道义上去支持他们；希望他们能够回心转意改邪归正。虽然盘算着要做到公平公正，他却总也不知道公正的原则是什么。虽然打算要行得端正，但是对于在很多情况下什么才是令自己满意的端正，他却没有足够的把握。他对我说了这些困扰他的问题，并且交由我在我的报道当中去解答它们。他的台词和动作就是为了把一切摊开在我的面前：他本人、他的行为、当时的环境事态情势、他的理由藉口歉意目的意图，而且他那么做是煞费苦心的，条理清晰，也很有技巧。他说话的口气跟他的对头们一个样，他们则在后来对他的过失和错误添油加醋横加指责幸灾乐祸。

他滔滔不绝地讲他的故事，我则在做笔记——笔记多到足以成书——一本坦率的书：一个有抱负的年轻人，尽管在威斯康星的中小学和大学里受过对国家、对政府起码的爱国观念的训练，还是一点一点地发现了真相，于是，十分震惊，试图为民主、为正义、为名节而战。他雄心勃勃地开始从事为公众服务的职业，跟联邦政府的一个厅局在当地的头头交手，向他家乡的人民吁请要让他超越那个人获得升任地方检察官的提名，随后他如愿当选。这是他的原罪，有了污点，他公然违抗了他的党(共和党)的领导核心。政客们说，鲍勃·拉福莱特到了晚上，在夜幕掩护下，就会去努力说服州议员们和选民们。千真万确。在他感知到了权力却受着条条框框的损害、遭到党及其权势人物的谎言攻击的时候，他会秘密地继续干下去，始终如一，跟那些政客一个样儿暗地里行事；不过，他也公开地行事，夜以继日。简言之，他的方法就是四处走访城镇通衢，去作精心准备好的、清清楚楚摆事实的长篇演讲，想要唤起爱国的理想主义；留意听众的脸，主要是年轻人的脸，他认为年轻面孔可以透出鼓舞来。随后他会邀请这些人到他身边来；向他们指出何为犯罪行为，询问他们是否为他们的社区尽了他们自己的一份力量；就这样，他渐渐集聚起了一批有组织的追随者，这些人太容易受他的影响，以致于被人说成是一个组织体系。因为它成了——约束威斯康星共和党的一个强大的政治核心。其中的顽固分子——根深蒂固的党组织里的人们及其商界赞助者就是这么被人称呼的——成了游击队；他们投票反对自己的党，还跟党争辩。他们联合根深蒂固的党组织里的民主党人来打击自己的党。拉福莱特肯定还把足够多的、信仰民主主义的民主党人和无党派人士拉入其中，藉以造成对共和党人的多数票，这大多数以这样的方式在威斯康星代表着人民。

这就是鲍勃·拉福莱特之罪。州长拉福莱特取道返回他的州，当时，我走的另一条路线。我一抵达就去拜访那些顽固分子，寻找事实细节和可以证实的指责；同时，又去采访拉福莱特，仅仅是为了看看他的反应或者得到他的确认。同在密尔沃基一样，在麦迪逊，对他的控诉谴责也都消停了。面对他实实在在的一宗罪，对头们都退却了：那就是他使共和党摆脱了它那些腐败分子，进而领导着党去代表——代表什么人？在上文中我说过党代表人民，不过，拉福莱特——一个自由主义者外加一群自由主义者——为极其稳健的目的而努力并且这些目的正在逐步实现，仅仅是从这个意义上来说，党才算是做到了代表人民。当我向昔日的大腕凯斯[4]（Old Boss Keyes）和菲利普·斯普纳[5]（Philip Spooner）之类的人指出这一点的时候，他们都很为难。他们嘱咐我再去密尔沃基，去会一会那里了解情况的人，尤其是写过一本书反对拉福莱特的铁路立法议项的某某律师。既然这些人并不知道我去过密尔沃基，而我要动笔写就不得不让人们知道我调查过密尔沃基，所以我尽我所能地张扬抵埠。顽固分子们来探望我，带给我——激情、义愤和我已经调查研究过的种种陈述说法指控。因为我一开始很轻信地同意听取他们毫无价值的话语，而且还问了一些问题，他们就散布传闻，说我“并不傻”，据说他们还“跟我有密谋”。不管怎么说，他们中间的几个人执拗地邀请我、力劝我同他们一起去见一见那位掌握太多内幕的某某律师。我拒绝了。有一天，我被请去菲斯特(Pfister)宾馆参加午餐会。我的东道主们，一边相互微笑一边用手肘相互轻推，好像暗示着什么似地，他们领着我穿过宾馆的酒吧间，然后突然止步，把我引见给了那位律师，他们认为他如此地机敏，还认为他对拉福莱特的实情细节了如指掌。酒吧间里有一堆人，而且这一堆人都围了上来，来看我们的笑话。

“你为什么不来见我?”这位律师一边问，一边笑着环顾周围的听众。

“噢,”我答道，“我看了你的书，看得出你是知情的，不过我觉得，在让你这样一位见证人费神之前，我还应该确切地了解一些事情。”

“不要怕我,”他笑了，“问我吧，你想问什么就问什么，我会回答你的，现在就问。”

对此我是有备而来。那一堆人窃笑了起来，我意识到我必须面对这一挑战，必须问一个问题。下层社会一定要认识到你“消息灵通”而且你写的东西不会“带有特定的观点”。我盯住这位仁兄想了一会儿，回想起有一桩受到指控的丑闻，细节我全知道，而且在场的每一个人也全知道。于是，我请我的对手告诉我那件事的真相。如我所预料的那样，他开始讲了，对我讲起这一段令人愤慨的故事，说的还是它最初流传的那个版本，在我调查之前的那个版本；我用惊叫感叹和激烈的言词鼓励着他把这纯属误解的故事提供给我，他确实纯属误解。

“嗬，原来如此!”我说，“那我真不知道！从来没有谁对我说起过!”那一堆人一直在笑着，在使着眼色，催着他越讲越多，最好是“把我填满”。我等着，等他说到最后；然后我说：“我听了你的故事大为惊诧。它比起我所知道的来那就更糟了。要是这么回事儿，拉福莱特那就是一个该死的恶棍。不过，现在听好了，我报道的规矩是要在相当细致的调查之后才会采用它。”接着，我说出了事实上这一群人和那位见证人都知道的、有关此事的种种记录和种种证据。

在我话音未落之前，听众就安静了下来，冷冷淡淡的，他们都盯着这律师，仿佛他偷窃被人捉住了一样，而他呢，生气了，向我发难，质问道：“既然你对它了如指掌，到底为什么还要来问我?”

“因为,”我回答他，“我听说你有一些指向拉福莱特的证据，还听人说我应该拜见你聆听你而且还要相信你；因此，在你为了这一堆人的兴致把我拖住的时候，我决定利用这个机会来考查一下你这位见证人的可靠性。”

他活该受嘲笑，笑声渐起，这拂去了他的怒气。

“得了吧，来喝一杯!”他嚷嚷着，这总算保住了他的面子——作用并不大。此后我再也没有见过他。我读过他的书，那已经足够了；这是一本宣传小册子，宣传了顽固分子们想要让全国人民相信的东西，只不过就是没有宣传事实真相。这个插曲——传闻与反传闻——极大地帮助了我：它让那些打算欺骗我的人泄了气，给更多的人留下了我熟知我作势一问的那些情况的印象，也留下了我有意倾向于拉福莱特而不是倾向于顽固分子的印象。

回到麦迪逊，我因为自己的党派偏见，受到了约翰·C·斯普纳(Philip C. Spooner)的弟弟菲利普·L·斯普纳(Philip L. Spooner)的指责，这是一个很著名的、出自威斯康星的联邦参议员，同时也是一个为首的顽固分子。我提醒他，去那儿之前我是反拉福莱特的，后来我较起真来也是因为他和他那一堆人对于他们的指控提供不出任何证据来。“给我一份鲍勃罪行的清单，附有便于证实的见证人姓名，那我就去调查他们。”我要求得到相关的证据。他说他可以办得到，一个星期之内他给了我一份这样的清单。这上面有三十多条罪状，附有见证人或受害人的姓名地址，他们分散于全州各地。我问斯普纳，要是我去拜访清单上所有那些住在铁路线上人而忽略其余的人，这么做算不算公正。他同意了，还帮我在那些人的名字上打上“√”号。接下来，我游览了威斯康星，这是在我所有的旅行当中我过去或现在所见过的最美丽的州之一。它小湖河流间肥沃的土地、碧绿的草地牧场以及有秀美之誉的幽暗森林，我听都没有听说过；尽管这里不像风景优美的哈得孙河、尼亚加拉瀑布、落基山、内华达山脉、新英格兰那样远近驰名。这里更像老英格兰的湖区，寂静而不张扬，朴实无华，令人心满意足，几乎随处皆美。

顺便我还去见了菲尔·斯普纳为我勾选、让我去拜访的那些人，那些人掌握拉福莱特的腐败、诡计以及大佬作派的诸多现行罪证。我的妻子和我倾心于其乡之美，也发现这里的人逢人便说这美。不论是斯堪的纳维亚人、日耳曼人、老美洲人，也不论前议员或者商人或者农夫住在何处，他们当中的每一个人都是好人——像各个城市里的大坏蛋一样——用意是好的而且也有理想有目标有榜样。当我对他们说起我打算做什么、为了采访到真相我要怎样依靠他们的时候，他们都作出了反应。他们并没有像在议会休息室里、在麦迪逊的酒吧间那样讲他们的故事；事情是怎么发生的他们就怎么说。不管怎么说，那些违法犯罪案件中为了整个帮派的利益而出现的所有恶行，他们都为之辩解；在讲述当中，那些见证人中的每一位都不再控诉，而且，尽管他们中间好多人都被拉福莱特伤害过，他们，每一位，都说鲍勃是严守原则的；他很严厉；他是一个牧万民者，甚至，是一位领袖，他所做的一切确实都出乎他为公众服务的意图。

鲍勃·拉福莱特想要在威斯康星重建代议制政府，凭着他慷慨激昂的演说、他难以企及的独裁者地位和他不屈不挠的、惹人注目的坚持不懈，他渐渐地让他的人民——显然是他们每一个人、不仅仅是他所喜爱的普通人还包括那些精英们——谅解他了；他们也都理解。他们或许会指责他，或许会向局外人撒谎，不过在内心深处，他们理解。这是一个妙极了的试验，拉福莱特的试验：一州的改革肇始于该州首府，渐次向邻近这片土地的地区展开。它会受到所辖市镇的反对，就像市一级的改革受到所属州邦的反对一样，不过，令人惊起的事情是这样的州级改革是如何遭遇到联邦政府的阻力的。福克还有芝加哥改革派曾经被迫把他们的斗争从受到那一群阴险毒辣之人把持的市镇里转移出来、转移到州里面去，州长拉福莱特也一样，尽管有几回让议案在他的州里获得了通过，他还是发现他只有升迁到参议院里才有可能继续干下去。成功之路，对改革派和对其他人一样，意味着一连串的堕落恶行腐化贿赂。他在随后的一次州长竞选当中获胜，然后参选进入美国参议院而且也当选了。他并没有立刻急匆匆地去参议院，在被擢升进参议院之后的几个月里，他还留在州长的任上，真是本性难改。他忠于他的职守，一直到他促成州议会通过他所有的待决议案。到那时——当时我也明白我该走了——他才开始向美国政治体制的顶点进发，进军华盛顿。他在那里的经历，和在他自己的州里一样，是一段在美国凭着大无畏的精神为美国理念而奋斗的传奇。

译注：

1，布赖恩，William Jennings Bryan，1860—1925，19 世纪晚期到 20 世纪早期的美国政治和经济领袖，民主党自由派的头号人物，以“伟大的司令官”闻名，他擅长体会人民的感受，终身以宣扬社会良知为职志。曾任国会议员，在威尔逊总统手下任国务卿，有了他的支持，宪法第 18 修正案得以通过，妇女参政权成为宪法第 19 修正案的主旨。他曾三度竞选美国总统，首创了全国巡回的竞选演说，虽然落选，但是他的政治改革方案都被采纳并被制定为法律。他是一个虔诚的长老会教友，一个大众民主的支持者，一个金本位制、银行和铁路的反对者，是19世纪90年代金银复本位制论者的领袖，一个倡导和平的人，一个禁酒主义者。因为坚信普通民众的善良和公正，他被称为“伟大的平民”。三次总统竞选当中，1896年他主张银币自由铸造，1900年反对帝国主义，1908年要求解散托拉斯、呼吁民主党与大公司大银行作斗争并接受共和党纲领中的反精英主义。1920年以后，他热衷于禁酒，又是反对达尔文主义和进化论的强有力的支持者，尤以1925年的斯科普斯审判案为最。http://en.wikipedia.org/wiki/William_Jennings_Bryan

2，福拉·拉福莱特，Fola LaFollette，1882—1970，美国的妇女参政活动家、劳工活动家，她的名言是“好丈夫不是选举权的代用品”。她是Robert Marion “Fighting Bob” Lafollette，Sr. 的女儿。http://en.wikipedia.org/wiki/Fola_La_Follette

3，扬，Arthur “Art” Young，1866—1943，美国漫画家、作家。他的社会主义漫画最为有名，以1911—1917年间为左翼政治杂志《大众》所绘的为最。http://en.wikipedia.org/wiki/Art_Young

4，凯斯，Elisha Williams Keyes，1828—1910，律师、政客，坚定的共和党人。1862年开始从政，三度出任麦迪逊市长，1869年成为威斯康星的党魁，他和他的小集团被人成为“麦迪逊摄政团”，利用轨道交通、新闻出版、任命权、发包权等确保党的执政地位。http://www.wisconsinhistory.org/dictionary/index.asp? action = view&term_id = 2223&keyword = Roads

5，斯普纳，Philip L. Spooner，Jr.，1847—1918，威斯康星州首府麦迪逊的市长(1880—1881)。斯普纳，John C. Spooner，1843—1919，律师、共和党政客，联邦参议员(1885—1891、1897—1907)。他因为替铁路公司辩护而大获成功，在第二届参议员任期内成为联邦要人，深得麦金利总统和罗斯福总统的信任，是威斯康星州共和党的核心人物之一，因此也是改革派的主要斗争对象。http://en.wikipedia.org/wiki/John_Coit_Spooner

罗德岛：优良而老派的美国种

对政治和政府妄作推论是危险的；比较有把握的是去走一走、看一看。在圣路易斯和芝加哥的市级改革派向密苏里和伊利诺伊的人民发出呼吁并逐渐取得效果的时候，拉福莱特领着威斯康星的人民投入一场州级的改革运动，年复一年地改革，胜利在望；对于他乡善良民众的优越感、对于州作为政治行动的单位相对于市的优势，我若有所悟，就在这时，两家东部的报纸发表了关于罗德岛的揭露文章。它们指出，那里的人们在投票地点被人用现金收买，先前是被昔日贵族收买，后来则是被现代商界领袖收买，这些巨商正在向华尔街出售他们的赃物，正在把罗德岛统治集团的首脑纳尔逊 · W · 奥尔德里奇[1]（Nelson W. Aldrich）推送到联邦参议院里去，在那里，他以"联邦政坛大佬"而闻名。密苏里、伊利诺伊和威斯康星都是中西部相对年轻的州；罗德岛则是新英格兰地区的一个老资格的州，是为独立战争而联合起来的最初的 13 个殖民地之一。它几乎和美洲人一样古老、一样血统纯正，和马萨诸塞一样地"令人满意"，而且罗德岛的各个市镇没有出任何麻烦；这个州对这些市镇施加了决定性的影响；其现行秩序是一种建立在对美国乡村投票人的贿赂之上的州级体制。

这里有一个机会，可以去检验民主政治；可以去观察我们的理念和文化的发源地新英格兰；可以去检验我的推论，看看到了新式政府老化的时候老式的和新式的政府里腐败分子是不是一样地多；可以去比较市级和州级的体制，进而顺藤摸瓜（料想那时更妙）上达联邦政府的最高峰。于是，我前往罗德岛，去看一看。

同我在各处所发现的一个样，这里确确实实存在着贪腐体制；它才是罗德岛事实上的政府，你可以一目了然。比如，这里也有一个被选举出来的州长；在当时，州长是卢修斯 · F · C · 加文[2]医生（Dr. Lucius F. C. Garvin），一位新英格兰优雅的老绅士，属于大多数新英格兰绅士所标榜的那种人。州长加文坐在他的办公室里，茫然不知所措，被人忽略，孤孤单单地，有大把的时间对我全面讲述折磨着他的局面，承认他完全没有权力。他不是事实上的州长。一个瞎子，头儿查尔斯·R·布雷顿[3](General Charles R. Brayton)，当地的政治领袖，才是罗德岛事实上的常任州长甚至独裁者。位于普罗维登斯(Providence)的州议会大厦的那位建筑师并没有为这个大佬盖一间房子，大佬布雷顿公开地在县治安官的办公室里接见成群结队的拜见者，这些人在本州有生意往来，于是他公开地做交易。他可以在会堂的对面指挥议会。他如此说；每个人也相信如此；他操控州议会是为了商人们的利益。他说他做过(因而使得州议会以及州政府也都成了)纽约、纽黑文和哈特福德铁路公司的代理人。那还是在蒸汽时代，当时铁路公司追逐的是特许特权特权范围、拨款拨地授权、免去各种税赋和地产物业。他说，他还每年收入10000美元，为铁路公司“担任律师”。电力供应以及公用事业股份有限公司出现，这些将所有的城乡街道和有轨电车线路与罗德岛公司结合在一起的人，肯定又成了这位政坛大佬新的商界老板。他们先来，接踵而至的是制造商和劳工的雇主，以及所有想要有所得的生意人。为了些微的“酬金”，他能够做各种各样的事情而且他也确实做了，当然这些事情都没有跟铁路公司和罗德岛公司相冲突。他使自己获得了律师界的承认，因此他所收取的不是贿赂而是酬金。但事实却是，他向商界捐助者和贿赂者们兜售种种特许、优惠、产权和许可，这些人——在鼎鼎大名的罗德岛公司的违法犯罪案件当中——又再转卖给费城和纽约的金融资本家们。这真是我所见过的编织得最好的、最为公众所接受的、最无耻的组织体系，它具有州一级的特征，根子在州里而不是在市里。罗德岛是待售之州，售价还很便宜，为什么？

因为这是一个小州？这正是大佬布雷顿的解释。“是腐败，不过并不比许多其他的州更腐败。因为罗德岛小，你看问题可以看得更清楚。”这个瞎眼大佬只是生理上瞎了而已。因为我生活在康涅狄格州，我知道，关于接邻的这个州他所言不谬。新罕布什尔州也将要被人揭露出同样卑劣、同样腐败、同样可鄙的状况，还有尚未被揭露的马萨诸塞州。凭着对罗德岛的一瞥，对于新英格兰，我能够看出足够多的事实可以巩固我的理论：时间是腐败进程中的一个因素，一个州越古老就越腐败——而不是像那么多有权威性的文章所思考的那样，越古老越有改善。但是，除了历史的长短，在罗德岛，另外还存在有一些其他的特征，人们应该注意到。

议会并不是腐败的舞台，各市也都不是腐败的源头或基础。罗德岛的改革派这群被打败的人，都是城里人，议员则来自乡村，一来就被人收买了。他们既没有权势，薪水又只有一点点；就其本身而论他们是会听命于人的。大佬借口自己失明，可能会在一天早上把一位议员请来，请他“领我出去（比如说）喝一杯”。对此的一种解释是，那些懂得要听命于大佬的、卑躬屈膝的议员们，在其职业生涯当中都得到了升迁；他指派给他们法官的职位和其他党政职务——假如他们不是律师的话——抛给他们一些合同批文和别的什么好事儿外加其他的任务。他要了够多的花招为议员们从他那些主顾公司那里揽来各种各样的活儿。可以肯定，跟我脑子里的这个问题有关的原因是，这些议员是被人收买了的。

真正被买通的，是民众，是那些投票的人。当地对这一点的解释，就等于对其他状况的解释，即：在腐败和改革当中市镇能起的作用很小。罗德岛一开始实行的是类似于贵族统治的政体；那还是在它的殖民时代。“终身官吏”和他们的长子在受查理二世（1633 年）节制的殖民地政府里独享权利，独立战争之后，其他各州采用新政体新宪法的时候，罗德岛继续接受英王的节制，直到 1842 年。这足以说明，贵族统治这种被那么多思想者看好的政体形式，毁于多尔[4]动乱（the Dorr Rebellion）。即使是对出生或定居于美洲的人而言，它也太不堪忍受了。随后的一个阶段，罗得岛实行的是一种“商业贵族统治”。1842 年的宪法将选举权由不动产拥有者扩展到那些拥有动产的人——只要他们是本国出生的。“外来者的投票权”则沿用老一套限定只给予不动产拥有者，直到 1888 年，这时动产赋予出生在国外的人和本国投票人同样的选举权。一无所有并且（本人）没有缴纳过任何税的“群氓”都被允许投票，仅仅以选举之前四个月的登记为依据，但不得就“增加税收或金钱支出之负担的任何提案”投票。比方说，已登记的选民，不得投票选举市议会、市政会的成员。

然而，对选举权最有效的限制，就在于这种不对称之代表权的符合宪法的方案。那位在任的州长，是被所有阶层之投票人中的多数票（可不是相对多数票哦）选举出来的，却成了一个“装相的行政官”，一个既没有任何权力也不能禁止什么反对什么的礼宾官。一切立法权归州议会两院。下议院以 72 人为限——不论选举当地的人口多少——而且每个城镇至少要有一名议员，同时，任何一个城市的议员人数还不可以多于全体议员的六分之一。这太不符合民主的原则了，而参议院呢——依据宪法——则将由该州每个城镇和城市推举一名参议员来组成。

新英格兰地区的一个镇区，在其他州通常相当于一个区。罗得岛有38个镇区和城市，1900年它们的人口为428551人，这一总人口当中有36027人生活在20个镇区。因此，少于十一分之一的罗得岛人推举超过一半的参议员，这可是多数票。而罗得岛首府普罗维登斯(Providence)有29030个选民，只有一个参议员的选额；小康普顿(Little Compton)有一年以八分之七的无异议的投票结果推举了一名。有14个这样的“区镇”，每个区镇的选民都少于500人；还有20个区镇选民都少于2000人。腐败的或者经不起腐蚀的城镇受人摆布，在那里许多的改革者都遇到这样的问题：选民的授权不再起作用。外来人口和劳工、无责任能力的无产选民，都被剥夺了选举权。这个州能够左右一切的势力，被交到了“优良的、出自乡村的、老派的美国种”的手中。会发生什么呢？

这优良的、老派的美国种被人收买了，而且他们的售价还很低。当然，这也有一个理由。这是“一种年代久远的乡村习俗”，何况“人人都这么做”。正如州长加文在一份咨文中所说的那样：“本州历届选举当中，很大程度上存在着贿赂，这是一个众所周知的弊病。如果一党或者两党不去买选票，就没有哪一场普选进行得下去……许多议员靠买来的选票占到了他们的席位……贿赂如此地普遍而且已经存在了这么多年，以致于这种犯罪骇人的本质不再令人侧目。在一些城镇，贿赂公行；它都不被人认为是贿赂。钱付给投票人，**两块、五块还是二十块，都被说成是‘误工费’**。”

罗得岛贿赂公行，其种种细节让人们看到：这种风气的普遍程度，拿选票换钱的选民们的人多势众以及他们的身分地位，这种行径的时代和持续时间，地方教会是如何不敢抨击它的，大学教授们又是如何不得不三缄其口的。所有的这一切，都写在我书中那篇关于罗得岛的文章里，书名为《为自治而斗争》(*The Struggle for Self-Government*)。在此，我只是就我回到康涅狄格州格林尼治写我的报道的时候吸引了我的东西，作几点总结。

民众，州长拉福莱特在威斯康星所崇拜的民众，是经不起腐蚀的。在罗得岛，他们被人收买，他们自己也发卖，就是因为他们有投票权，因而被人限定了人数和选票的价码，他们，而不是他们的代表，成就了恶行的市场。在威斯康星、伊利诺伊、密苏里，用不正当的手段操纵提名或者耐心等着收买当地民众的代表，还要更便宜一些。在新英格兰，收买选民要更便宜一些，到头来他们受到诱惑，竞相跌价。我提新英格兰，是因为在我自己的家乡格林尼治，我发现选民们——实在不需要钱的"体面人"——挨个儿地堕落，收取他们那三五块美金；而且我从朋友们那里得知，这种事也发生在新罕布什尔、佛蒙特、缅因州以及马萨诸塞的一些城镇里。

差不多在这个时候，一位来自加利福尼亚州萨克拉门托(Sacramento)的官员，向我提供了最新的消息。他曾经如影随形地写信给我；他一定要见我。我们会面的时候，他说他是我父亲的一个朋友，家父可以担保他所言不虚。

"我是一个坏蛋，"他说，"而且我所结交的也都是坏蛋，高层的和下层的，不过话说回来，政治上最下层、最卑鄙的坏蛋，是这里的这些好笑的美国农民。他们待价而沽，真的，不过他们可不会信守被收买时的承诺，他们是一群叛卖的人，从你这儿拿了五块钱就走，再从另一方那里得三块钱，然后投票反对你。你揭露了我的同犯，你也正在揭露行贿的商人们。要是你愿意揭露我们的歪门邪道、揭露那些农民，我愿意给你内幕消息，我愿意坦白我自己。"

我打算过出门到几个相对生疏的州去调查当地的农民和乡村选举；可我从来没有成行。我以为我的这位加利福尼亚官员因为他的一些经历而怀有成见，可是新英格兰之后，我在私下的推论上比这走得还要远。

无论哪里的农民，无论哪里的普通民众，都会受人诱惑出卖选票，我发现他们和那些好人——不管是官员、商人、有贵族气派的人还是教会中人——都一样，经不起腐蚀。

政治腐败不是一个事关人群或者阶层或者教育程度或者任何种类之特征的问题；它就是一个压力的问题。无论在哪里，施加了压力，社会和政府就会屈服。而且，这个问题就是一个对待压力的问题、一个找到并对付这种去收买、去腐蚀的压力之起因或者源泉的问题。

可我没有这样写，我也不能这样写。我依然相信——何况我的读者们也依然相信——不少类型的人是既不买也不卖的，我更相信耙粪的作用就是要把这样的人推进政坛。

译注：

1，奥尔德里奇，Nelson Wilmarth Aldrich，1841—1915，商人，著名

的美国政客，共和党在参议院里的领袖。因为在国家政治当中的影响和在参议院财政委员会的核心地位，他被媒体和公众指为“国家总经理”。在二十世纪头十年，他把持关税和货币政策；在三十年的从政生涯中，他协助创建了一个全面的关税体系，保护美国的工厂和农场免遭外来竞争，这推动了消费品价格虚高，人为地伤害了许多工人农民；他凭藉联邦所得税修正案重建美国金融体系和联邦储备体系，他宣称他相信这些改革将带来更大的效率。他靠投资街车、糖、橡胶和银行而致富，他的儿子做了联邦众议员，他的女儿嫁给了洛克菲勒惟一的儿子，他的外孙在福特总统手下做副总统。http://en.wikipedia.org/wiki/Nelson_W._Aldrich

2，加文，Dr. Lucius Fayette Clark Garvin，1841—1922，医生，第48任罗德岛州长(1903—1905)。哈佛大学医学院毕业，1881年开始介入政治，拥护单一税制，呼吁改善纺织工人的工作环境、缩短工时，在共和党的堡垒里，他这个民主主义者取得了不一般的成功。他1902年当选州长，可是因为限制州长办公室权力的“布雷顿法案”(Brayton Act，1901年)，他无所作为。他支持反腐改革，为斯蒂芬斯的耙粪文章《罗德岛：待售之州》提供了信息。http://en.wikipedia.org/wiki/Lucius_F._C._Garvin

3，布雷顿，Charles R. Brayton，1840—1910，共和党政客，罗德岛著名的政治说客。1874年担任普罗维登斯邮政局长，1880年任罗德岛警察局长。利用共和党州委主席的席位，他在将近30年的时间里都是该州由共和党把持的政治体系事实上的老板。1901年共和党州长William Gregory死在办公室之后，该州共和党面临分裂，布雷顿敦促通过将权力从州长办公室转移到稳固的州参议院的法案，将几乎所有的人事任免权移交给了州参议院，州长只能任命他自己的私人秘书和极少数的职位，这就是有名的“布雷顿法案”，该法案的效力一直持续到1935年民主党控制州参议院为止。1901年白内障手术失败致他双眼失明，纽约时报称他为“罗德岛的瞎眼老板”、“罗德岛的暴君”。1907年，利用公众对布雷顿势力的不满当选的新州长James H. Higgins上任的第一把火，就是驱逐布雷顿，说他是“道德上和政治上的害虫”，驱逐布雷顿被人说成是州长职权之外的事而未果。布雷顿自己辩称：“我一直是我党的替罪羊。关于我，人们所说的种种事情，大多都是谎言。我并不像人们所描绘的那么坏，不过我也不在乎别人怎么说，我所做的事情都是为了党的利益。”http://en.wikipedia.

org/wiki/Charles_R. _Brayton

4，多尔，Thomas Wilson Dorr，1805—1854，美国政治家。1834 年起参加州立法会议，企图改革宪法以增加白种男人的投票权。1841 年组建人民党，该党召开代表大会，1842 年任命多尔为罗德岛总督。原政府不予承认，将此行动说成是“多尔动乱”；该州出现两个政府，直至 1844 年多尔因叛逆罪被判无期徒刑，1845 年获释。

俄亥俄州：两个城市一套托词

威斯康星“好斗的鲍勃”拉福莱特令我所想象的蛊惑民心的政客落了空、往下的调查由揭露坏蛋转变为赞扬英雄，当时我就想揭露汤姆·L·约翰逊(Tom L. Johnson)这个嗓音洪亮、笑口常开的克利夫兰市长。他性格中没有丝毫的英雄气质。毫无疑问，他这个官场上做大事的人，是一个蛊惑民心的政客、一个危险的家伙。但是遍历诸城之后，我在反思。去“揭露”一个坏的改革者或许算是好的新闻报道，不过汤姆·约翰逊只是一个市级改革者。他的副手之一，弗雷德里克·C·豪[1](Frederic C. Howe)博士，出版过一本书《城市：民主的希望》(*The City*：*the Hope of Democracy*)，书名传达了克利夫兰这一群人的信念。然而，无论汤姆·约翰逊有多坏，无论他的还有豪的希望怎样地虚妄，要下笔写这些人，就要熟悉美国，还要采访别的城市。我的出路是揪住俄亥俄州。

因为来来去去游走在东西部之间，我曾经频繁地穿越俄亥俄。它引起了我的兴趣。俄亥俄继弗吉尼亚之后，成了总统总督州长、幕僚、法官、大政治家的产地；它是马克·汉纳[2](Mark Hanna)和他的总统麦金利[3](McKinley)的州，也是好州长赫里克[4](Herrick)、辛辛那提的大佬考克斯[5](Boss Cox of Cincinnati)、托莱多的金规琼斯[6](Golden Rule Jones of Toledo)和汤姆·约翰逊的州。俄亥俄是升迁到华盛顿的大道通衢，不过这并非一条没有障碍的路，它是巷道沟坑纵横交错而成的迷宫一般的混合体。对此我多少有一点了解。我曾经中途在托莱多停留过，一位跟我气味相投的改革者布兰德·惠特洛克[7](Brand Whitlock)领着我找到萨姆·琼斯(Sam Jones)，琼斯带我去了他家，让我坐下，接着滑稽地、令人惊讶地花了几个小时向我大声朗读沃尔特·惠特曼[8](Walt Whitman)和《圣经·新约》(the New Testament)，只字不提他的州邦或者他的国家，丝毫不涉及他的城市乃至他的政治活动。诗人和先知都是他政治上的引导者。他想要实践他们的说教，照本宣科，十分认真并且欢欣鼓舞；布兰德·惠特洛克觉得好笑，斯克利普斯报系[9](Scripps)的编辑内德·科克伦(Ned Cochran)也嘲笑这样实施基督教教义给基督教社区里的才智之士带来的头脑混乱，他们感到诧异的是罪人们熟知并且遵守琼斯的金规。地方教会、各地商会、各地议院都不喜欢金规琼斯，他还再三被选为市长；职业罪犯们光顾了托莱多却并没有靠不正常的手段谋生。琼斯的经历是一个好题材，奇特而又意味深长，可是它与俄亥俄、与美利坚合众国不相干——当时不相干；跟我也不相干。

回头来看一看汤姆·约翰逊的情况——我曾经在克利夫兰中途下车，拜访立场观点同我一样的弗雷德·豪；他把我介绍给了“约翰逊帮”的其他人。他们都是真诚、能干、有理性的人，他们这个精心挑选出来的工作班子当中的每一个人都是如此，而且他们也热衷于自己的工作，克利夫兰的改革派是我所见过的最快乐的改革派了。他们追随汤姆·约翰逊，信赖他，几乎就是崇拜他。改革派多么容易受人误导！可是我不会。他们带我去见市长，在会晤之前，我花了个把小时观察他办事，这有一点像目睹生意舞台上的实业巨头：他一个个地接待他的来访者，言行敏捷，倒也不显得仓促；他倾听，全神贯注，直到他听明白为止；接着他会微笑或者笑出声来，给出一个决定，然后——“下一个！”没有要求再多给些时间以便他“仔细考虑考虑”或者“问一问他的同事”，没有考虑要“委员会去调查调查”，没什么“下个星期再来看看”，就是行或者不行，真诚，和蔼却很坚定。汤姆·约翰逊是做大事的人，很典型的那种。不过，我没有被骗到；没有哪个做大事的人愚弄得了我。轮到我了，我就会有目的地抓住我报道的核心。抛开一切礼貌、一切浮浅的外表和空话废话，我问出了我首要的问题。

“你在干什么呢，市长先生？你想干什么呢？”

“我不能告诉你，”他回答得蛮坦率的，“即使我告诉你，你也不明白。”

他的轻蔑，就像从前达罗的轻蔑一样，使我感到了一种不安的好奇，附带着一丝怅然若失的感觉。我用算得上威胁的要求回击了汤姆·约翰逊的挑衅。我想要游览他的城镇，自己去寻找他在干什么的答案，他痛快地同意了。

“这么做也好，”他说，“本市对你是开放的，我们将给你市民一样的自由。你可以去你喜欢的地方，问你想要了解的任何事情，假如有谁拒绝开门或者拒绝回答你的问题，你回来找我，我来告诉你答案。等你了解了一些情况，我俩可以谈一谈。”

后来，弗雷德·豪告诉我，市长不准他们试图来影响我；他们打算给我所有我可能问及的信息，但是除此以外，避免跟我接触。汤姆·约翰逊的命令都得执行。我和在匹兹堡一样地孤独，不过也和我在那里做到的一样，我在克利夫兰的采访进行得也很顺利：跟报人们交谈，跟对立面的政客们结交，并且怂恿对手说出真相细节乃至谣言传闻。我找不到任何不利于汤姆·约翰逊及其行政机关的证据来，除了一些抱怨，抱怨得太琐碎，反倒加深了我逐渐形成的印象——这个市政府不存在什么极其腐败的事情；它几乎可以算是"令人满意的"。我带着一丝落空的感觉去伊利诺伊和威斯康星继续采访，因为，你知道，我了解一些又大又坏的商人的情况；明白一个重商的政府是什么样子的；也知道街车巨头汤姆·约翰逊并不想为克利夫兰的利益费时费力。我可以等；他或许很快就会表现出他想干的是什么。他要竞选州长或者联邦参议员，或者，他忠实的小同志们为了他应受惩罚的种种益处，会要不谙世故地批准一些特许案。一年多之后，我回到克利夫兰。完成了我对伊利诺伊、威斯康星和罗德岛的报道，正当此时，果然，汤姆·约翰逊在竞选州长。这一回，不管怎样，我意识到了也领会了那种驱使市里面的改革者们要挤进州里面争当州长——就像拉福莱特挤进华盛顿的参议院一样——的强迫作用的本质。这并不必然是一种野心；而是追求在美国统治集团当中能够左右一切的席位，当然很可能有缺德商人和腐败政客也同此追求。他们都在摸索着寻求这宝座，据此他们就能够操控权力，为所欲为。

指引着我去俄亥俄的直接疑问是，我在罗德岛从有关当地乃至新英格兰的选民贿赂的消息当中经常听人说起的一种辩解。有历史意识的人说，这些老旧州邦里的民众或多或少都退化了；他们被去优存劣，其中最优秀的几代人去了西部。我在罗德岛乡村所遇到的，正是一个伟大民族的老弱残兵。这样的辩解，是一种措辞巧妙的、与英格兰人和爱尔兰人的贵族统治主张、美国人的自由主义理论正相矛盾的说法，这种辩解认为，美国的腐败，问题出在我们的年轻，这种辩解是对我们初级阶段种种困难的聒噪。这倒替我证明了我昔日的观念：腐败与时俱进。然而，在此期间，我又有了另外的想法：腐败就像一场疾病，侵袭了制度当中最薄弱的点——在罗德岛这弱点就是拿选票作交易的民众——而且，既然那些最好（最聪明能干、最有权势也最富有）的人收买良民，较好的人也得益于这种行为和结果，因而容忍之，那么，我们努力的目标就出了问题，所谓的新英格兰理想就出了问题，这一理想排除万难，通过清教徒、清教徒北美移民以及其他前辈，从英格兰来到我们中间，当时他们迁往西部去寻找土地和自由。他们的子孙用跟他们相同的理想来维持西部并且在这荒无人烟的地区开创出同样的形势，难道就没有成功的可能？或许这可以解释密苏里、伊利诺伊和威斯康星的状况。又或许，那些州邦的年轻，正可以解释当地拥护改革的造反、或者（也许是并且）解释其他种族大融合——密苏里的南方人、伊利诺伊的日耳曼人、威斯康星的斯堪的纳维亚人和日耳曼人——和思想大融合。

俄亥俄由殖民者居住，被选来殖民的男男女女把它建造成了现在的这个样子，他们从新英格兰来到这块西部保留地（Western Reserve）（公有地的各地区对来自东部各州的移民开放的时期，人们如此指称这些地区）。因为追踪报道汤姆·约翰逊走出克利夫兰踏进俄亥俄州，我得以见识了一个新的、年轻的、完全由美国人构成的社区。

可我首先就必须既要看清楚又要把握得住汤姆·约翰逊。这不容易。我还记得他近乎全能的形象，一个蛊惑民心的政客，一个跟他的朋友布赖恩（Bryan）一个样的江湖骗子；从这多数人都喜爱的滑稽形象当中我推断出来的惟一修正还得加上他非凡的才干，他是一个成功的工厂主，因为早就聚拢了一笔财富，为了一些商业目的而从政，起劲地把激进主义当作一种政治纲领来夸夸其谈。他是有所图的。他一点也不像你们的那些神志不清醒的坏蛋，汤姆·约翰逊是一个有灵性的家伙，可是就连他也会受到传闻的愚弄，甚至是那些有损于他的传闻。

就在我写拉福莱特的报道的时候，一天，我在圣路易斯偶然遇见了约翰逊。他知道我在写什么，也许他还听说了我曾经指望查明拉福莱特是一个蛊惑民心的政客。至少，在我们互相问好时，关于拉福莱特，他问了我一个我正要问他的问题：会不会他并非一个该死的煽动家？

“什么！”我惊叫道，“你问这个？你？”

于是，我对他说我已经开始怀疑：每当公众生活当中的一个人被人说成是煽动家，那么从中得好处的是他个人，出危险的是整个体制。而且，既然那些富豪统治阶级的煽动家（plutogogues）做不到把任何罪名推到他头上，他们就退而求其次，借助于到哪儿都显得理由充分的指控，说他是一个煽动家。“打个比方，你，”我嘘嘘作声，因为当时我信服拉福莱特，也为约翰逊愤愤不平，“你引起了我的注意，是因为你被人说成是煽动家。他们就不能说一点别的东西来反对你吗？这种叫法相当妙。这就是你要问的那条汉子，他不会因为我也许不能够理解你而责备我——你——你不能理解你所轻信的传闻；你——你倒来问我拉福莱特会不会是一个煽动家、一个坏蛋。”

他深表歉意，我请他去向拉福莱特道歉，他真这么做了。拉福莱特完全接纳了约翰逊，而且他也看出了汤姆·约翰逊正在困扰我的问题——约翰逊是否真诚——于是他帮我解开了这个疑问。等我到达克利夫兰去研究俄亥俄的时候，约翰逊对我讲述了他的个人经历。他是一个穷孩子，因南北战争而破产的父母住在南方。为了帮助家庭摆脱困境，他从城里往他的家乡小镇贩卖报纸。因为健壮快活而又机灵，他交了很多朋友，其中的一个就是运报纸来的那趟火车的列车长，一天，列车长对他说：“听我说，汤姆，我喜欢你，打算推一把你的生意。今后我运来的报纸只交给你，这样你就有了专卖权，想怎么定价就怎么定价，每份卖它 25 美分。”

汤姆·约翰逊不只是挣了一些钱，他还学会了专卖权的做事方法；等到他长大了一些，跟他一伙的其他男孩子经常谈论的话题是打算去做哪一行、进一家杂货铺或者其他的什么铺子里去循规蹈矩地做事，对于他们想要选择一条竞争之路的傻念头，他感到惊讶。他打算靠某种专卖权创业，他还真的做到了；他做街车生意，把专卖权的原则运用于其中。一家家有轨电车公司靠的就是一项一项的垄断——其每一条线路也都如此——不过，为了权利、控制能力和优势，它们还得互相竞争。他想到了一个主意，或许能给他带来控制权。在他那个年代，所有城镇里的大多数街车线路都是从当地市中心发车，用电车把人送到某个市区，然后返回；早上上班往市中心赶，晚上往家赶，因此每一条线路的运载量都很繁重。要是他能够联合两条这样的街车路线，让它们畅通地穿越城镇，他联合成一条的线路就能够使穿越市镇的交通既轻松得多又令人满意，除了来回往返的营运之外，这还带来了一个好处，使他能够打败其他的公司并且迫使它们开始实施一种联合垄断。他在几个城市根据这些原则行事，取得了非凡的成功，接下来打算在克利夫兰照此办理；在那里他已经开了一家大联合公司（the Big Consolidated），当他正要用他的“联合小舰队”驱逐马克·汉纳

(Mark Hanna)的时候，发生了一件事情，汤姆·约翰逊读到了一本书。

有一天，一辆火车上的花生小贩卖力地推销他那本亨利·乔治的《社会问题》，当时沿着这段通道向前走的列车长说："这是你应该看的书，约翰逊先生。"这个街车公司的大人物对所有的列车长都容易动感情；他接受了这一位的建议，而且在买来读了这本书之后，找到他的律师，说："我想要你来为我反驳这本书。我自己做不到，可我必须做。因为假如这本书是对的，那我就全错了，我将不得不从我的生意当中退出。"这位律师反驳了亨利·乔治，不过仅仅出于律师的身分，没能让他的主顾感到满意。汤姆·约翰逊就去了纽约，召集了他那一群有钱的朋友，把这书摆在他们面前。他们全都读了亨利·乔治，一天晚上聚会，彻夜地讨论它。约翰逊为这本书作答辩；他并不想接受其中的教条；恳请他的朋友们推翻这些论调，他们也试了；他们也都是聪明能干的人，汤姆·约翰逊改变了信仰，他的朋友们不但没能清除他对单一税制理论的观念，他们自己反倒都被说服了。他们都明白亨利·乔治所指出的：过多的财富不劳而获地流向拥有着土地、自然资源——比如水、煤、石油等等等等——以及各种特许权的个人和公司，例如轮船公司和街车公司，因为这一切开始逐渐成为公共福利，不断增长的人口提升了对这些合乎常情的垄断权专卖权的需求和价值，这一切随之变得越来越有价值。其增值是由人口的绝对增长引起的，谁应该来享有它呢？乔治建议，政府应该通过只针对土地、自然资源和垄断权专卖权这一类增值征税来收回增值的部分。

回到克利夫兰之后，汤姆·约翰逊逐步地盘出了他的垄断生意，然后以一个有目光有规划的成功商人的身分进入政坛。他竞选国会议员，当选，于是到那里——到华盛顿——工作，为了公共的利益而投票反对他自己的利益。他真诚地、愉快地这么做着，兴致勃勃，带着他出于善意和强烈愿望的所有魄力。他并没有做成多少事儿。他发现，一个庞大的代议制机构并不是行政官的用武之地，而且充斥着由本州关系网所提名之人的众议院，早已被人编织成了既成秩序的大本营。汤姆·约翰逊与亨利·乔治交换了意见，他们决定，约翰逊要做的事情就是去一个城市竞选市长，谋求掌握实权，以便他能够实行乔治的理论，在政策方面和成就方面为所有的城市、所有的州邦树立起一个榜样来。

既然如此，汤姆·约翰逊在克利夫兰所干的一切，他想要干的一切，就是要确保他为这山丘上的城市所尝试的一切在这里一举成功。

译注：

1，豪，Frederic Clemson Howe，1867—1940，美国进步党改革派。1892年在约翰霍普金斯大学获哲学博士学位，1894年定居克利夫兰，供职于一家法律事务所，1896年成为合伙人。他积极参与社会福利工作、地方社团和慈善活动，不久即因为慈善组织无视穷人而退出，转而凭藉他对改革社团的影响力从政，1901年他参与其中的市政协会敦促他以共和党人的身分竞选市政委员，在竞选期间他被Tom Johnson迷倒，共同当选之后两人走得很近。他1905年出版了《城市：民主的希望》，1906年出版《垄断者自白》，1907年出版《不列颠城市：民主的起点》。http://ech.cwru.edu/ech-cgi/article.pl? id = HFC

2，汉纳，Marcus Alonzo "Mark" Hanna，1837—1904，美国实业家、共和党政客、联邦参议员，他促成共和党组织的现代化。早年做杂货生意，先后开矿、制铁、造船，致富后成为《克利夫兰先锋报》和市歌剧厅的拥有人，市内电车经营特许权的取得，造成了他与约翰逊(Tom L. Johnson)的对立，当时约翰逊这位前电车大王是克利夫兰的新任市长。19世纪80年代汉纳以共和党身分进入政治舞台，他主张关税与金本位政策，是参议员谢尔曼的追随者，之后他转向支持国会议员麦金利(William McKinley)，两人都支持高关税政策，都对劳工抱持友善态度。1891年和1893年汉纳支持麦金利竞选俄亥俄州州长成功，1896年和1900年以极大的个人代价帮助麦金利竞选为总统，他所筹集的充足的竞选基金和宣传策略的严密组织起了很大的作用，这些模式在他自己竞选共和党全国主席时再度运用。虽然改革人士指责麦金利宛如汉纳的傀儡，且其政治方法危及民主政治的发展，但两人观点一致，相处愉快。1897年谢尔曼辞职后，汉纳被任命为参议员，并成为国务卿，受到严厉指控，说他对俄亥俄立法机关行贿，后来还是保住了职位。罗斯福的崛起打破了汉纳做副总统的预想，汉纳接受了共和党的意愿。他协助麦金利组成"全国市政联盟"，作为劳资的媒介机构；麦金利死后，他与罗斯福共同推进这项工作。汉纳虽被改革人士讽刺为"富有的操纵者"，但他也获得了政治评论家的敬重，因为他们相信政治需要现代化，而汉纳推动了这一进程。http://en.wikipedia. org/wiki/Mark_Hanna

3，麦金利，William McKinley，1843—1901，美国第25任总统(1897—1901)。南北战争期间担任海斯上校(Rutherford Birchard Hayes，第19任美国总统)的副官，受其鼓励参政。1877年入选众议院，他支持保护性关税并提出“麦金利税法”。在M·汉纳的支持下，当选为州长。1896年赢得共和党总统候选人提名，总统任内爆发美西战争。战后他去全国各地鼓吹节制托拉斯和商业互惠以促进外贸等在战争期间被忽略的问题。1901年9月6日，一位无政府主义者L·乔尔戈什在纽约州布法罗给了他致命的一枪。T·罗斯福继任为总统。

4，赫里克，Myron Timothy Herrick，1854—1929，农民之子，共和党人，第42任俄亥俄州州长(1904—1906)。1880年同人一起为国家碳精公司筹措资金，该公司日后在电池和手电上效益可观。他曾是政坛大佬汉纳的门生。因为拒绝支持反酒馆社团在俄亥俄禁酒的计划导致连任州长失败。后两度出任驻法大使。http://en. wikipedia. org/wiki/Myron_T. _Herrick

5，考克斯，George Barnsedale Cox ，1853—1916，美国共和党人，俄亥俄州辛辛那提市的政坛大佬。年轻的时候收购了街角的沙龙，从选区头头起家，做过共和党地方支部的执行主席，1879年当选为市议员。http://en. wikipedia. org/wiki/George_B. _Cox

6，金规琼斯，Samuel Milton Jones，1846—1904，实业家，政治改革家，托莱多市长(1897—1904)。他推行了多项市政改革。因为他根据“金规”建立管理雇员的现代方法，而被人称为“金规琼斯”。“金规”是《新约·马太福音》第7章第12小节提出的箴言：“所以，无论何事，你们愿意人怎样待你们，你们也要怎样待人。”http://en. wikipedia. org/wiki/Samuel_M. _Jones

7，惠特洛克，Brand Whitlock，1869—1934，美国市政改革者、外交官、记者、作家。曾经师从参议员J. M. Palmer学习法律，于1894年进入律师界。在19世纪90年代早期的芝加哥，他是受人尊敬的《芝加哥信使报》的记者。1897年定居托莱多，1905—1911年间，他四次当选为托莱多市长，他谢绝了第五次提名，1913年被威尔逊总统任命为驻比利时公使。http://en. wikipedia. org/wiki/Brand_Whitlock

8，惠特曼，Walter Whitman，1819—1892，美国诗人、新闻工作者、随笔作家。他通过诗歌敦促美国公民要心胸开阔，争取成为政治上自由解放、身心同时发达的新民族。著名的诗集有《草叶集》、《桴鼓集》及其续集，1871年出版杂文集《民主的远景》。

9，斯克利普斯报系，Scripps，Edward Willis Scripps于1878年11月2日建立的联合媒体公司，总部设在美国俄亥俄州辛辛那提的斯克利普斯中心。斯克利普斯(1854—1926)是报纸发行人，1878年创办第一份报纸后，组织了美国第一家主要的报纸联营，后于1907年成立合众社。他的报纸为他称做“百分之九十五”(即普通大众)而写，价格低廉、政治独立、自由开明、倾向劳动者。

山丘上的城市

汤姆·约翰逊的野心大到足以令他败下阵来。要拿下一个城市，还要在那里解决社会、经济、政治种种问题，之后为其他的商业巨子树立值得一搏的事业榜样，为世人树立政府该当如何的榜样——这与挣得百万美元的愿望同样地合理，主要也是因为这位商人已经拥有了上百万的身外之物。我对汤姆·约翰逊的种种怀疑显得我心地狭窄，现在也烟消云散了。他是福克、拉福莱特、罗斯福、塞思·洛、沃尔特·费希尔那一等的人物。他是“我们这边的”，是民众这边的；这就是另一边的、那些富豪统治阶级的煽动家反倒把他说成是煽动家的原因。不过，对于汤姆·约翰逊在那蹩脚的帐篷里所发表的那些竞选演说，我也略闻一二，为了在该市各个没有会堂或者对头们对他紧闭会堂的街区开会集会，他带着这帐篷到处跑。他那些“杂耍篷”演讲其实都很有趣；他鼓励台下听众提问题，然后用急智和尖刻讽刺的论据来回答他们；不过，那些政治集会与其说是慷慨激昂的演说，还不如说是经济课和当代（乡土）历史课。惟一让他那些对头抱怨的是，他“背叛了他的阶级”。这么说的人几乎同时又会宣称改革不是一场阶级斗争，还宣称不存在什么类似阶级意识的东西，在美国没有阶级之分；而且他们还真的这么认为。对汤姆·约翰逊、福克、拉福莱特以及稍后对鲁道夫·斯普雷克尔斯[1]（Rudolph Spreckels）背叛其阶级的指控，其实是我们尚未察觉到的、阶级意识的一种表达，是我们令人震惊的忠诚——被人误骂为虚伪的忠诚——的一个明证。

汤姆·约翰逊背叛了他的阶级，也背叛了他自己。他是一个由信奉富豪统治转而信仰民主政治的人，这大有不同。和塞思·洛一样，他不仅仅是一个决心“给”我们以好政府的善良的有钱人；也不仅仅是像费希尔一样有才华有能力、像罗斯福一样坚强而精力充沛、像乔·福克正直且坚持不懈。汤姆·约翰逊作为一个善良诚实之人并非没有例外，他是街车巨头从了政，做过一些街车商人通常都会做的缺德事儿，虽然不是一味地缺德，不过只要发现对他的生意有必要他就会极尽能事。在他的家乡克利夫兰，在他的大联合公司里，有一个人，霍勒斯·安德鲁斯（Horace Andrews），比约翰逊多一点道德原则。约翰逊自己就这么说，并且还用他经商时期的一些内幕故事来举例说明这一点。他的经历、他的生意、他的从政生涯向他证明了，政治的伦理道德高于商业的伦理道德。在公开场合，他必须要比在私下交易里表现出更多的正直来；他发现，正直，是政治改革最好的方针。霍勒斯·安德鲁斯还没有发现它的好处。克拉伦斯·达罗曾经嘲笑我是“信奉正派的家伙”，我与这两个人的相识，帮助我弄懂了达罗当时是什么意思。

光是正直还不够；解决我们的政治问题，往往需要有才智，需要一些经济学的见识或者理论，需要勇气，需要实力，需要毅力，需要幽默，需要领导才能——还需要智力的健全。这些汤姆·约翰逊都远远胜过我那个时代的任何政治家。他的勇气是带笑的那种，他的幽默是有泪不轻弹的那种，他有大胆一试的天性和习惯，作为把商业当作政治的另一面的杰出成功人士，他也训练有素。作为一位有见识的商人，他也是一位实干的政治家。他熟习这场游戏。他会挑选并带领一个团队；人们也喜欢追随他；他把这当成乐趣。凭着足智多谋和对经济之争的理解，他能够向其他人申明他们所面临的是什么、对此又必须做些什么。一次，当他的整个管理部门和街车公司发生一场恶斗的时候，他以公众的名义同意了街车线路延长几条街通往一个新的棒球场。在他自己的一班人和市民们看来，这就是屈服，甚至是背叛。但他却利用公众的注意力集中在这一争议上的这个机会来说明，大家争的只是街车的特许经营权，既不是街车的线路也不是街车的运营。

“我们希望街车公司把人们运送到他们想要去的地方，也包括靠近那个棒球场的地方。就算他们不情愿在那球场边运载乘客，我也会要迫使他们去做的。因此，我颁发给他们一个延长线路的许可，我颁发的不是特权，也不是财产权。”

他扫除了我头脑中许多荒谬的念头，留下了我通过大学教育所得到的修养和拥护改革的种种联想。一天，我问他为什么先前他认为，要是他告诉我他在克利夫兰想干什么，我会听不懂。

“噢，我看得出来，”他说，“你根本没搞懂让政治堕落的是什么。起初，你以为是贪官污吏，他们原本都还算是相当不错的人。然后，你指摘向这些好人行贿的奸商们，直到你发现并非所有的商人都行贿、发现那些行了贿的也都是相当不错的商人。小生意人不行贿；因此你把目光停留在你虚构的'大生意'上，于是就你和你的同类所能理解的而言：只要是大生意就必定坏事做尽。见鬼！难道你不明白坏事做尽的是享有特权的生意？不管是一家大的蒸汽火车公司想要得到一项特许，还是一家小的赌场想要不被查抄，一个戒酒协会想要通过一项法案，一位可怜的小妓女，或者一家想要占用一条陋巷作仓库的大零售商——行贿的是那些寻求特权优惠特免的人，为我们腐败的政治辩护的是那些控制和授予种种特权的人。难道你不明白这些吗？"

与其说这是一段讲话，还不如说这是一道闪光，我接受了它，任其萦绕在我的脑海。他进一步说道："给世上带来恶行的，是特权，不是罪恶行径，也不是人。"

我还记得我听人说起他有一天对一群跟他争夺的商人们所说的一些话，一些当时无论是他们还是我都不理解的话。对于他们的一份抗议——我现在实在记不起那是什么——他脱口而出："管克利夫兰市的事儿真正有趣；这是克利夫兰最大、最复杂、最费劲也最令人满意的生意。跟它比起来，一条街车线路就是儿戏；煤矿是容易赚钱的生意；银行？——呸！有东西蒙住了你们这一伙人的眼，我知道那是什么。那就是我经营公用事业公司的时候唬弄了我那么久的东西。我现在来告诉你们一些你们想要知道的东西：如何打败我。

"假如我剥夺你们拥有的东西——让你们在你们的城市里树敌甚多的各种特许、各种特权——你们就会看到我所看到的东西，接下来，你们自己就会来竞选我的职位，当了市长来赢我，然后比我更好地掌管克利夫兰的市政。"

我回想起汤姆·约翰逊第一次被选为市长之后不久发生的另一件事儿。神职人员委员会为了抗议他涉及丑类的政策而向他呼吁，虽然他并没有强制执行那法规。他叫来当地的酒馆老板侍者，告诉他们，要是他们能够维持秩序，拒不卖酒给少儿，承诺不设置任何赌博机，也不向他的警察交纳保护费，他将特许他们干犯那法规的厉禁，分文不取。他还召集所有开妓院的女人，告诉她们，要是她们能够适当地安静，不敲诈任何一位恩客，不给警察或者其他家伙任何好处，他就会任由她们做买卖。那些神职人员听说了这一切，深感义愤，这个城市在纵容邪恶！他告诉他们他并没有谅解丑恶，不过他确实知道丑类是与商业贿赂、政治腐败相勾结的，因为丑类也在寻求不断违法的特权。他授予丑类特权，是为了换取安定，换取不必动用警察部门去干涉，而且，为了要逐一消灭丑恶，他——一个商人——当市长，也会惩办他给予谅解的恶行的。同时，他也警告他们，要是他们神职人员因为呼喊着要求得到好政府而增加了他的困难，他就会对他们掉头不顾，还要说明为什么他们都热衷于那些不去教堂的坏人们的罪孽而为那些支持教会的好人们的罪行提供保护。此后当地的教会极少给他惹麻烦，不过这部分地是因为克利夫兰的教士大人威廉斯先生（the Rev. Mr. Williams）——后来的密歇根新教圣公会主教——是一个主张单一税制的人，他能够理解约翰逊在干什么，说约翰逊“正在试验，不是强调基督教精神，而是想要使之成为可能”。

明智之举，而且，也是“明智之言”，在我看来，市长汤姆·约翰逊和他的管理部门做了我们能做的最好的试验，检验了各种各样的理论：第一，我们需要的是一位好商人去领导一个高效率的行政机关；商人们憎恨抵制约翰逊团队，就像他们抵制塞思·洛团队和地方选举人团一样。第二，这个城市是民主的希望，汤姆·约翰逊凭着他所有的杰出才智和一位非常强有力的市长所有的权势，打击了罪恶的源头，而没有打击通常受人诅咒的个人和阶层。他用耐心、谨慎和流利的口才向全体市民解释他的行动，吸引了群众的选票，一再地当选。但是，他暴露了受制于马克·汉纳的权钱体制；这个体制慢慢地感到难为情，接下来，约翰逊在克利夫兰打败的那个市一级组织系统，就向在该市如此这般作难约翰逊的州一级组织系统求援，弄得他和他那一班人必须为了州长的职位和州议员的身分而投入州一级的竞选。后来，他们又发现州里也是腐败的，选民们像罗德岛的一样也是可以收买的，甚至像密苏里的一样受到腐败的党组织控制。约翰逊帮没有赢得州长的职位；他们只赢得了议会里有分量的少数议席，其中弗雷德里克·C·豪是州参议院里非常能干并且给人印象深刻的党派领袖。这些克利夫兰的改革派有托莱多支持他们，可是，克利夫兰的奸商们在马克·汉纳的领导下，有办法废止在俄亥俄所有各市的宪章、共同纲领并且把新的宪章——权力和义务都化为乌有、因而特许犯罪作恶——强加给每一个城市。而这，在这个州，竟然是由来自堕落而老朽的新英格兰的移民来设计并完成的，他们都是百里挑一的、精力充沛的、激进的、追求理想主义的！

这还不是全部。健全而有朝气的俄亥俄为其每一个城市所选择的宪章，就是辛辛那提(Cincinnati)宪章；因此我前往辛辛那提，去看一看优选出来的、不偏不倚的美国人是何等样的。

译注：

1，斯普雷克尔斯，Rudolph Spreckels，1872—1958，第一国民银行总裁，以协助指控旧金山市长 Eugene Schmitz 和政坛大佬 Abraham Ruef 贿赂而闻名。其父为糖业巨头 Claus Spreckels(1828—1908)，父子同为 1906 年旧金山大动荡期间五十人委员会(Committee of Fifty)的成员。

辛辛那提与大佬考克斯

所有的这一切都过去了一年左右，在华盛顿特区，一天，罗斯福总统令人生疑地坚邀我去白宫共进午餐。待我早早地到了那儿，还得和其他几位不相识的访客一起等几分钟。T·罗斯福健步走了进来，带着微笑，把我引见给辛辛那提的市长弗莱什曼[1]（Mayor Fleishman）。

“我可以说这蛮逗笑的，”他对其他的访客说道，接着继续介绍我作了一项有关辛辛那提的调查并且完成了一份关于当地形势的报道，“他从来没有拜访过、也从来没有见到过那里的市长！”

这是一种质问，一种责备；根本就是滑稽的指责，弗莱什曼先生也加入到哄笑和质问当中来。“对呀，”他说，“我期待着你来采访，而你却根本不来。”

如此看来，这就是为什么T·罗斯福那天那样坚持要我出席午餐会的原因。我礼节性地保持了一段时间的缄默；然后，等到哄笑者渐渐平息，我承认我在那里的时候没有见过辛辛那提的市长，附带说明我实在没有必要。弗莱什曼先生被选上了那个职位，可惜他不是真正的辛辛那提市长；他只是市政府的门面，而不是市政府的首脑。那个市的首脑是乔治·考克斯；考克斯才是市政府的首脑；对考克斯，我倒是很审慎地、经常地也颇受教益地作过采访。

这一下轮到总统，还有弗莱什曼先生，保持——礼节性的缄默了，人人不作一声，直到T·罗斯福说了声“跟我来”，带领我们走出等候室来到餐桌边。在桌边，他开始了另一个交谈话题，关于联邦最高法院和他对一位他刚刚提名的法官的一项判决的失望，这位新法官投票反对总统在某个大案上众所周知的期望。

“我想，”T·罗斯福突然说，“我猜想，你会乐于采访这位法官的。”

“总统先生，在那项判决之后我愿意采访他，”我答道，“在判决之前我愿意采访您。”

“那么，你光临此地是我的荣耀。”他说着，仿佛又成了一个机灵的莽骑兵[2]。

“您是总统，又是我最好的朋友，这本身就是对我的承认了。如果白宫的主人是麦金利先生的话，那么跟我共进午餐的大概应该是马克·汉纳或者大佬考克斯了。”

然后，纯粹是为了防止总统要来敲打我，我表示愿意把我在辛辛那提第一次采访乔治·考克斯先生的故事再讲一遍。总统已经读过这个故事；他瞥了一眼也读过它的弗莱什曼先生，制止了我，“我们都知道那个故事。”他说了一声，然后又捡起联邦最高法院的话题。他叙述那位首席法官的特征；这位法官——一个对所有案子都重判的家伙——在同行当中的排名一直在下滑，直到他引起了罗斯福夫人的注意。总统说话的时候，餐桌边有一位年轻军官和几位妇女，而我则是一名记者。T·罗斯福顿了一顿，又开始说起别的来，口若悬河喋喋不休，然后忽然又回头说起联邦最高法院的法官们，末了很有派头地以法官收尾。不过，让我们回到辛辛那提吧。

从克利夫兰去辛辛那提的时候，我已经知道了那里的情形，知道啥是啥、谁是谁，于是第一个早晨早早地，八点钟以前，我就去找大佬考克斯。他的办公室在他的“麦加”(Mecca)沙龙上面，从一个中间的前厅上一段楼梯，房门开着，我看见一个身躯巨大笨重的家伙，一个人坐着，背对着门，双脚翘在窗台上；他正在读报。我敲敲门；没有反应。我走了进去；他头都没抬。

“考克斯先生?”我问道。

一声肯定的咕哝声。

“考克斯先生，我听说你是辛辛那提的老板。”

慢悠悠地他收下双脚，一只接着一只。这双脚慢慢地在他的椅子周围挪动，一张不动感情的脸转了过来，两只乌黑锐利的眼睛仔细察看着我。就在这双眼打量着的时候，我报上了我的姓名，并且解释我是“一个研究政治、腐败政治以及领袖首领的研究者”，又说了一遍我听说他是辛辛那提的老板。“你是吗?”我问道。

“我是。”他用他那粗哑低沉的声音哼哼了一声。

“那你当然拿住了市长、政务委员会和法官们了?”

“我是拿住了，”他承认道，“而且，”——他竖起他的拇指隔着肩头指向桌子——“我还得拿起电话。”

“那么在你的城市里，你也拿住了老百姓?美国男人和美国女人?”

好长一会儿他目不转睛，静静地，然后迟缓地转过身去又拿起他的报纸。从那一次简短的采访可以一窥辛辛那提的真相，这是一个有相当教化的城市，被一套独裁体制统治着，其主人翁——开拓者们以及新英格兰人、南方人、日耳曼人的子子孙孙——心地善良，他们实际上怕这体制，它却不怕他们，而且据他们所知这体制还不惜牺牲他们。每一个人都有故事要讲：关于这彻头彻尾的暴政，关于可耻的贪贿——既牵涉到官又牵涉到商——关于派系，关于法庭法院法官开庭；可是只有几个人敢告诉你他们自己的故事：埃利奥特·H·彭德尔顿[3]（Elliot H. Pendleton），前法官鲁弗斯·B·史密斯[4]（Rufus B. Smith），一位报社编辑还有十来个其他的人。只除了彭德尔顿之外，这些人都不希望被人看到和我在一起，而且在讲述其事实的时候，都本能地低声耳语。考克斯的共和党核心组织在与当地的民主党核心开诚布公地进行合作，握有选民名册，监视着他们，“怕他们生事”；而且，这个组织会实施惩罚——现时的惩罚；它会碍你的事儿，不过它也能够实实在在地帮你的忙，要是你“合作”的话。

我不得不依赖考克斯，请他来为我非写不可的东西作担保。不能指望找得到目击者、见证人来为一桩诽谤案辩护；他们都不会作证的。于是，我想起了那位大佬，同他打了一手牌。他早就在让人监视我；那些盯梢的尾随着我，故意让我和周围每一个人看到他们。这就是为什么人们不愿意开口的原因之一。我愿意自己被人跟踪，很快我就试着引我的尾巴们一路来到他们认识的、一些能够向我提供证据的人的办公室，一旦进去，哪怕那证据对我毫无用处，我也会设法让他多聊一会儿，留够时间让盯梢者凭着他们职业的怀疑去报告说我“关在房间里”同一个可能的告密者呆了一个两个甚至三个小时。后来我发现，考克斯得知了此事，还轻信了那种怀疑。

在他的城市里呆了最初的一些时日之后，一个大早，我才去找他。这第二次采访，他比第一次要有礼貌多了。他坐在椅子旋过来转过去地接见了我。

“哎，你访到了什么？”

我告诉了他一些传闻，众所周知的一些事情。“谎言，”他冲口说道，“都是该死的谎言。”

“这些都是？”我轻信地问道，“那我再去底下走访走访。”第二天早上，早早地我又去拜访，我说："那些传闻都是真的，考克斯先生。有些言词不精确而已。"接下来，我一一列举并予以纠正，"除此以外，都是真的。"当时他并没有否认，于是我提出了我的建议。

"注意，考克斯先生，你对我派了盯梢的。你对我所会晤的人和所发现的事一定很好奇。继续派人盯梢吧；他们会为你监视我的，而我每天或者隔天也会进来告诉你我都访到了什么。你可以校准我的情报，不过你要公平待我。我是一个异乡人，会被人引出错误的判断来，可你不能欺骗我，你不能够。当然，你不必告诉我任何事儿；怎么寻找我自己的真相细节得由我来决定，不过，我会让你有机会揭穿人们告诉我的种种谎言，而你，作为另一方的当事人——既然我要仰仗你——你一定不能欺骗我。"

他眨了眨眼睛，转身面对着窗户向外望去。然后，他回转身来，盯着我，他两只眼睛的眼皮一闪都不闪，也不说一个字。我只好结束这一番讨价还价。

"好吧，"我说，"那么，这就算是一个约定了。"

"约总要趁早约。"他答了一句，然后又转过脸去了。

我在辛辛那提主要的情报来源，是当地的《邮报》(*Post*)——一家斯克利普斯报系的报纸——的编辑。那个人能够用完整准确的详情来讲述他的城市里一连串的传闻，他用他的以及其他报纸的一些电讯作为例子来说明这些传闻，还给我留出了工作的时间。当然，我还得去见其他人，以便验证并增添其中的细节，而他有的是我们称之为"假情报"的东西。他的"假情报"远比我能写出来的多，不过，我拿假情报有一个用处。

我常常被人问起，到底为什么我交付刊行的所有材料都具有诽谤性，我却一次也没有被人起诉诽谤。我跟考克斯的往来可以部分地解答这个问题。我在辛辛那提工作的那几周里，我发现了这位大佬及其帮派的许多行为；我不知道究竟有多少，但是比方说，我采访到了针对他的 25 起控告的材料，我把这些统统都告诉给了他。我总是趁早去拜访他，总是对他和盘托出，他也会对每一条新的情报多方推诿。

"听着，谁给你提供的这些？"

"不确凿吗？"我当然要追问一句。

"你访得这些材料的方式不对头。"

行，我可以打上个勾儿，标上"一条谎言"；他看着我划勾标字，而后我就离开，第二天再来的时候我通常会说“那是真的，考克斯先生”或者“考克斯先生，我修改了那篇法官的报道”。这些话，我是直视着他的眼睛说的。我的推测是，考克斯是“直截了当的”而且我已经让他觉得我在依赖他。我确实要依赖他，他也证明了足堪依赖。

“下一步你打算轻信什么呢?”

就这样，他可以对各项控告提出意见，直到有了那大约25项指控，他清楚我是知情的。到后来，这篇文章发表的时候，他读了它，就我所及，仅仅篇幅很短的大约八到十项指控就构成了我的描写。可考克斯心里明白，(在一次党的代表大会上)他对我说：“咦，好家伙，在你给我的那一顿臭骂里，你弄到手的假情报一半还没有用到。”

我的读者们认为，我对考克斯过分严厉；不过考克斯却认为，我宽容地放了他一马。在一个诽谤案中，他可能生怕我会说出我的证据当中的其余部分来，可是我感觉到，他预期我会尽我所能地宽容待他，就像一个讲道义的坏蛋对待另一个坏蛋那样。而那正是我们谈话的目的。

他所把持的是什么样的党组织核心？这就是我摆在我们面前的问题。当然，其中存在有贪污贿赂；每一个城市都有贪污贿赂；也有政府职能，也有难办的事，可是，从不当谋利的角度来看，以带有审美趣味的眼光来看，这些贪贿、政府职能和难事是如何被人做成的？是被人圆熟利索地做成的吗？还是被人粗暴笨拙并且大事张扬地做成的？对其他的政党核心的形容描绘强烈地吸引住了他；他不喜欢拿自己的核心来多方作比，不过当它们确实“好”——好得跟费城的核心一样——的时候，他依然会为我对它们的钦佩而感到惊奇。他想要从我这里得到的就是对其“系统”语带赞美的评价，我则拒绝赞美，直到我将要离开辛辛那提、打电话向考克斯先生道别的那一天为止。

“那么，你现在认为它怎么样?”他问道，指的当然是他的党组织核心。

“相当不错。”我说。

“相当——”他大感愤慨以致于没有复述完，“它是你所见过的最好的!”他终于反驳道。

“哎呀，我可说不出口来，”我说，“我评判一个贪腐组织的尺度是瓜分不当得来的权钱的分赃者越少越好。你这里分赃的人有多少?”

“老子没拿什么贿赂。”他嘟哝了一句。

“假使那样的话，那可真是一件挺不济的事儿。”

他沉思了一会儿；然后说：“那你说我这里分赃的人有多少？”

“至少三个，”我说，“你和加里·赫尔曼（Garry Herman）还有拉德·海尼克（Rud Hynicke）。”

“嗬！”他嘲笑着嘟哝了一声，一边在我的眼前慢慢地摇动着一根指头，他说：“这里只有一个人分到手了。”

这话，不是真的，不确切。考克斯不是在说谎，他越来越老也越来越自负，而且有点儿自吹自擂。要我来解释的话，他本来打算他——或者他和他的两个副手——要控制并削减官场贪腐，其他的官员根据他的指示收受贪贿的不同份额。考克斯很有可能定下了每一个参与者收受贪贿的多少；他的说法让我相信，他拥有高于赫尔曼和海尼克的最后决定权。何况考克斯还在从事银行业和其他行业，他很有钱，而且在商场上同在官场上一样非常强势。在他的核心组织及其方法条理上，他是对的；在我看来，他们是我所见过、所听过的最精确的贪腐组织了。但是，因为我在该市走来走去，询问知情的官民，我得知考克斯和他那些选区领导人一直是靠他们的名声过日子。过去做的精细工作他们现在做得玩忽大意，没有保留好有投票资格的名单和市民保护费资料数据。对他们的敬畏以及他们的注意程度都没有变，不过用得不是地方。我拿这样的言论去试探考克斯，他对此的抵触使我确信，那正是他的痛处。

我对当地的改革派说，考克斯的核心组织是一个神话，也是可以被打败的。他们并不相信，相信不了。他们达成一致，要确定一份候选人名单，要针对我的论调起点作用，等我的文章发表的时候，打算用它来对当地选民施激将法，以证明我在辛辛那提公民应该具有的品行问题上一无是处。我承诺，要是他们推翻了考克斯，我就收回我关于当地选民的言论。这一特定策略得到了执行，可惜改革派自己不愿意参选；他们提名一个差不多还是男孩子的年轻人来竞选市长，到了他当选的时候，令他们诧异的是，他做不了多少事儿，依旧是考克斯及其核心复辟掌权。

当然，我现在能够理解，考克斯核心是建立在种种特权坚实的基础之上的；它被吹捧为具有辛辛那提特色的社会组织。改革是一种反常的行为，一旦改革派失败——如其所致也如其所必致——该市或者该州就会倒退到定额贪腐的模式。就连考克斯也弄不懂这一点，他把他们的败笔归咎于当地改革派本身。他藐视好市民；嘲笑那些当众避开他、在私底下又来求他帮忙的商人们。他并没有假装成自己做不来的什么人物；我常常臆断，他甘于被说成是一个不当谋利者。同理查德·克罗克一个样，他所坚信的是，他“比他们好一点”，因此他到市中心和不是闹市的街区去对着他的四周挥舞他的手。

读到我的文章的时候，他仅有的批评是，在第一次采访中，他宣称他拿住了法官们，是受我诱导的结果。我当时的问题是：“那你当然拿住了市长、政务委员会和法官们了?”我也说明了他的回答是他还得拿起电话，他则断言我实在没有提到法官，他可能没有听到或者没有留意这个词，可我实在是说了的。把法官列为那个问题的一部分，我有一个特殊的理由：史密斯法官对我讲述了他的经历。我自己的看法是，考克斯受到了一些代理人“我们必须尊重法官”的劝告；无论他们多么不听话，我们都千万不能批评他们；而这作为底线而被考克斯接受了。我曾经写过关于企业资方人员的一段可靠的说明文字“控制州长、议员、法官、牧师、学校和报社”，我给他看那份原稿的时候，他用铅笔划出了“法官”那个词。考克斯想的是，其余部分就不必有什么顾虑了——“法官”应该受到“尊重”，剩下的就没什么了。

在辛辛那提，剩下的就是市长、市政委员会、市政府的各个部门、公共财产、学校、报社、舆论和选民，还有该市在州里的影响和势力，以及对该州从联邦政府分来的权责的分担。而那绝大多数人，“每一个人”，都是这一切的后盾。马克·汉纳和克利夫兰的商人们觉得还是辛辛那提的状态更为可取。俄亥俄一州，新英格兰的人们再造出来的这片天地，就处在这样一种思想状态里，这思想状态在那里的每一个城市促成了所谓的宪章和辛辛那提的状况。汉纳这位土生土长的共和党大佬，领导着民主党要打败汤姆·约翰逊，不过，对于这位商人的无政府主义，最初的鼓动者和最后的赞成者都是当地法院的判决。

译注：

1，弗莱什曼，Julius Fleischmann，原书误为 fleishman，1871—1925，美国犹太人政治家。22 岁出任家族企业弗莱什曼酵母公司的总经理。

1900 年成为辛辛那提最年轻的市长，任职到 1905 年。http://en.wikipedia.org/wiki/Julius_Fleischmann

2，莽骑兵，Rough Riders，1898 年由西奥多·罗斯福招募的美国第一志愿骑兵团的骑兵。

3，彭德尔顿，Elliot H. Pendleton，Jr.，1859—1926，律师，生于辛辛那提，死于辛辛那提。http://www.findagrave.com/cgi-bin/fg.cgi?page=gr&GRid=47156604

4，史密斯，Rufus B. Smith，生卒年不详，曾任辛辛那提高级法院的法官。

一些论调：大买卖和特许生意

我的《俄亥俄：两个城市一套托词》(Ohio：a Tale of Two Cities)一定会让不少的读者感到大有价值。这篇文章发表之后不久，汤姆·约翰逊在火车上遇到一个陌生人说他见到过一张支票，就是这位市长寄给我付酬的那张，上面的金额很大，和那文中所引证据的一样大。约翰逊先生令那陌生人很尴尬，他说"这真有意思，我要问问斯蒂芬斯，他是不是曾经见到过这样一张支票，"他说："因为我就是汤姆·约翰逊，我可从来没有见到过这支票。"

那位陌生人被噎住了，一步一步地挪走了，不过，在他走开之前，他坚持说他见到过那支票。他的银行家向他出示过，它就是由我签收、由那家银行签字支付的。约翰逊被弄得半信半疑，因为他真的来问我，我是不是"曾经见到过类似的任何东西"。

当我试图从我想要写的一个人身上证明其思考和行动之源泉的时候，谁要是问我如何找到的真相，答案就是，我得问他别人的事儿，往往这个见证人会把指引了他的种种动机和目的归于所有的其他人。一个爱慕虚荣的家伙会认为大家都是"以炒作为追求的目标"，一个怀有野心的家伙则认为他的邻居们都在"追求一官半职"，一个善于赚钱的人则认为我们大家都在"追求金钱"。仅仅为了逗乐儿，我提醒汤姆·约翰逊，他曾经问过我鲍勃·拉福莱特是否不是煽动家。就在汤姆·约翰逊正为这半真半假的事情支支吾吾的时候，我又提出了另一个问题；我喋喋不休地谈人们感觉得到的一种必要，情愿为一个引起了烦恼的事实或念头辩解，好免去自己的思考之累。比如，市长约翰逊，曾经困惑于州长拉福莱特外表中较好的一面，又无暇作调查研究，就轻率地接受了州长的敌人对双方的解释。见过市长给我的那张支票的那个家伙，大概只见了一位银行家，而这银行家又大概想要反驳我那篇俄亥俄之作的种种真相细节，说我大概因为报道了它们而得到了这位富人市长丰厚的报偿。这不但能够解释那些事情，还能够解释关于汤姆·约翰逊还有我的一切疑虑。因为市长知道，许许多多的人都会去找他们的银行家征求意见——不光是为了钱的事儿——他们往往能够得到一些建议。银行家们所拥有的智慧，一点也不比他们自己所拥有的钞票多，他们给出建议就像放出信贷一样，摆出一副令顾客敬畏的姿态，而这顾客的付出多而又多，如果他愿意的话，要多过他的准备金。

被我这篇文章伤害得最重的大佬考克斯，倒是没有公开地否认或者私底下抱怨它。他退隐了一段，用这一段时间来修整他那没有得到妥善照管的核心组织。

从揭发和挫败中受益的，是注重实效的政客们，而不是改革派。

在考克斯的下台和他复辟掌权之间的这一段间隙里，我在共和党的一个全国代表大会上遇见了他。他热情而又简短地跟我打招呼；对我的文章，他没有作任何质询；那之后，他也什么都没说。几天以后，参加这次代表大会的当权大佬们举行了一个秘密会议，一人群记者在那扇具有决定性的门外等了好几个小时。考克斯一个人最早出来，他对我们置之不理，“无可奉告，”他粗暴地说道，这时他的眼光落在了我身上，接着补了一句，“除了对你。”他把我拉到一旁，对我说“有事情要发生了”，然后丢下我，再没有任何等候这一则消息的指令，直到这消息传到那代表大会上。我确实抓到了这新闻；可我并不打算发送现场报道的新闻。我取得了考克斯的信任，因为我觉得他是认真的，由于他亲善的示意，也由于他对我没有发表他最好的和最糟的真材料的感激，他知道我采访到了真东西。

开小会的大佬们和坏蛋们一般都“接受事实”，也赏识我在我报道的东西里所表现出来的不受个人偏见影响的克制。倒是好人们才会对事实表示忿恨——毫无疑问只是在一定的程度上——因为他们通常不了解也不承认事实。

例如，俄亥俄的州长迈伦·T·赫里克，多年之后担任美国驻法国大使，我在巴黎遇到他的时候，他还余怒未消。他说我进过他在哥伦比亚的办公室，直率地对他说他不是俄亥俄的州长，还说他一定会撵我走。此说不确。当年我拜访他的时候，这位前银行家很殷勤，甚至很亲密。他想当然地认为，他和我都是在同一个政治立场上的好公民，反腐败，支持改革，而不支持像汤姆·约翰逊那样的要满足太多人的家伙。为了打断这一番雄辩、开始认真讨论实质问题，我问他谁是他这个州事实上的州长。

“我就是。”他厉声说道。

“很好，”我说，“既然是这样，你应该能够告诉我内幕——”我提到他的州政府几个令人愤慨的秘密协议，还有他说的是一套而做的却是另一套的一些法案。他全不知情——他说——然后他要我相信他真的做不到让他自己了解发生了什么事。他听到过忠告，要做一个明智之人，他最终接受了这忠告。于是我说我必须找事实上的州长，“你的州长，”我提出，“他一直在给你你所奉行的忠告。”他愤愤不平，不过等到我承认了他的清白并且恳求他说出因为权倾州长而促成那些我必须了解的协议的那个家伙的名字，他总算是得到了抚慰。他很快又笑了起来；我俩在薄暮里快意地走向他的官邸，交谈中流露出轻松愉快的理性、为别人着想的体贴和履行职责的期望——还有凭外交手腕去对待、以外交辞令去传达上级发布的命令这样令人惬意的意愿——这足以使赫里克先生在战时、在和平时期成为迷人的、一帆风顺的大使。他这么长时间对我怀恨在心的是，我们畅谈之后我就离开了，后来描写他只是该州徒具虚名的首脑，他的老板马克·汉纳死的时候，他惘然不知所措。

“大买卖”过去是、现在依然还是贪污腐败通行的别称，这是万恶之源，无论是在政治上还是在经济上。这是一种未经思考的说法，没有价值；它毫无结果。我们总不能够废止买卖，也不能够使大买卖规范化，而且我们会发现，在生意上我们不能限定大小，它必然增长。这个说法涵盖不了我们的意指。我与闻其事，必须明白这一点，要不然汤姆·约翰逊就不可能对我开口了。早在圣路易斯，我就察觉并且记述了积极参与政治腐败的大买卖牵涉到铁路、公用事业公司、银行等等行业，这些都很“大”，不过还有酒馆、赌场和妓院，这些又很小。我意识到并且写到，这些大大小小的买卖都具有的共性，不是规模，而是对种种特权优惠特免的需求：特权、特许经销权、赋税豁免和特别立法，这些有赖于立法腐败；各种保护性关税、照顾特殊利益集团的各种法律解释乃至加大执法力度当中的宽大或“免予起诉”，这需要跟法官、检察官和警察机关有“门路”。如汤姆·约翰逊当时所说，“特权”是腐败罪恶的渊薮；难对付的正是“享有特许的买卖”，而这，正是我在记述“大买卖”的时候自始至终之所写、之所指。为什么？教我哲学的德国老教授教我们要区分知觉和统觉（apperception）、区分用眼睛看到的东西和用思想引申出来的东西，以便理解它们，新的学派**格式塔**（Gestalt）心理学[1] 现在则称之为“顿悟”。汤姆·约翰逊吸引着我去感知这样的观念：就是特权害了我们。这殊非易事；它是作为结果而发生的，沉淀在我们一切关于对与错的道德修养的底层。

假如真的是特权造成了我们所谓的邪恶，那么，该对付的是特权而不是人，不是大人物，不是反面角色，不是坏蛋骗子窃贼，也不是富豪财主资本家——甚至都不是资产阶级！处罚个人、阶级斗争、罢工罢课罢市乃至于战争，一切的仇恨、报复、暴力，都不符合科学规律。把一个为了得到一条街车线路的特许经营权而向政府行贿的家伙关进监狱，是错误的；我们应该把这特许经营权放到人们够不着的地方。美国的两党都被人组织起来为享有特权者和追逐特权之人服务，将我们的选票从一个政党改投给另一党，也是荒唐事。撵走流氓无赖恶棍、让正直的人当官却不革除那令好人干坏事的制度，跟我们凭着经验说某事“行不通”一样地不合理。被腐蚀的各国政府为了商船路线、国外市场、“帝国”和各个落后国家的自然资源而打起来的国际战争，罢工罢课罢市，还有为了夺取经济实力和各种利益的阶级斗争，这些都同为了改革、为了和平而借助于法律一样极其愚蠢。全都颠倒了！社会应该做的是，教给人们成功的典范，设定权势财富对人、对国家的诱惑底线——假如他们的勇敢足以去冒险、他们的才智足以逃脱将被捉住的惩罚威胁的话。这些警诫可以不让所有的人接近特权，除了道德最高尚的人——就是从生物学上来讲最优秀的人——之外。于是，到了这些最高尚的人成功的时候，我们就给他们以荣誉；假如他们失足了，我们就憎恶他们、惩罚他们。我们应该做的是放走这场比赛的失败者，同时压低我们提供给那胜利者的奖赏。

汤姆·约翰逊计划着在克利夫兰压低这奖赏，办法是勾消特权以及所有对特权的指望。他的理论是，那里的大商人届时会改变立场以顺民心，转而支持——而不是反对——好政府。这就是他对他昔日在街车公司和其他公用事业公司里的同事说起的他的如意算盘：假如他剥夺他们的特权，为了还有大买卖可做，他们很快将会参加竞选。这是他自己的体验。当年，他丢下他自己谋得的各种奖赏，投身党组织，后来又退党，成为一名改革者，当了市长，做了克利夫兰最大的生意——该市的市政——的当家人。

他所建议的办法——取代奖赏这种有碍于公众利益的管理办法——是对所有的公用事业公司实行公有制以及公开的运营方式，还要对地价征税，这不是社会主义，而是亨利·乔治方案，即堵住一切不劳而获的财富的来路。他的公有制不仅仅意在针对街车公司以及其他公用事业公司的经营管理之效率和节约所产生的利益，还要让那些生意和那些能干的私营业主退出政坛。按照他的新动机：他赔了钱；自己的成本远远多于他当个市长继续推行其政策的薪水。赢利的动机完全没了，不过，很明显，他的雄心是要在克利夫兰树立一个有解决政经问题之道的政府榜样，这是一种比一个人凭着想象力去赢利更加强烈的动机。我常常感到惊讶，为什么大多数的人见不及此，而我能想到的答案也来自汤姆·约翰逊。他认为，通过消除其有碍于公众利益之管理办法的起因，他扭转了局势，还拥有了他在一本书中所披露出来的意图、理想和眼光。没几个人有这样的理想。比如，美式理想，那些被俄亥俄继承的理想，或许来自新英格兰，来自老英格兰，都是过时的、日渐枯萎的对立物；正直和财富、德行和成功、个人成就和个人名誉、特权和民主——这些都不会带领我们走得很远。

我们的结局出了差错，跟我们的开始错得一模一样，我们所追随的和追随我们的也错得一模一样，美式理想和美式管理办法及其起因错得都一模一样。

译注：

1，格式塔心理学，Gestalt psychology，格式塔心理学，又称完形心理学，20 世纪初由德国的 W. Kohler 和 K. Koffka 等首创的一个心理学派，强调整体不是其组成部分的相加，而有其本身的特性。

新泽西州：托拉斯的产地

回顾一生，一个人总能够看出某种必然的联系，不过这相当靠不住。离开俄亥俄，我去了新泽西，就是如此。泽西城是该州贪腐主流的上游源头，各地的改革者们在力图逆这浊流而动，要回到——回到杰斐逊[1]式(Jeffersonian)的民主制度上去。要是一个像汤姆·约翰逊这样改变了信仰的实业巨头带领他组织起来的政党，凭藉他们所有的勇气、才干和判断力尚不能在俄亥俄坚持立场、在克利夫兰把他们的城市建在一座山丘上，那么，新泽西的出路就是俄亥俄和我们其他人的出路，即亚历山大·汉密尔顿[2](Alexander Hamilton)的道路。因为汉密尔顿第一个注意到了像新泽西这样一个州夹在更加实干的纽约和宾夕法尼亚两州之间的益处，他去往那里开始做人们在纽约不大做的那些事情；他去新泽西，是为了特权特许优惠豁免和种种巧取豪夺这些在纽约不可能的物事。他创办了从该州承办滨水区码头区和水力水能的一些公司，因为他预见到这些在日后将千金难买，跟全国交通系统中的进出通路一样。他的一家公司抓住了泽西城可供渡运登陆用的哈得孙河滨河地带；他的另一家公司则要求这没有人享受生活也没有人留神关注的后院之州授予它在其他州经营的种种权力——其他州尚未授予什么人的助长特权群体、剥削人民的各种权力——居然还得逞了。费城和纽约的汉密尔顿那些铁路公司还有金融家们，追随他们的伟大领袖进到泽西城，以图获准干犯其他州的法律，历时百年之后，他们这些被泽西城居民称为“外来户”的家伙，完全把持了这个州。在我的华尔街岁月里，我向詹姆斯·B·迪尔[3](James B. Dill)本人了解到，他和他的同伙们，在他们自己的纽约州小试牛刀之后，即便对新泽西的历史一点儿也不了解，也能够利用其积弱，在那里启动向大托拉斯和小公司贱卖种种特权的贪腐系统，这些特权使得他们能够在反垄断时期做许多反托拉斯的法律法规和反托拉斯的舆论主张所禁止的事情。

泽西城是贪腐的浊流席卷这个国度的闸门之一，在那里，我能够感觉到那股强大的潮流不可抗拒的势力。我也能看到，一旦闸门开启，除非来一场革命，否则就没有任何人任何事可以阻止它，不管用什么方法；我还能够看到，它是被人蓄意地、心照不宣地、有目的地开启的；因为亚历山大·汉密尔顿肯定是按照一个享有特权的上等阶层的治理原则来理解并制订其政治理论及政策的。他不信赖民众，当然，在这一点上他是对的；美国民众最终会追随他，而不追随信赖他们的杰斐逊。那么，是不是汉密尔顿基本上没错呢？有没有合乎常情的力量倒向他这一边？泽西城是解答这些问题的适当地点，不过我自己的头脑里尚未生发出这些疑问来。我确实没有意识到泽西城的重要性，直到第一次世界大战和欧洲革命发生以后。

我在威斯康星和俄亥俄之后前往新泽西的原因，从职业上而不是从经济上来讲，是符合逻辑的。至于《麦克卢尔杂志》，我们感到我们过分地夸大了我们给读者的可信度，我们的读者也许因为我们对一两个改革者——比如圣路易斯的福克和芝加哥的费希尔——的支持而追随我们；他们也许能够忍受一个“煽动家”，可是接连又来了拉福莱特和汤姆·约翰逊两个——这就太多了，正如写给编辑的那些读者来信所陈述的那样。“难道你们在这个国家里找不出任何好题材了？”他们质问道。我们能够谅解，他们想要在主流上令人满意的报道。何况，麦克卢尔先生长久以来一直在英明地敦促我写文章赞扬诸如此类的好人好事。为了迁就他，我曾经应许了这一次报道，我可以扒拉出一些不是拥护改革的而是切合实际的人和运动来报道。“你打算从哪里开始？”他热切地问道，“纽约？”我说不，我将从家乡开始，我自己的城市，康涅狄格州的格林尼治。接下来，我留意那里，发现了三个好题材，其中之一讲的是格林尼治的一个理发师，他听一些当官的主顾轻蔑地说起州里设立的一个新部门，这个部门要防治正在侵害新英格兰的树木的各种害虫，还要广泛照料所有的植被。这个理发师得出结论：该局一个官职的委任权被下放给了格林尼治的大佬们，以作为他们当年胜选分得的好处，当地官员们并看不起这个职位。这个理发师去求这个官职；他应聘这个工作太热切了，在一定的程度上都成了笑话，在一定的程度上又是为了显示出他们对这个新奇部门的轻蔑，大佬们任命了他，而他呢，偶然地被人送来这么一份差事，就了职，钻研了起来，总之，成了他的领域里位居前列的权威官员之一。

我现在忘了另外那两个“好题材”是什么了，当时我肯定提出了这两个，以及我在别处碰上的足够多的类似题材，让我的同事们看一看，要超出我的采访思路在美国采访并报道美国的“好事”和做成好事的人，那就需要许多极其勤奋的记者。麦克卢尔先生认定没有希望而放弃尝试，于是我恳求他让我坚守我的采访思路；我透露了两个好题材，这是我始终保留着的一手，就是为了应这样的急：新泽西的马克·费根[4]（Mark Fagan）和埃弗里特·科尔比[5]（Everett Colby）。

马克·费根是竞选过泽西城市长的一位年轻开明的爱尔兰人企业家，一直在努力“为人民服务”。他对此很虔诚，每天早上在他的市政厅拾级而上的时候都会祈求上帝帮助，如此地纯朴，如此地受到普通老百姓的敬重，也最有看头，他的故事一定会——我认为——使我们在读者的眼中恢复形象。事实也如此。在报道中我不讨论足以起反作用的马克·费根对他的义务所感受到的所有感情；但没有忘记描述他正在反对的是：泽西城——这个全国铁路的终点城镇、其滨河区的摆渡特许经营权为汉密尔顿所攫取——连成一片的贪腐体系。费根的斗争之一就是要把他的污水管道通往哈得孙河，这是一场持久、艰难、必败的斗争，这个真诚无知的、显出人之本性的、孩子气的人正在进行的一场斗争，它把他推向特伦顿[6]（Trenton），在那里，他见识了该州的贪腐体系、当地的实业巨头、社会名流政界领袖和金融界领袖，后来我经常用他的语言来叙述他这些所见所闻。这才是耙粪，而且是具有全新品质的、充满柔情的耙粪。

就在我密切注意马克这位谦逊正派的斗士的时候，我偶然地遇见了“来自埃塞克斯（Essex）的绅士”埃弗里特·科尔比。为什么短篇小说作家在发现了现成的、可说是上帝创造的人的时候还要虚构故事和人物呢？在情节上、角色上、细节上和意味深长的真实性上，这个人物比所有的诗人、剧作家、长篇小说家做得更多更好。埃弗里特·科尔比是一个有钱人的儿子；他的父亲是威斯康星中心铁路系统的营造商之一，是一个有机智有魄力有能力也有勇气的汉子——那父亲是一位典型的、有开拓精神的实业巨头，是这个国家产生出来的数以百计的大制造商之一。大制造商的孩子们——他们当中的一些人——必定继承了父辈的一些天赋。埃弗里特·科尔比颇具乃父风范，还继承了乃父的颇多财富。大阔佬的富家子、富家女们形成一个规模巨大而且还在不断增长的阶层，要是我们什么时候有了精英统治，或许有人会认为就是由这个阶层衍生出来的。对于来得容易的钱财的聚敛，富人给出的藉口之一就是，他们得挣足够的钱来养家，养活他们的孩子。可是，他们的孩子……

小科尔比从小就一味地玩乐。同别的富家子一样，他在体育运动上所倾注的力气、精力和全力以赴的才智，跟他们的父辈在生存谋划上所投入的一样地多；而且，因为从小就一味地玩乐，他们不会工作——是“不能”也，非不为也。他们不懂得如何工作；除了游戏，他们什么都不懂，而且他们也不会学习。埃弗里特·科尔比也被人算准了这样的宿命，当时有一个人找上了他，J·A·布朗宁（J. A. Browning），一位教书的先生。这位教师在教一个小班的富家子——他们都有忙碌的父亲和溺爱的母亲——这个班上有麦考密克（McCormick）家的哈罗德（Harold）和斯坦利（Stanley）、洛克菲勒（Rockefeller）家的珀西（Percy）和小约翰（John D., Jr.）和埃弗里特·科尔比。科尔比的状况最糟，他只会玩儿。“他倒是很卖劲，”布朗宁先生说，“可惜那是玩儿，不是工作。到了15岁他还不能阅读；他集中不了注意力。我要通过他的手势才能够弄懂他的想法，而且——”最终，这位教师诱发了这个男孩对工作、对完成某事的兴趣，此后，把他和小约翰一起送进了布朗大学（Brown University），到了那儿，他又玩了起来，玩得又很卖劲，成了布朗大学到那时为止最好的橄榄球队的队长。不过，他也取得了好多成绩；1897年毕业。环游世界，当律师，结婚，打马球，在新泽西安家，又在华尔街设了一个经纪人办公室。无所事事，没有职业，直到他回想起一个童年时代的野心——投身政界；这才是为什么他在大学里要参加辩论比赛、要学习法律的原因。

他想要投身政界——不是要做什么特别的事，也不是要实现什么特殊的目标。他的目标同任何一位英国式的、有贵族气派的年轻人所怀有的目标一样，就是从政为生。他的朋友们建议他去见一见他那个县和他那个党的党政大佬；于是，他拜访了梅杰·伦兹[7]（Major Lenz），埃塞克斯的德裔美籍的共和党党魁，这位认为政治活动就是发表演讲的党魁，一眼就看出这个富有英俊的铁路巨头之子对他的用处。他照应着科尔比的发展，让他演讲，向他指出成功的可能性。因此，这个男孩子一开始就进入圈子内部，进到了操纵当地党政的核心组织运转的内部，接下来，他关于这一组织的一个又一个的发现、他的议题和行动、他的丑行和罪过、他的耻辱，还有这种从政生涯对他的影响，都源于这个核心的内部。他进了议会，到了那里还在为埃塞克斯的党组织尽职尽责，用他那双注视而怀疑的眼睛，他肯定看到了——更多更多。他遇到了马克·费根，泽西城正派的市长；还和马克一道，会见了乔治·L·雷科德[8]（George L. Record），一位老练的改革者，作为一个主张单一税制的人，他懂得经济学、政治学还有政治经济学。就像政界大佬们的背后有商界大佬一样，改革的水手们背后也有经济学上的领航员。雷科德就是多年以来所有改革者以及新泽西的改革者背后的智囊。他，通过马克·费根，点亮了埃弗里特·科尔比的觉悟之光，不过，在他们跟他谈话的时候，青年科尔比还只是搜集了这两个局外人对局中经济因素的猜疑和解释，以图原原本本地描绘出政治体制的全景。作为埃塞克斯的州众议员，作为众议院的领袖，后来又作为参议员，这位来自埃塞克斯的年轻绅士见识了贪腐的全过程，目睹了它，经受了它，最后与它斗争。他将当地所有的形形色色的改革斗争联合成一场运动，在我认识他、写他的时候，他正在领导着这一支持者占绝大多数的运动。这是关于美国处处都有的贪腐体制的原汁原味的一个故事、一幅图解。

可惜这场运动无疾而终。科尔比消失了。雷科德还在；马克·费根最后也被打败了。我再也没有见到过科尔比，后来再也没有听说过他。费根，我倒是在一个星期天遇见了，当时他正从大都会博物馆（Metropolitan Museum of Art）里出来。他喜欢绘画作品，还一度做过画作的镀金工和清洁工，“这工作让我喜欢上了画。”他说。在这个博物馆里他一直在欣赏他认为最好的杰作，他谈起它们来既简明又恰当；他确实“懂”画。我俩漫无边际地从艺术话题转到了政治上，他轻描淡写地说自己出局了，再度经商。当我问他到底是什么最终打败了他，他站定答道——并不指望我会相信——“嗨，最终打败我的是我的教会，他们让会众来找我，最后，会众和当地民众打败了我。”

马克·费根和埃弗里特·科尔比的故事对我有双重的效果：它们令我在我们读者的心目中很狼狈，同时，它们无疑也很好地让我熟悉了新泽西州的历史，这历史体现在我的两篇文章中，在文中我追溯了当地贪腐长达一个世纪的历程，从“外来的”利益集团开始、从它的民众手里买它的那一刻起，到它完全从属于费城和纽约的地位被利用来与联邦其他州竞争以谋求各家托拉斯的重大益处的那一刻止。是时候了，到美利坚合众国的首都去，去见识见识国家级的贪腐体系。既是我朋友也是改革者的西奥多·罗斯福，还当着总统呢，我可以“向里面瞟一眼”。

译注：

1，杰斐逊，Thomas Jefferson，1743—1826，美国第三任总统(1801—1809)。他的施政措施是：1，处理政府里的联邦党人官员的问题；2，废除上一届政府颁布的法令《归化法》《客籍法》《敌侨法》《惩治叛乱法》；3，节省政府开支，解决财政问题。作为一个民主主义者，杰斐逊关心人民对政府的监督制约，把这看作是防止政府腐化和暴政的根本保证；他信任人民，怀疑有权力、有野心的个人，因而他千方百计地试图限制政府的权力，并极力纵容各种势力和利益在政府里互相牵制；他深信，一个政府如果仅仅只是委托给人民的统治者，必然会蜕化变质，因此，人民本身才是政府惟一安全可靠的保管者。

2，汉密尔顿，Alexander Hamilton，1755—1804，美国政治家，首任财政部长(1789 年)。早在大陆会议时期就主张建立强大的中央政府，在财长任上，他提出了建立美国银行和加强中央政府的一系列纲领，受到了T·杰斐逊的反对。

3，迪尔，James Brooks Dill，1854—1910，美国律师，托拉斯之父，1890—1905 年间在托拉斯出任过多种职务。http://domapp01. shu. edu/depts/uc/apps/libraryrepository.

4，费根，Mark Matthew Fagan，1869 —1955，美国泽西城第 27、29 任市长(1902—1907，1913—1917)，爱尔兰天主教教徒。没有受过什么正规教育，年轻的时候跟着叔父做丧事承办人，二十几岁时参加共和党，投身政治。1901 年共和党大佬“长官”Samuel D. Dickinson 要求他来竞选市长，于是他成了泽西城最年轻的市长，两年的任期他连任了三次，接下来因为跟自己的党争斗而连任落选。1913 年，泽西市有了市政委员会的管理形式，费根当选为委员，随后被他的同事们推选为市长，1917 年他辞去市长职务，从政界退休。http://en. wikipedia. org/wiki/Mark _ Matthew _Fagan

5，科尔比，Everett Colby，1874—1940，新泽西州参议员。

6，特伦顿，Trenton，新泽西州的首府。

7，伦兹，Major Lenz，生卒年不详，曾任共和党埃塞克斯县委主席，新泽西州最强势的共和党领袖之一。

8，雷科德，George Lawrence Record，1859—1933，律师，共和党人。1901 年代表共和党参选新泽西州参议院；1908 年参选新泽西州议会；1910 年参选联邦众议院；1912 年成为共和党全国代表大会代表；1916 年担任总统和副总统选举团成员；1918 年代表共和党、1924 年代表进步党参选联邦参议院。http://en.wikipedia.org/wiki/George_Lawrence_Record

泰迪·罗斯福当总统

诸神赐予西奥多·罗斯福的天赋就是找乐子，在生活中找乐子。他从他所做的一切事情当中找乐子，从打猎、露营和经营牧场当中，从政治活动当中，从对警察部门或者行政部门的改革当中，从莽骑兵的组建和指挥当中。

一个例外是他对他的陆军部长威廉·H·塔夫脱[1]（William H. Taft）的失望，他曾经挑选此人将来接他的班当总统。失望总是令人不愉快的，他在识人上错用了自己的钟爱之情，却还能够嘲笑此事甚至自嘲。他生活中的另一个悲剧是威尔逊总统拒绝授予他和伍德[2]将军（General Wood）在法国的统帅权，我认为他以自己对威尔逊的厌恶为乐；这厌恶他表达得很充分，完完全全地沉溺于其中。是的，我认为他一直在从他对那位世界大战总统强烈的、完全没有节制的厌恶当中找乐子。

泰迪·罗斯福一生当中最大的乐子就是他的总统连任。我前往华盛顿去拜见他；许许多多的改革者也到那里去目睹这第一位改革总统接管权力，我们很像泰迪·罗斯福后来而且是很后的后来——到那时他的政府突然宣布发行债券——向我形容的那些银行家。

“就好像我们射杀了一些大动物，盛宴的时候那尸体袒陈在那里，全国所有的银行家像一群鵟鹫一样飞升起来，定好他们的方位，然后结队径直飞来这里，来抢食腐肉。”

同样地，到了麦金利总统被人射杀的时候，我们这些改革者也飞升空中，定好了我们的方位，径直朝着我们的第一位总统泰迪·罗斯福飞去。我们的欣喜，他能理解，他也分享了。当时，他还没有打算入住白宫。他动用了白宫里面的那些办公室，在主楼里，上二楼；他白天在那里工作，不过夜里还得回他自己的官邸，直到麦金利一家搬出去、白宫为罗斯福夫人准备好了一切为止。他那些办公室成天挤满了人，大多是改革者，总统就在他们中间干他的活儿，少了不受干扰的自由，多了热闹的高兴。他洋洋得意地在我们中间四处阔步行走，说说话，握握手，时而口授指令，时而签署信函，不时地哈哈大笑。华盛顿乃至举国上下正在哀悼之中，无疑新总统也会觉得他应该克制一下自己；可是他没有克制得住；他试了，但他的欢欣喜悦在一言一行当中暴露无遗。我想，他认为他正在压抑自己的种种情绪，渴望发泄一下，一旦可以，他就会抓住发泄的机会。一个黄昏后的夜晚，就在他该回家的那会儿，他伸出一只手抓住威廉·艾伦·怀特[3]（William Allen White），另一只手抓住了我，嘴里说“我们离开这儿”，他推着我们出了白宫走到街上，在那儿，他听任他的快乐迸发了一个小时甚至更长。他为他的幸运而哈哈大笑，笑意融进了他的步态，融入了他挥舞的拳头，融入了他那张脸，也融进了那些放肆的言语当中。他嘲笑大佬普拉特[4]（Boss Platt）的盛怒，也嘲笑马克·汉纳可叹的失望；这两个人不光是失去了他们的总统麦金利，还被强加了一个他们以为会湮没在副总统职位上的家伙来当继任者。对于他们的衰败，泰迪·罗斯福兴奋得大喊大叫。接下来，面对已经被他继承下来的权力和地位，他欢快地大笑。刺杀麦金利令他震动，真的，不过是以一种虚构夸张的方式。他描述了假如暗杀向他袭来他将要做些什么，在我们经过其下的街边树木的阴影里，他四下里张望——他在寻找可能突袭他的、卑怯的懦夫，在我看来，他希望这潜在的刺客当时当地就现出身来，例如就在下一个阴暗的角落，和他所描述、所预演的一模一样，他，堂堂的总统，将报之以他的拳脚，报之以那些光洁无暇的大牙。要是那刺客看到听到泰迪·罗斯福将要对他严阵以待的是什么，一定会被吓退的；这也许已经吓得比尔·怀特满怀恐惧，而我感觉到的则是，总统眼下正从其刺客的行刺当中寻找着的那种情绪激昂的紧张感。

我来华盛顿，是要探明这位好斗的改革总统——他从前看待事物的方式和我一样——现在看待事物的方式是不是和我现在一样，还有，凭藉这些看法，他又打算做些什么。我在参议院和众议院的记者席里消磨了好几个下午，观察那些我从各州认识的参议员和众议员们在议院里都代表着——什么？比如，罗德岛的奥尔德里奇，走来走去，跟个别的参议员聊天，很少发表演说，不过和演讲一样忙碌。我清楚他在罗德岛代表着什么。他是参议院财政委员会的主席，他要干什么呢？好啦，我知道他要干什么，而且我还知道他与之交谈的那些参议员在那里干什么。参议院是大佬们的会所，每一个州出两个参议员，其一代表着辜负了他那个州的人民的地方党组织，另一个则代表着当地党魁在那里为之效力的他那个州的商界头面人物。根据那些天里我的所见所闻，联邦参议院代表着腐败和交易；这是背信弃义者的会所，我们习惯了谈论参议院里的背叛，可他们并不懂我们指的是什么。

一天，奥尔德里奇派了一个听差来邀请我去市中心弹球室(the Marble Room)。我去了，猜想着会要被他质问在那篇报道罗得岛的文章里我写那些跟他有关的事情是什么意思。结果根本没问！在他友好的待客过程中，他很和蔼，几乎可以说是很温顺，他向我提出的所有的抗议就是，我写他是从在肉铺或者杂货铺里当伙计起步的。

“那是一家食品杂货批发商。”他说，我连忙向他保证要在我的书里更正这一点，他满意了。“还有，”他说，“你说我们这些生意人实在不懂生意，哪怕是我们自己的生意，你是什么意思?”

“嗯，”我答道，“当你在普罗维登斯(Providence)联合所有的有轨电车公司的时候，你许诺过要提供通用的转车票，可是你没有。多年以来，你跟那些试图迫使你提供转车票的人斗，这是一场持久的、不道德的而且一直就不道德的斗争。那么，到最后，等到你被打败而不得不提供那转车票的时候，会发生什么呢?”

“问得有趣，会发生什么，”他说，“我们的收益会增加。”

“我知道那会发生，”我说，“我在其他城市经历过。因此，尽管我不是街车公司的人，但是我对你们的生意了解颇多，而你却不了解，你不去了解。你们这些生意人就是不懂你们自己的生意。”

他瞪着眼，垂头丧气地，过了一会儿，有礼貌地向我道了一声安，然后就恢复到操控那由商人、商业律师和有商业目的的政客们组成的参议院的状态，此时此刻，这些人挤满了这个会所。

我对总统讲了这个小插曲，又向他提出了我的问题。

“那些众议员和参议员，”我说，“那些我所认识的，那些来自我调查过的各个州邦的，都是被精选出来的人，因为他们对其所在各州的贪腐体制的久经考验的贡献而得到挑选。凡是你反对的，他们就会赞成；凡是你赞成的，他们就会反对。他们把持着各个部门，派人来填补空缺，这些补缺者将会因为有妨碍公共利益的功劳而得到奖赏；一旦空缺出现，他们就会想要你任命有过类似履历的流氓无赖恶棍。”他点头称是，这些他懂。泰迪·罗斯福看到了操纵党政的贪腐组织；可他看不透那体制。他见识了政客们的党组织；察觉到贪官污吏背后的有很多“坏的”托拉斯，可是，他实在没有看出坏的托拉斯背后更有好的托拉斯，而这也是坏的政党组织的后盾。他没有意识到他所抵制的腐败是一个进程，这一进程使得政府所代表的是交易而不是政治职能、更不是全体人民。

“我看透了不正当的领导核心，”他说，“还有那些核心人物。是的，甚至就在国会里面。”

“对于他们，以及他们那些为他们的马屁精们求官的要求，你会作何反应呢?”

“跟他们做交易，”他厉声说道，“要是他们投票赞成我那些议案，我就会任命他们那些得到提名者担任联邦政府的官职。我打算就这么跟他们讲。你知道，他们以为我不会。我会召来几个核心组织里的参议员和几位关键的众议员，告诉他们我愿意做交易。”

我提出异议，倒不是因为他跟他们要做的交易；交易或许是达成目的的一个途径。我认为这未必可行；其次，我本来希望看到泰迪·罗斯福跟整个贪腐体制作斗争。这个时候，我反对的是政治实力的消耗，这实力储存在政客们对他的印象当中。我觉得，在他们中间，他作为一位不遵守潜规则拿联邦政府的官职任命去换得国会选票的改革者的声望，是一个有利条件。由于国会议员们相信他不会做交易，他们开口求得就少，才会更加珍视他们的所得，只要他稍作勉强的让步，他们就会更好地为他恪尽职责。

“不，不。”他调动了全身来反驳，“我要用我自己的方式干。我还要让我所任命的人派上用场，因此，我打算递话过去，我愿意遵守潜规则，任命他们的人，换取他们对我那些议案的办法，不过”——说到这里他呲着牙攥着拳——“他们的人得到了我的任命，就得听从我的命令，完全彻底地执行我的命令。”

这就是他应付众参两院里里外外的党魁、大佬以及政界、商界代理人的计谋。他跟他们玩不正当的把戏；跟他们做交易；他还告诉他们他乐意做交易，从一开始就乐意。他不但不作斗争，还帮助这个维护派系私利而不讲原则的贪腐体系逐步壮大——在一定程度上，他还当这个体系是他自己的。我想，这正是他的目的之一：用足够多的人事任命来加强党组织的建设，用这样一种奖惩的预期来领导党，确保党将会提名他竞选总统进而帮助他获选。泰迪·罗斯福是一个改革者，更是一个政客；按照那些过激分子的说法，他就是一个不择手段的野心家、一个对问题没有深刻洞悉的机会主义者，不过令人关注且别具一格罢了。

在他的第一个任期里，他是打算信守他执行麦金利政策的诺言，当时我一度指责他的这种浅薄，这是他"无能为力"的借口。他变得"越来越亲密"，以图获得第二个任期。

"你并没有支持任何根本性的东西。"我说，他倒是笑了。他坐在他的桌子后面；我正站在这桌子前。他喜欢亲密地跟他的朋友们争吵，要驳倒他可不容易。因此在这一刻，为了在他的戒备之下插话进去，痛斥他的泰然自若，我极尽轻蔑地说道："你所支持的一切就是公平交易。"

"那确实，"他嚷道，一边站起来，用双手猛敲那桌子。"我的口号就是：公平交易。在我下一场报告里面，我就要提出这一点来，公平交易。"他说到做到。

对于我如何解释、如何运用这个口号，他在乎什么？他明白它会怎样地被人接受；凭着他的政治智慧，他意识得到各种人会怎样地把它奉为努力的目标，一种足以成事的目标，就这样他还是把它抛了出来；可他是对的，"公平交易"，这个在批评和指责当中被人拿来当子弹打他的说法，他用上了，还公布为他的竞选口号；事实证明，这是一个好口号。

还有一次，当我指责他跟奥尔德里奇做交易的时候，他用一个故事来应对这一指控。

"奥尔德里奇？"他说，"奥尔德里奇对我来说是一个大人物；不是就其本人而言，而是作为参议院的领袖。在我的游戏里，他是头面人物。当然啦。我向奥尔德里奇鞠躬，跟他好好说话；我敬重他，尽管他并不尊敬我。我只是一任总统，可他陪伴过许多届总统。他，奥尔德里奇，总是向J·P·摩根(J. P. Morgan)鞠躬。摩根是一位银行家。几天以前，J·P·摩根来到华盛顿，他和我还有奥尔德里奇举行了三方会谈。名副其实的"——说到这里他笑了笑并且斜睨了一眼——"会谈。我留意摩根本人如何献殷勤，向我而不是向奥尔德里奇。奥尔德里奇只是参议员一个，而银行家们往往认识和接触很多很多的参议员，参议员对于他们来讲都不足为奇，可总统就不一样了——摩根跟我说话，当时我在跟奥尔德里奇说话，而奥尔德里奇在跟摩根说话。我们坐在那里——在那里我可以观察我们；那一刻我经历了这一幕，差一点忍不住大声笑出来——我，一位总统，半侧着身子向参议员献殷勤，这参议员则转过身子向银行家献殷勤，而那银行家却面朝着我这位美利坚合众国的总统，要引起我的兴趣。”

他兴高采烈地笑起来，拍打着他的膝盖，重温那一幕，满心欢喜，全然不顾我关于他与美国党魁的讨价还价和种种关联的劝谏。随后，当我重申我反对奥尔德里奇的种种理由的时候，他拒我于千里之外：“哎哟，得了。我也千万不能跟你协商、跟你发生关联，因为你是记者，是新闻界的，配合你就是充当蛊惑民心的政客，就是要吸引住你为之写那么多篇报道的民众。”

我的反奥尔德里奇的讨价还价和交易，是想要把这位总统拉进与其他改革领袖的同盟当中来，这些领袖在陆续进入参议院，将要取代奥尔德里奇们、斯普纳(Spooner)们、普拉特(Platt)们。催生进步党(the Progressive party)的那股势头马上就成了一场运动，而我们耙粪者则在描绘这场运动，想要为未来投票。罗斯福经历了这一切；他承认这场运动的力量和生机，不过他也知道反动势力何在，就在根深蒂固的“帮派”里，在操纵党政的核心组织里。威斯康星的拉福莱特是最早进入参议院的那些新兴领袖之一，我从他那里得到了一个很不情愿的承诺：等他来华盛顿宣誓就职的时候再去见总统。接着，我又从总统那里哄来一个同样不情愿的承诺：可以接待拉福莱特。我很为这一场全国性的进步运动能有这样不抱偏见的领导而高兴；我知道要达到这一目的是多么地艰难，因为我早就注意到，地方上的或者州里的改革派领袖都是典型的孤家寡人，他们不能够跟其他人共事，尤其是跟与他们相仿的人；他们的周围只有部属下级。不过，泰迪·罗斯福并不怕与他相仿的人，甚至可以说也不怕尊长。他任命伊莱休·鲁特[5](Elihu Root)进内阁的时候，我反对说鲁特代表着受托人、受托团体、托拉斯和巨额融资，到头来此人或许会来竞选他的总统职位。泰迪·罗斯福用他的双手和牙齿做出一副阴险相，说：“我不怕鲁特，这你可以看得到。如你所说，他在我这里的时候，我会‘操控’他，他对我那些政策有用处。”

因此，我不担心泰迪·罗斯福会冷落拉福莱特。他们彼此之间实在不相像，不过我惟一的疑虑与拉福莱特有关。到了总统和参议员这两位在白宫见面的时候，情形蛮滑稽的。在见面之前，他们就开始了互相排斥；他们的手是握上了，可是他们的眼睛、他们的身体、他们的脚早就分开了。

我实在记不起他俩随便哪位所说的只言片语；他们大概就只说了“很高兴见到你”。片刻之间这一切就结束了，后来我也与匆匆离去的拉福莱特生疏了。

要有几位领袖，这一场进步运动才继续得下去；可惜没有领袖——形势必然如此，我想。在政治上，党魁大佬可能有，领袖不可能有；结局——除了公平交易以外——都是注定的，而不是人为的。

译注：

1，塔夫脱，William Howard Taft，1857—1930，美国第27任总统（1909—1913）。曾供职于州最高法院，任美国司法部副部长（1890—1892），第一任菲律宾总督（1901—1904）。1904—1908年任T·罗斯福内阁的陆军部长。1908年罗斯福支持他竞选总统，他当选后却与保守的共和党联合，导致与党内改革派的不和；1912年他再度被提名竞选总统，但因与罗斯福及公麋党的分裂而落败。后来在耶鲁大学教授法律，1921年出任美国最高法院的大法官，在这里他引入了改革，提高了最高法院的运作效率。1926年在“迈尔斯诉美国案”中，他表态支持总统撤换联邦官员的权力。

2，伍德，Leonard Wood，1860—1927，美国军官。医学院毕业后，在陆军做外科医生。美西战争爆发后，和友人T·罗斯福组建美国志愿兵第一骑兵团，晋升为准将。1899—1902年任古巴总督，在当地建立现代化的政府。1910年任陆军参谋长，他强调备战。1914年8月，第一次世界大战爆发，罗斯福认为倘若德国获胜，其势力将扩张到加拿大和加勒比海，威胁美国的安全。因此，他主张美国加入英、法等国一边对德作战。1917年4月美国参战时，年近60岁的罗斯福向威尔逊总统提出建议，由他和伍德将军率领一个志愿师赴法服役。消息传出后，当时有20多万人报名响应。可是，他的建议没有得到威尔逊总统的批准。

3，怀特，William Allen White，1868—1944，生于堪萨斯州的恩波里亚，死于恩波里亚。美国记者，人称“恩波里亚哲人”。他的宽容、乐观、自由派共和主义的乡土气息，使他成为有思想的小镇美国人的典型代表，他的社论让他的小镇报纸《恩波里亚日报及周报》享誉世界，被共和党报纸大量转载。1896年，他的社论《堪萨斯怎么啦?》，充满激情地批评平民党政策，据说这有助于麦金利当选总统。1897 年，东部旅行的时候遇见 T · 罗斯福，心生崇拜，转变了共和党保守主义的观点。后来结识了麦克卢尔，并与斯蒂芬斯等人结为密友。1906 年加入《美国杂志》。1912 年加入罗斯福的进步党。其子 W · L · 怀特也是一位著名记者。

4，普拉特，Thomas Collier Platt，1833—1910，美国政客。两次出任联邦众议员，三次出任联邦参议员，19 世纪末、20 世纪初纽约州共和党大佬，他自认为是该州众多共和党官员(包括 T · 罗斯福)的"政治教父"。罗斯福因莽骑兵而声名大噪，于 1898 年参加竞选纽约州州长，普拉特的支持很不情愿，因为罗斯福一旦当选，就会推行反核心、反腐败的改革；为了在自己的地盘上安插一个更加服贴的州长，他一直在寻找"搁置"罗斯福的办法；麦金利总统的原副总统死于任上，1900 年大选的候选人名单上就有了一个空缺，普拉特伙同汉纳打算提名罗斯福担任副总统，好叫他成不了普拉特在纽约的绊脚石；谁曾想麦金利遇刺，罗斯福继任。普拉特对纽约共和党的有效控制在 1902 年终结。http://en. wikipedia. org/wiki/Thomas_C. _Platt

5，鲁特，Elihu Root，1845—1937，律师，共和党保守派领袖。1898—1904 年担任麦金利总统的陆军部长，1905—1909 年担任罗斯福总统的国务卿。由于为国际和平与安全所作出的努力获得 1912 年诺贝尔和平奖。他是国际法庭的创始人之一。http://bioguide. congress. gov/scripts/biodisplay. pl? index = r000430

总统在修面

一股强烈的政治抱负涌上了我的心头，而我的老朋友罗斯福的总统职权就是我实现美妙目的的机会。我告诉了他这一点，或者说我试图告诉他这一点。要告诉他任何事儿真的很费劲；而要让他开口讲话却很容易，哪怕是谈论一项国家秘密，可是要把程序颠倒过来，让他倾听，真可谓断乎不可能。约翰·莫利[1]（John Morley）——他曾经试图与之交谈——就把这位总统的滔滔不绝比作尼亚加拉瀑布（Niagara Falls），其实泰迪·罗斯福更像是一个大水库，你一开口就打断你淹没你。所以在这一刻，我一提起我的抱负，他就决堤了。

“抱负！你？我还以为你讨厌抱负呢，过去我们一起在纽约当警察的时候，你就不喜欢什么抱负。那个时候我对你说过你错了，现在我对你说你是对的。我会给你一个机会去向你自己证明这一点。在我的权力范围内，你可以得到你想要的任何官职——差不多吧。”

最后面这个词“差不多”，还算是一个意向；他其余的话就只是滔滔不绝的一时豪爽，更多的话会连绵不绝；一篇论抱负的论说文渐渐成形，快要将我淹没了。不过，我容忍了他。等到我请求他随便哪天在我能够见他的时候安排一个小时，他大致浏览了一下他的日程表，然后说他没有多余的时间，不过，因为看我有点失望，他又瞧了瞧日程表，抓出了一个可以利用的时间。

“我告诉你，”他说，“你可以用理发师时间。他一般每天12点40进来替我修面，你可以跟他一起进来。”

结果证明这是一个幸运的安排，这给了我针对一个目的的两次机会。因为他会由你的第一个启发漫谈开去，所以我总是准备好一个我可以很快地引起反应的问题走进他的理发室；随后他就爆发了。在那位理发师忙活的那一个钟头里，总统一直在说话，直到第二个机会出现——那剃刀就要剃到他的下嘴唇的时候，泰迪·罗斯福才住嘴。到那时我才有了第二个机会插嘴，止住他滔滔不绝的独白或者扭转他的话锋。

随着剃刀在他的双颊、下巴、脖子上的移动，对抱负的赞美喷涌如潮。等到那理发师俯在总统的脸庞上开始修理他的下嘴唇，我有了解释的机会。

令我激动的抱负，不是要去占据或者填补一个官职然后在其位谋其政，而是要改变政治批评的尺度。我要调查联邦政府，就像我调查市级和州级的政府一样，而这么做就是为了引出问题——没有必要回答但是有必要问、而且要促使每一个人都来问——我们的代议制政府代表的是什么？

总统辗转难安；他已经准备好要打断我了，可我早就拜托了那位理发师修理总统嘴唇的时候要细致一点、慢一点，他正在这样做，“小心，总统先生。”

“当我们想要知道一位参议员所代表的是我们民众还是某些特殊利益的时候，为什么要不停地质问他是不是正派？或者质问一位总统，”我插话进去，不完全是为了加大剃刀的创痛，“你正派吗？你正派又怎么样？你可以表现得正派，正派地代表着铁路公司或者华尔街。说真的，正派事关才智；反之亦然。正派和才智之间存在着一些矛盾。可是在这里，我们大家时时刻刻都在问这个大人物或者那个众议员是一个骗子还是一个坦诚的人，偏偏只有骗子才能够坦率聪明到足以理解我们大家应该想要知道的是什么，那就是，不管他代表的是关税贪贿者还是挥霍者——”

“就一会儿，总统先生，”理发师安慰这位扭动着身体的、坦诚的总统，“请再坚持一会儿。”

“嗳，我想要做的就是，”我接着说，“在华盛顿这儿到处转转，来问问你、去问问国会、问问部司局处，你代表什么，你们议员代表什么，最终把你们不道德的灵魂留给——牧师。”

那理发师猛地向后一跳，他的剃刀高举空中，我也后退了一步，因为总统从理发座椅中腾地跃起挺直身子，脸色有一点古怪。

“你不能那么做，”他大声地说，“你可以问这个问题，但是你不能让其他的人都来问。他们会追溯到正派上来——并且都想要知道我们是不是好人、是不是正派。这是一个道德问题，是一个政治见解，而且——”等等等等。理发师用冷水洗他的脸，梳理他的头发，尽可能让这位领袖平静下来，可是，关于德行的长篇大论还是喷涌而出。“即使你找到一个不称职地代表我们的参议员，”他说，“你还得去找出为什么来，而且，假如那不称职的原因不是贿赂，那你的问题就是无益的，那位参议员就是正派的，也是令人满意的。”

“在我看来可不是这样。”我插了一句。

“在我看来也不是这样，”他表示同意，“可是，我们正在谈论争取选民接受你的观点呀。”

“还有党魁大佬头头——”

“你的野心太大了。”他继续说下去，“一个正派的大人物能够对一项保护性关税产生影响——”

“要是他没有才智……”我帮衬了一句，可是没有用处，反倒是引起了一场碰撞。他改变话题谈起关税来，还以我的“狭隘”去证明我的问题是多么地危险；并由此谈及我的良好意愿；再由此——这时，有人提醒他午餐时间到了，于是他弓身穿上外套，嘴里一直说个不停，嗡嗡然而出，砰地关上门——我保证——在门的那一边他还在不停地说着，我敢说那天他的那些午餐宾客接着听了下去。因为他总在思考，而他思考的方式就是讲话、大声地讲话。这倒是有助于我，他会说着说着就按照我的思路去思考——这足够让我写我那些实验性文章。

他的谈话很能说明问题：一个内阁会议日，我正在他的办公室聆听他大声的思考，这时他的阁员们鱼贯而入，在那张大桌子旁边就座——每一个人你都能看得一清二楚——就在内阁会议室里。泰迪·罗斯福却没有朝他们看一眼，他正在谈论华尔街以及在那里潜滋暗长的针对他的反对派。过了一会儿，内阁都坐定的时候，总统缓缓地站起来，一边大声地思考着，一边说“我现在得走了”；然后送我到紧靠内阁会议室敞开着的双开门旁边的那张门。我步入大厅，遇见总统的秘书洛布(Loeb)，便停下脚步跟他交谈，因为我们站的角度，我还可以从另外一张门看到内阁会议室的里面。总统正站在他椅子后面，两只眼睛直勾勾地望着——不是望着内阁而是心不在焉地望着洛布和我——直到他向我点头示意，然后自顾自冲向旁边这张门。

“这不，”他说，当然还是在自言自语，“他们正在传华尔街有关我的一些毫无根据的逸事，说我酗酒居然喝醉了，甚至还说我抽大烟。像这样我应该拿它怎么办？我是该接受它的挑战去跟它斗还是该不理睬它？”

很显然，他并不期待答复；这个问题他是在问自己。不过，仅仅为了好玩，我回答了他。用跟他说话同样心不在焉、有气无力的方式，我说道：“啊，总统先生，如果我是你，既然如此，对于所有这一类事情，我会遵守你有效的老规则。"

"老规矩?"他茫然地重复道,"我的老规矩?什么老规矩?"

"从不否认任何事情,除非它是真的。"我轻声说道。

"从不——否认——任何——事情——除非它是——"他同我一样轻声缓缓地说道,忽然他醒悟了,"啊,得了。"他大叫起来,推着我走下大厅,大笑着关上了门。我听见他在内阁会议室里的笑声,似乎他在对他的建议者们说起此事——我却没有听见他们笑。

最后他还是揭穿了那谎言。他起诉了。泰迪·罗斯福的恶习不是喝酒;他只在餐中品酒,跟人们到酒乡学着去做的一模一样;而且他没有更大的酒瘾,他本身就是烈性酒。他的恶习是吃;这倒还没有糟糕到足以被人指为贪吃的地步,不过他可是一个快嘴大胃的吃客。一顿丰盛的大餐和一个愉快的社交聚会或许会令他近乎陶醉。我还记得有一个晚上,一个如此这般的宴会之后,当时他走进接待室如约来见我,他关上了身后的门,看到我起身,他命令道"坐下",然后自己倒在一张大椅子里。他很兴奋;说着话;站起来;四处走动,又坐下去。有人端上来一满桶冰镇的阿波利纳里斯矿泉水[2],他就喝这个,一杯接着一杯。他先前吃得太多了,不停地起身坐下起身坐下,我尽量不引人注目地随着他起立坐下,他因此大声说道:"坐下!别起身。这就是我为什么要求你这个时间来的原因;我不能呆在那儿,我一起身,他们男男女女就都起身,总统坐下他们就坐下。讨厌极了,难以忍受。我喜欢餐后四处走走,而且——哎,我可不愿意让你跟着我不停地起身坐下。你就坐着,一直坐着。"

他不喜欢形式;人人都知道这一点,不过,我还从来没有见过他像那天晚上那样对此觉得那么难受。他常常会发笑,比如,当他对我们中间有些人说起他曾经如何款待两位带着一些信函来拜访他的英国高级军官时,他就大笑了起来。

"他们是爱好运动的人,"他说,"是骑手,是猎人,是用特定方式处世行事之人,但是在我面前,他们都是特别拘谨的人。你知道,我是总统,是美国主权的代表,何况他们也懂得在元首面前该如何表现。呸!我说:'我们去散步。我们就这样,我就不换衣服了。'看来他们做不到。因此,我们用最好的午后装来打扮自己,然后——我领了一条最糟糕的路——我们穿越道路田野,跳过一道道篱笆,而且——嗬,他们并没有落后。他们宁愿死也不愿意让元首失望，他们在我身后风风火火地，跟我步步紧跟，我觉得他们想要在我的游戏中胜过我。可我有一个主意，绕了一大圈子折了回去，结果撞进了一个养鸭的池塘中央，你要知道，水不深，齐到我的腰，不过漂着一层鸭油。你知道，到了那儿他们就犹豫了，我可没有犹豫。我径直走了进去，谈笑自如，于是——哎呀，他们倒抽了一口气，不过还是踏进鸭池里蹚水，就这样，一边很礼貌地交谈着，就像两位绅士和国王，我们蹚了过来，水齐到我们的肚子，走出鸭池，湿淋淋地，但我们彬彬有礼，没看见水滴似的；我们到达白宫，然后——我们合乎礼仪地鞠躬，就像三个有教养的军校新生，握过手就分手了。"

我认为，而且我也脱口而出，那两位英国军官也会有故事可讲。

"是呀，"他说，"不过他们永远不会讲这个故事的，他们都是绅士，而且"——说到这里他作了一个鬼脸——"你也不要复述你所听到的，不要把你在元首面前所经历的事情讲出去。"

在他面前，我抱定我要报道华盛顿的宗旨，好几个月，他一直在抵制，我也一直在力劝。他的准许是必要的，因为我作出计划，要采写他的经历感受、他的逸事、他与那里的贪腐体制的冲突，用作我的素材，他自然不会为了我可能的鲁莽、也为了他自己可能的轻率愿意冒风险而甘冒风险。

"我们都谨慎不足，"他说，"你去报道别的城市和别的——"

"英雄，"我自己说了出来，"直言不讳的英雄。"

对这句俏皮话，他倒没有发笑。只是说："有意思。这正是我的意思：我的事情才重要，别人的都不重要。听起来很自私，不是吗？"

这就是泰迪·罗斯福试图理解自己那些想法的理解力，这理解力存在于其神经系统的别处。他不是一个"空谈家"，而是一个实干家。他推断一切，也懂得不少东西，而且还总是把他所知的东西弄得易于操纵。在许许多多的主题上，他能够口齿伶俐，但是对于自己所做的事情，他总是根本不知其所以然，总是给出很多的原因，却不给出他真实的行为动机。

他不乐意告诉我他对现存体制、对参议院和众议院里的领导核心、对法院法官、对华盛顿市当地的特区政府以及对华尔街的经验感觉，这种不乐意的要害在于，他不是在跟这一切作斗争而是总在试图跟它们合作。在白宫里，他不是一个改革者；他是一个站在民众这一边的野心家，不过所起到的作用是从那些隶属于他的掌权人物手里哄来某些让步，进而迫使他们为并不具体的国家多少发挥一些影响。他已经逐渐认识到，令一个参议员“变坏”的原因或贿赂到底是什么，并不多么重要；他私下里承认，最本质的东西是这个家伙代表的是什么、在体现了民主政治和富豪统治之间争议的种种议案上他又是如何投票的。最后，他同意了我的方案。可是好长一阵子，他都不愿意让我在他的协作之下去实施我的方案，因为他知道，在他赶时髦的作派上，在他的骨子里，他就不是一个为代议制民主而奋斗的英雄。因此，我作了几次旅行去拜访其他的人，比如本 · 林赛[3](Ben Lindsey)和 W · S · 尤伦[4](W. S. U'ren)，他们都公然与现存体制作对。为了跟进罗斯福的行动方向，我多次回到华盛顿，还曾怀着特殊的目的告诉他我看到了什么；所有这一切他都理解；他对此会作出反应，就像一个民主主义者那样，有时候又像一个历史学家；不过他本人是不易感动的。

“我也会斗争，”他会这么说，有一次他还举出了一个例证：“我那些旨在规范和控制铁路公司及托拉斯的议案——它们引起了争论，令我陷入了一场对特殊利益集团、对特殊利益个人的、严守原则的公开斗争。”

“对啊，”我说，“要是你斗争得很艰难还严守了原则，那么这些议案确实拖累了你。可惜你作了妥协，你任由那些铁路公司修改你的铁路议案。这只是‘**一个**’你想要的而不是切断各铁路公司对贵政府的羁绊的铁路法案。”

“一个法案？”他重复道。

“对，**一个**法案——你能够赢得铁路公司赞同的最佳议案。”

接下来，他很独特地证实了我的论点。他翻找出一封由宾夕法尼亚铁路公司的总裁 A · J · 卡萨特[5](A. J. Cassatt)签署的信来给我看，此信就那个铁路议案中的诸多改动作了分析并为之辩解，这个议案后来在国会悬而未决。他出示这封信给我看，而且还指明了他们所要求的种种特许，这些特许，他认为他可以授予，以便让议案获得通过。

泰迪 · 罗斯福是一位诚实的智者。哪怕是在一场争执当中，甚至是在一场论及他自己的信仰的讨论当中，他都主张公平对待。不过，他不懂什么经济学，从来也没有意识到公共利益和特殊利益之间的政治问题；无论是作为警察的长官，还是作为一位总统，他都不能领会道德规范和代表权之间的不同。

“你在警察部门里开除过什么人?”有一次我在白宫问他，当时我们正在谈论好参议员和坏参议员。

“坏蛋。”他答道。

“不，你没有，”我的意见正相反，“你只是开除了那些你相处不了的坏蛋，而那些帮助你推行法令——因为那是你的法令——的坏蛋，你都留用了。”

他咧嘴笑了起来，一边回想着我俩都喜欢的几个有用的警界坏蛋。

“你喜欢坦率的坏蛋，就跟我们大家所做的一样。”我强调，“同时你讨厌许多正派人，也跟我们所有其余的人一样。其实，你所要求的一切就是，可用之人必须站在你这一边，代表你，无论他们是不老实的还是很正直的。”

“可我代表的是公益。”他声明。

“很好。那么为什么意识不到你以及我们每一个人都应该意识得到、都应该要求的——议员应该代表我们，代表民众?”

“民众不会懂得这些，”他反对道，这一反对是一种时髦的思想，一种基于直觉的想法。“你不能让选民们以为警察机构是罪犯的代理人，以为只有坦慕尼控制的警察才是坏蛋。”

就这样，我们放下了这个问题，留待这位美国人民的总统能够见及民众之未见的那一天。

译注:

1，莫利，John Morley，1838—1923，英国政治家，历史学家。1860年开始在伦敦做记者，曾经出任下议院议员，在爱尔兰大臣任内参与起草爱尔兰地方自治法，在印度大臣任内(1905—1910)推动印度人民代表进入政府任职。

2，阿波利纳里斯矿泉水，Apollinaris，德国 Apollinarisburg 产的一种矿泉饮料。

3，林赛，Benjamin Barr Lindsey，1869—1943，美国法官，立足于科罗拉多州丹佛的社会改革者。年少时就读于公立学校，18 岁时父亲自杀。在丹佛的不动产管理处找到了一个工作，业余学习法律。他也曾试图自杀，不过他的枪走火了。1894 年他在丹佛执业当律师。作为美国建立少年法庭的先驱之一，1900 年他获得了县法院的空缺，在他的努力下，通过了一项法令，在丹佛建立一个少年法庭，1901 年他出任该法庭的法官，在他的管理下，丹佛的少年法庭在整个文明世界都很有名气。林赛法官发挥了作用的其他措施还有：极大地减少竞选欺骗、投票选举法的改革等等，他还是废除童工运动的领袖。1906 年他是科罗拉多州州长竞选的候选人，1912 年他是进步党全国委员会的成员。1920 年在电影 The Soul of Youth 中出演他自己。尽管他浮夸的个性使得他被人称为“哗众取宠者”，他对少年法庭运动确有实质性的贡献。他最杰出的法律革新措施是使得成年人必须为促成青少年犯罪而负法律刑责。http://en.wikipedia.org/wiki/Ben_Lindsey_(jurist)

4，尤伦，William Simon U'Ren，1895—1949，俄勒冈州的公民立法提案程序之父。作为 20 世纪之交的一位进步党人，他在争取公民立法提案权、罢免权和复决权上起了很大的作用。1896 年被选为俄勒冈州众议员，曾帮助建立联邦参议员直选制度；1905 年组建民权联盟，旨在消灭贪污舞弊、罢免渎职官员。1914 年以无党派身分竞选州长失败。http://en.wikipedia.org/wiki/William_Simon_U'Ren

5，卡萨特，Alexander Johnston Cassatt，1839—1906，美国土木工程师，铁路官员。宾夕法尼亚铁路公司第七任总裁(1899—1906)，在他的管理下，该公司的总资产增长了一倍多。他是对抗特权阶级乘客折价战中的关键人物，联合其他铁路公司抵制特权。http://en.wikipedia.org/wiki/Alexander_Cassatt

本·林赛：年轻人的法官

尽管罗斯福总统没有设法去联合、去领导他周围的这些改革运动，他还是蛮乐意于受到地市州邦的改革派的追随。假如拉福莱特接受助理们的任何暗示去会见了他，总统或许会欢迎他，就像总统对其他那些并非不折不扣地反对整个贪腐体制的改革者们所做的那样。但是，泰迪·罗斯福感觉到了危险：因为打败了他那个州的领导核心并且在那里重建了符合宪法的民主政府，这位威斯康星的党魁还打算跟参议院或者任何其他地方的交易体制作斗争。而拉福莱特也明白，作为总统的罗斯福正在跟参议院、跟政党核心、跟贪腐体系合作。拉福莱特或许能够使联邦政府君临各方，就像他已然使他的州政府凌驾于各铁路公司、各公用事业公司、工商企业乃至当地民众一样。泰迪·罗斯福也打算引入甚至正在推行一些措施来规范执政，这些措施推动着他去反对某些事物，也许还使得那个时代的实际问题——特殊利益对公共利益、富豪统治对民主政治——浮现于众目睽睽之下。可是，就在划清界线的时候，泰迪·罗斯福所召唤的不是改革领袖，而是奥尔德里奇和洛奇、卡萨特或者摩根。

“我们都是注重实效的人。”他写信给卡萨特说。

他作出可耻的让步，以使他的议案获得通过；他任由铁路公司修改他的铁路议案，为的是争取他们以及他们的参议员批准这一议案。总统罗斯福执政靠的是州长们的同意，而拉福莱特影响他们靠的仅仅只是他们管理不善之民众的赞同。

又是汉密尔顿和杰斐逊的路线之争，究竟哪样是最好的办法还有待观察。后来，政治民主的杰斐逊典范占了上风，甚至连坚持汉密尔顿理论的人(Hamiltonian)——体制内十足的腐败分子——也都因为民主典范而受到了熏陶。不管是什么人来从政，他们认为我们的方式都差不多；和外在的社会一样，各人的头脑中都存在着矛盾。要使民主问题成为一种事实上的政治分野，并非难事。因为，许许多多的改革运动遍布联邦，因其形形色色的目的，改革领袖们到最后总会要跟贪腐体制斗上一斗的。有些改革派来问我，要开始着手他们的人民所理解的任何改革，到底应该做些什么？我曾经告诉他们，要为之一搏同时密切注意反对派；然后转而跟对手背后的势力斗，直到这股势力背后另外的更大的势力出现；此后再又转身去跟这些势力斗。他们很快会发现那所有不当谋取权钱、贪污、贿赂的纠合在一起的组织，这些组织联合起来，控制着它们的城市、它们的州乃至它们的国家，改革派不得不与之搏斗。

本·林赛的经历使我看到了这个明显的事实。他从少年犯开始入手，最后又因有组织的阶层反对他而收场。作为丹佛的一名县法官，他一直在很公正地单凭法律例行公事般地作出符合法律条文的审判，直到有一天，他的法庭后面一位母亲的哭喊吓醒了他，刚刚他还在审讯这个妇人的儿子并且判他监禁，这样一来他才抬眼看着那个男孩。我的意思是说，他才把那个坏男孩当作一个人来看待，于是他发现这孩子不那么坏。那男孩是干了一件坏事，可他只是一个孩子。法官放下了他的架子，他以那位母亲作为证人重新审理了这个惊恐的被告，罔顾法律，他把这个犯人放了，放这个男孩和他的母亲走了。他暂不作出判决，然后自己去察看当地的监狱，他送了不少类似的男孩子关进那里面。他明白了。那座监狱，和大多数监狱一样，就是一所犯罪的学校。这真是一个藏污纳垢的场所，在这里，卑劣的流浪汉、乞丐、懒鬼、酒徒还有声名狼藉的罪犯们操练着恶行、谈论着、传授着犯罪生涯的种种技巧和诸多典范。

从此，法官本·B·林赛开始成为少年犯的代表人物，不是代表法律，也不是代表民主团体和民众，而仅仅只是代表民众的孩子。他像审理先前那位母亲的孩子一样审理年轻的罪犯们，还不得不跟警察斗。每当他们抓来了“很坏的男孩”，这些年轻人犯下了冒失鲁莽的罪过，其性质可能演变为重罪犯和大恶棍，这位法官都会从他的审判席走下来，通情达理地跟少年犯们交谈，这个时候那抓小贼的警察就有意见了。“您不能纵容这小子，法官大人。他偷了一辆自行车[或者无论什么东西]，我们要着手追回赃物。”“对啊，我知道。你们考虑的是赃物，而我考虑的是这个孩子。我会为你们追回那辆自行车的；行吗，孩子？我还要拯救这个孩子。”

本·林赛从孩子们身上发现了我从成年人身上所发现的东西：既没有什么坏男孩坏女孩，也没有什么好男孩好女孩；有的只是意志坚定的男孩女孩和意志薄弱的男孩女孩。那些让警察很犯愁的坏孩子，那些做了十足坏事的男孩女孩，他们犯下了盗窃和抢劫、松脱了火车的制动闸甚至胆敢作出放肆的犯罪行为——当林赛向他们建议要克制自己、要做他所说的“好事情”的时候，他们都十分积极，居然都能够响应并履行诺言。他们会带上他们的车船费和收监令，用不着任何警察押送，独自前往少年犯管教所。好男孩好女孩可做不到这样。他们不是小扒手小毛贼就是意志软弱者，被他们的头儿——那些坏男孩——裹挟到了犯罪当中，不过，他们都希望这位“年轻人的法官”能够让他们试着做自己的主人。总之，他们当中有如此之多的良好愿望，弄得林赛法官都不禁要问，到底是什么使得这些好男孩好女孩说出并做出那样邪恶堕落的事情来。

每当一个特别坏的坏孩子来到或者被带到他面前，他与之交谈并赢得了这个少年犯的信任之后，他都会要求这孩子领着自己去作“家访”，要求他带路去坏孩子们生活玩耍的居民点。这位法官发现：坏孩子们往往跟着那些把他们带大的成年人学舌，表述着大人们的想法，怀抱着大人们的目标。他的少年向导领着他去面对糟糕的父母、糟糕的家庭、糟糕的居民点，通常是去到贫民窟，去到油水区，在那里，警察和坏朋友都是人生的大敌，而色情、犯罪还有基层选区里的权术则是人生的职业或者人生的冒险。林赛提议消灭油水区并整改贫民窟。他真是比男孩子痴长了多少岁，像孩子一般幼稚地推想，想要完全破坏那令坚定的男孩女孩干坏事的环境。

他着手清除犯罪，起初还没出现什么反对的意见。谁会不帮助拯救失足的孩子呢？说服了一个警察之后，林赛再去说服其余的警察，他们会做不少他希望有人做的帮教工作——不事张扬却很恰当。他忽视了一个事实。这位少年犯法官从未像了解问题儿童一样去了解成年人，即，令坚定的男人女人干坏事的正是环境或者某些环境特性。他说，当他意外地遭遇到坏人们反对的时候，他走得并不远。赌棍、妓院的经理老板、啤酒厂和含酒精饮料的利益相关者都出头纠合起来阻止他，他们也都一直生活在那必须改变的环境之下。不过，林赛的意图确实合情合理，明白事理的男男女女都团结起来做他的后盾。一些改革派似乎起了主要作用，于是有了一场恶斗，最后改革派胜利。大多数民众向少年法庭(the Juvenile Court)及其法官表示敬意，这位法官越来越出名，他也让丹佛出了名。

但是，和在丹佛一样，这样的斗争以及随后的其他斗争搅乱了局面；党的领导核心和党魁们感到害怕了。林赛及其团体对政治的或者商业的权力甚至对官职都没有任何野心，可是选举，他们赢了；显示民意的无记名投票都倾向他们，权力的平衡发生了变化。清除贫民窟和油水区的不良现象，可能让政坛大佬们的轮流坐庄不能如意；在各忠其党的好公民的近乎均衡的选举结果之间，这轮流坐庄，因为是大佬们付出了代价才换来的，并且已经对此作好安排，因而他们才有决定权。和我报道过的其他城市的良民一样，决定了选举的并非好公民；正因为当地可以收买的少数派从一个党转向另一个党，就这样决定了选举。针对那些让孩子们变坏的下层街区的林赛改革，是对当地领导核心之权力的一种威胁，这些核心正在争夺那不断满足公用事业公司和其他商业利益的垄断权。政坛大佬们向商界大佬们阐明这一点，他们则递话给跟他们合作的实业巨头、他们的董事经理股东客户，也告诉他们的妻子、他们的随从跟班——总之递话给当地优越阶层的所有良民，林赛拯救孩子的行动其本身或许非常出色，但是这会坏事儿；因此必须要有人去教训或者强迫他远离政治。他们作恶之后，他可以去处理失足少年，但是他一定不得扰乱那引诱孩子犯罪的环境，这环境是既把事情办好又能报偿红利的大好形势的一个组成部分。

林赛和他的朋友们也意识到了这一点，于是他们开始跟取决于贫穷、堕落和腐败政治的公用事业公司以及其他贪赃舞弊的交易作斗争。他们，以及全市的民众，都学会了判断其中的关联。科罗拉多出现了一种新的业务；棉纺厂纱厂建了起来，当地商会对这一新产业的发展满怀热情。不过，林赛听到也看到，为了跟南方竞争，科罗拉多将不得不为那些工厂提供童工。他抨击当地新建的棉纱企业，偶然发现了县行政专员公署里的行贿受贿；他揭穿了那些丑行。他开始关心劳工的福利，也包括那么多童工的福利，而这使他跟科罗拉多燃料和制铁业及其老板雇主们之间广泛地发生了冲突。简言之，林赛很快就同整个体制处于交战状态，包括他本州的政府、该州的社团、教会以及社交界。在他那本《野兽与贫民窟》(*The Beast and the Jungle*)里，他讲述了事情的经过。多年以来他不懈地斗争，施加影响让那些事关他那少年法庭的议案得到了立法机关的通过；他还要求父母和成年人要为他们在少年违法行为当中的过失而对少年法庭承担责任。他感化了当地的贪官污吏，他们明白他忙的是什么，乐得对一项也还过得去的法令漫不经心。真正反对这位法官的是社会上层：因为林赛把少年犯案件办妥了，再有这类案件，就没有人需要律师，神父牧师和教师也不是不可或缺的了；还有，业界、商界和社交界的领袖们，因为林赛从监狱里、从公开的不光彩事件当中拯救了他们自己的孩子，因为这样嘴巴很紧的帮助而反对得不那么强硬了。倒是下层阶级——耿直的劳动者和不断成长的失足少年他们本人——他们投票很齐心，还为本·林赛拉来了不少的选票。

因为林赛的少年法庭被证明大有助益，其他的少年法庭都以他的法庭为榜样。他们未必非得如此艰难地斗争，但是他们确实没能像他们的先知所做到的那样坚持到底。基督的追随者们建起了教会教堂，他们则建立了很多社会公共机构，像基督徒不卷入政治一样，他们专心于他们自己的责任。他们拯救失足少年；好多城市的少年法庭跟丹佛的一样卓有成效，不过他们就没有试图去消除当地诱使孩子们做出恶劣行径的社会原因、经济原因。

在那些阳光明媚的日子里，我坐在丹佛的公园里听着本·林赛的故事，被深深地打动了，为了他把从结果到原因当作工作方法的过程当中的条理性；为了他藉助于从坏男孩(关于他那些坏女孩，他当时不愿意刊发他的谈话)身上感受到的力量所做的那些敢于冒险的成功试验；而最令我感动的是，据我观察，这个大丈夫将基督教信仰运用到了一个最为实际的问题上面。

耙自己的粪——小小心得

作为一个报人，我期待着讨论人们用来表达其不成熟思想的某些言论，他们用这些言论来让自己免得受累去了细细思量它们意味着什么。“别挑剔；要弘扬”(Don't knock；boost)就是这些陈词滥调当中的一种，我们随处都可以听得到，这是贪污者、贿赂者、用不当方法谋取权钱者面对每一位耙粪者时的反应，这种套话还被传递给了健忘的市民们。部分地是为了反对这种陈词滥调，我说服《生活》(*Life*)杂志的一个作者发表了一幅夜盗的漫画：翻爬一扇窗子的窃贼被一个提着警棍的警察抓住了，那窃贼看着下面说：“别找岔子，推一把。”(Don't knock；boost)

那些日子里另外一种普遍的言论是，“资方和劳工应该取得一致”，仿佛这些冲突着的利益集团没完没了的斗争可以因为一场协商而得到解决。在芝加哥采访的时候，我碰上一则当地报纸的丑闻，说的是建筑行业各个工会被那些大雇主腐蚀，于是我回想起在纽约类似的揭露是关于酿酒行业的。芝加哥主要的营造商们承认工会，收买劳工领袖，利用他们的影响力去呼吁，使得罢工针对那些规模较小的独立承包人，借此将其逐出竞争。我写信给《麦克卢尔杂志》的编辑们，要求派某个人来描写此事，首先是芝加哥的真相细节，然后对纽约的类似事件作进一步报道，要让人们看到出资方和劳工既已取得一致意见，其结果就是密谋阴谋，为的是在建筑生意上确立垄断权。

雷·斯坦纳德·贝克[1](Ray Stannard Baker)来到了芝加哥，用我所指的相互关系作为开头，用我的理念作为标题，写了一篇鼓舞人心的文章“资方和劳工取得一致”。他的文章让我报道伊利诺伊的文章相形见绌，我一回到家中，我妻子就埋怨我“白白奉送我的理念”，我倒没有想到过这一层。我给她的答复是谁写的那篇文章不要紧；重要的是要把那个理念公布出来。我不仅仅是一名文章写手，也是一名编辑，而且——再说，贝克和我的同事们都知道那是我的理念。“胡说！”她说，“贝克根本不会记得他是从谁那里得到这个题材的。”于是她请贝克吃饭，问他是怎么写起那篇文章来的。他告诉她它的缘起，丝毫没有提及我！她赢了，觉得好笑，而我则感到了——嫉妒；打赌输给了老婆，我不知道是因为贝克还是因为没面子而嫉妒。这成了她和我之间的摩擦的一个该死的起因：我有"倾诉我所知的一切"的习惯，而她对我的"事业成就"则有坚决的主张。这一段插曲令我情绪低落。

职业上的嫉妒让我感觉如此糟糕的原因是，我自以为公正善良。尽管我对善良的人们有越来越多的种种蔑视，我还是他们当中的一员。下意识里，我想要成为他们的一员。怎么可能？在一个接着一个的城市里，我看到那些安分守纪的社会栋梁，开始的时候打算致力于一场道德改革——理所当然；无论如何，他们都是好人；而且，他们在暗中有力地支持当地的改革派，直到他们被告知(经由他们的银行家或者他们的报纸)或者直到他们觉得那改革将会从社会上、经济上影响到他们为止；然后，我看到他们犹豫了，改变了做法，转而说改革"矫枉过正"。这是想他们之所想的知识分子的另一种陈词滥调。不矫枉过正，就没有哪一场改革能够多少取得一点进展；为了达到任何值得一试的目的，任何一场改革都必须继续再继续，直到它使这些男男女女进退两难并且危害到他们为止；我这是在指控那神志清醒的坏蛋骗子窃贼；而我也是这些自以为公正善良者中间的一个。

我之所以认识到自己的自以为公正善良，是因为我试写过一个虚构的故事，在写这个故事的过程中，我不得不描写一个收受贿赂者的内心想法，可我做不到。我从来没有收受过一笔贿赂；因此我想我确实不了解也不能够猜度行贿受贿的心理特点。猜度一个杀手，我可以；我也曾愤怒到盘算着杀人的程度，但是行贿受贿——我猜不透。我从来没有受到过钱的诱惑，我有过吗？

没有过吗？直到我开始下一段漫长而又孤独的铁路之旅为止，我心烦意乱地要理出个头绪、要正视我的怯懦。那是跑在拉克万纳铁路(the Lackawanna road)上的、那些谁也没有乘坐过的舒适列车当中的一辆，我有一节由我自己支配的普尔曼式卧车(Pullman car)，时间还有整整的一天，服务生得到吩咐要殷勤体贴，因此为了摆脱他，我只好对他说他得让我一个人呆上一整天，我还告诉了他为什么。

"我必须找出我的胆怯来，然后正视它，"我说，"还要让我自己确信我是一个坏蛋。”

这可是一天辛苦的工作。胆怯是易受影响的，我确实有这样的个性倾向。我职业上的嫉妒也许还不是首要的；健忘几乎掩盖了它。不过，我那遇事不慌的妻子比我本人还要了解我；而她要做的一切就是撕破我的面具，我的毛病立现：羡慕、嫉妒以及诸如此类的弱点。我惟一的麻烦是要正视这胆怯并且直言不讳地说这就是胆怯，还要对自己说我就是那样——我的本来面目。古怪的是，甚至到现在，此刻我知道我们每个人都有一些胆怯，同时也知道这只是程度的问题，我还讨厌言及此。但是，那一天，我真的降服了我自己，那位服务生从我的言行当中或者从我的脸上可以看出这一点来，他不时地在观察我，直到我得出结论的时候，他才从走道里走上前来。

“你抓住你所说的坏蛋了，老板?”他问道。

“没有,”我说，“我看到了我的胆怯，这之后就会发现那个坏蛋了。”

那更费劲。我意识流里的愿望是：宁为智者，不做好人；我意识到无论我做什么都是不正当的。我绝对没有收取过贿赂；我不爱财，一点也不，也不图名。我不是拒绝过一个博士学位吗？有人要送给我我打算写文章批评的卖空股票，我还不是谢绝了？既然是那样，我还算正直——跟其他的人不一样；总之，我不但正直，还自以为公正善良。我放慢脚步，不想再沿着这条路走下去了，也不想再自以为公正善良了，可我还是走到了这一步，跟那些被自己对自身的贪贿的无知糊涂所腐蚀的正派人完全一样。我要如何才跟他们不一样呢？他们也以为他们都没有被收买；也并没做什么卑鄙的事情。不过作为改革派和选民，他们被耽误了——被什么耽误了呢？被他们的商业利益。他们没有被收买者的钱所收买；他们被他们自己的钱收买，而且——我就是这样的。没有人能够用钱财上的开价来让我隐瞒一个事实或者文饰一段真相，不过的确，有的时候在我所写的一些报道上，我故意有一点点迟钝。为什么？为了保住我的工作，为了维持我的声望，为了吸引我的读者并且“对付”我的编辑。好啦，就是这样。我跟其他任何一位好人一样要价不高，不像那些坦率的坏蛋坐地涨价；用我那一点点的薪水就可以把我“买”了去。这样的心理就是受贿者的心理，无论这受贿者是清楚自己就是一个收受贿赂的人，还是认为自己还算正派。

这是怎样的一种宽慰！是怎样的一种耻辱！又是怎样的一种利益！这样一来，我就可以如我所愿地做好人，再也不必做一个自以为善良公正的人。我可能聪明；我也可能做一件不正当的事情而免得不做愤世嫉俗者就做傻子。我可以面对那些令我惊奇的、做出贿赂之事的家伙了——他们确实腐败受贿并且心知肚明——我可以跟他们谈论这一切，开诚布公地谈。

这以后，在这段叙述中，因为一个极离奇古怪、大概也意味深长的结果，所有的这一切在这里都相互关联起来。我再也没有错把一个坏蛋当成一个老实人。好人也经常犯错误；他们有时候会把我当作他们的一员，这很极端，但是——也很真诚。而警察呢——那些职位高却道德败坏的还有那些卑微而又聪明的——他们，还有那些自觉地腐化的商界领袖们，基于我是他们中的一员这样的认识，此后一直跟我合作。这便利了我的工作；也可以解释我在查明事实情况方面大多数的成功。那天，那位车厢服务生打发我的时候说，跟万一被人抓住比起来，我要是逃脱，能起的作用要多一些。

“我是被抓了，”我说，“被我自己抓了，后来我又放了自己。”

我关于好人的推论太宽泛了，存在着许多困扰着我的例外，很快我就印发了一条头版报道，这报道使我的目光变得清晰了一些。在威斯康星，关于一位卸任参议员买回他在参议院里的席位，展开过一次官方的调查。他“一个桶子两头通”，而他那位搬运贿金的代理人打算反戈一击，代理人说出了在密尔沃基他如何买下一个接一个的选区，各种各样的选区，穷的富的，名声不好的和相当体面的，不过也有些例外。有些选区他买不动，“试都不用试。”为什么？“噢，我知道这样没用。”这些区怎么啦？“这些是游民选区(bum ward)。”他说。由于有人催问解释，他便说那些选区里的人“都是社会主义者”。

当然，当地的社会主义者该欢呼雀跃了，不过这并不意味着社会主义者有别于其他的人。社会主义者也不是异乎寻常地正直。这里一定存在着一些其他的原因，存在着一些跟感情偏见无关的差别，因为我了解密尔沃基和那里的社会主义者以及他们的行动、他们的热情、他们的影响力(他们打算试图影响公职推选，如愿以偿之后又继续深入)，所以我推断：令他们不可收买的，是他们对一个更美好的世界的幻想——他们的迫切希望。他们跟所有的狂热者一样地正直；他们都是主张某种充满希望之幻想的人。后来，我问了我自己一个问题。要是在人群当中造成如此差异的真是幻想，那么，幻想，竟然就是我们所需要的了。在将来，在人群当中，怎样的幻想、怎样的信念能够介绍给人们呢？忽然，我想起基督教传播过这样的信念、希望和——幻想。政治上大错特错的那些好人也怀有那种信念。基督徒到底信仰什么？我当即决定，下一次我赋闲在家的时候要读一读《圣经·新约》，这倒不是我自己要去信教，而是要判断那些善良的、去教堂做礼拜的人们信仰的是什么。

异乎寻常的读经经历如此地惊人，让我很希望跟他人分享；我不断地劝人重读《新约》，像我读它那样，不存敬畏，而是双腿搁在书桌上、嘴里叼着烟斗，把它当作新闻来读。《新约》就是新闻，它使得我在杂志上所记述的素材都成了旧闻。我写每一个城市每一个州的所有报道，题材都是同一个；它们有着不同的篇名、日期和地点，但是在每一地，基本的事实细节都一成不变；而这些，统统都包含在了《圣经·新约》基督的老生常谈里。比如，耶稣揭示宣告了好人的不值钱，他说他不会拯救义人，他只拯救罪人。义人们还笃信这一点！《新约》多有此类训诫，多而又多。

万民的圣子耶稣出生在巴勒斯坦的一个小村庄里，在一个卑贱的木匠家里得到养育，他异常聪明，有先见之明，总在沉思。他找到了一条出路，启程去拯救世界，拯救乐于倾听他的万民。这跟福克、林赛、拉福莱特、汤姆·约翰逊、马克·费根一个样。他说世事，也对世事施加显著的影响；他相当敏锐，可是他走得太远，上层人士转而跟他作对；他们伙同祭司们跟平民精英密谋，直到他们唤起群氓来反对他。然后，他们收买了他的一个门徒，去向统治集团的警察和法官出卖他。而那法官——一个饱经世故者——让这些人在这位爱与和平的先知同一个施暴的贼首之间选一个来赦免；受到德高望重之人指引的群氓更喜欢巴拉巴(Barabbas)而任由耶稣去死。他被钉在十字架上处死，就像我的那些民众领袖受到迫害一样。

基督徒是否知道这一点？教会和教堂是否宣讲了这一节，宣讲了他的教义的其余部分，宣讲了他必定告诫过他的信徒不要贪利多变？《使徒行传》(The Acts of Apostles)显示出他们都是正在实践的共产主义者！——似乎他明了在现行体制之下他们不可能实践基督教义；他们在我们激烈竞争的环境下就不可能互相友爱。显然他不仅尝试过要宣讲基督教义，而且还为了使之有实现的可能，也提出了一个规划！各基督教会似乎忽略了这个细节，他们也忽略了基督关于规划的幻想。

在读经之后的好几年里，我游览了一些教堂。我到过很多很多地方，无论我礼拜天到了哪里，我都会去教堂，去各种教派的教堂；可是，我从来没有听到过有人宣讲及此。我从来也没有听到像《新约》里耶稣向信徒宣讲时所教导的基督教义，可我确实目睹了它在政治上的实践。在每一场改革运动中，这真的是赢得民众支持的一个要素。我看到，它被一些特别的人运用到了坏男人坏女人坏孩子身上。我开始在自己身上尝试，还起了一些作用。尽管在义人们当中得不到宣讲、得不到传授、得不到教训，在罪人们当中，基督教义依然产生了奇妙的作用。有朝一日，我要使之经受公众的考验，看看它在更大规模上如何行之有效，同时也看一看谁领会到了它。

译注：

1，贝克，Ray Stannard Baker，1870—1946，美国报人，作家，笔名为 David Grayson。1899—1905 年担任《麦克卢尔杂志》的助理编辑，很快与斯蒂芬斯和塔贝尔齐名。1906 年，三人离开《麦克卢尔杂志》，创办《美国杂志》。身为改革者和揭发贪污腐败事件的作家，贝克发表了许多从自由派观点出发讨论社会和经济问题的文章。1919 年贝克前往巴黎担任美国和平谈判代表团新闻局的负责人，由此与威尔逊总统建立深交，写过威尔逊的传记，获得了 1940 年普利策奖。http://en.wikipedia.org/wiki/Ray_Stannard_Baker

人寿保险

在我报道政治腐败的同时，雷·斯坦纳德·贝克在记叙各个工会从建筑承包商那里所受到的腐蚀，艾达·M·塔贝尔小姐则在写标准石油公司的历史，这个故事是关于罪同纵火的一群商人，腐蚀政界和铁路公司，寻求法律上、经济上比他们的竞争者更有利的种种优势——比如退税和部分退款——并且穷凶极恶地滥用他们来路不正的权力以图形成垄断。贝克和我渐渐发现，工商企业成了工会恶行和政治恶行的后盾；塔贝尔小姐则发现企业本身就是"腐败"的。当然如此。这么多恶行的根源其本身一定是邪恶的，不过，塔贝尔小姐对标准石油公司的揭露当中也偶然带一笔谅解，说这家公司虽然异常腐败却是新近才出现的；从上一代那里，我们就已经发生过类似的关于古尔德、范德比尔特[1]（Vanderbilt）、吉姆·菲斯克[2]（Jim Fisk）及其铁路公司的故事。不管怎样，铁路在那个时代也都是新生事物。说不定，只有新兴的业务才可能是腐败的、经过了特许的或者享有特权的业务，而商业本身并非如此。继铁路公司之后，各公用事业公司从他们那里接过了为了业务而供养政治活动和政府的重担。不过铁路公司在得到他们想要的一切进而功成名就之后，还继续干政。那些公用事业公司也会这么做的，在他们功成名就之后。

为什么？我向辛辛那提街车公司的经理问这个问题，当时我刚到他的城市。我提醒他，他的公司凭借其福勒克法案（Foraker law）已经获得了它所企求的一切，这一切是任何其他的同类公司都不曾获准的，也是远远多于它从来所能运用的一切。他点头称是；我所言不虚。"不过，"我说，"官员们都认定，你们是首要的也是最大的腐蚀当地政界的金主。像这样又是为什么呢？"

"你从前注意过我们的资本总额是多少吗？"

"注意过，"我说，"五千五百万。"

"这个，"他慢条斯理地说，"我想想——我不知道，不过我计算下来，只用八九百万——约摸一千一百万吧，我就可以重新组装、重新装备这些轨道。”

“啊?”

“嗯,”他笑了,“一千一百万和五千五百万之间的差额,就是我们的——我们的脆弱性。”

没有哪一个公正的政府会让一家公用事业公司为了抵偿四千四百万搀水股票的利息或红利而向一个城市的民众收取车船费。就这样,同其他被搀水的街车公司一样,同那些正在与社会利益为敌的其他企业一样,这家街车公司“不得不”染指政坛并流连其间,以图保护他们的——脆弱性。“生意归生意。”那些日子里他们如是说;我的推论不仅仅指出政治和政府都是龌龊事儿,还指出了商业也是龌龊事儿,跟它所腐蚀的政治一样不道德。

可是不,企业和公众心理的反应是,商业本身是好的——正当、收效大、尽职守信。“而且”——这是一种省却了太多的思考、煽动起太多的情绪并且误导了太多的投票人书写者言说者的愤怒言论——“治愈我们腐败的政治和我们不称职的政府的处方是,选几个好商人来做官,他们能够带给我们一个令人满意的高效率政府。”的确,不能选像洛克菲勒或者古尔德那样的家伙,你知道,要从可靠的老行当里,不是从铁路公司里,不是从标准石油公司里,而是从老派的、久经考验的体面行当里选出好商人来。

随之而来的是各家人寿保险公司的曝光,这种对用不正当的方法谋取权钱的揭秘,在一定程度上,倒显得我报道的那些城市还算是有所节制的。“这不,”一位芝加哥的官员说,“要是我们干下了那样的任何事——你就会叫我们——”

“小心点!”我提醒他。

“好吧,那么,”他语气温和,“我们假定你会把我们称为——绅士吧。”

这让我回想起理查德·克罗克和埃德·巴特勒被人抓住而感到羞愧的时候是如何宣称的:“不管怎么说,我们比他们还是好一点。”

在人寿保险的业务里,有小贿赂,更有大盗窃——各种“门路”、各种“费劲的事儿”还有巨额融资。在文书票据方面存在着勾结串通和漫天要价,一切开支款项都存在贪污贿赂,一种根深蒂固的、成熟的用不正当方法谋取的钱财。还有建筑丑闻，因为这些公司的官员们靠着摆阔气的房屋的建造来发财，他们在不同的城市建造了这样的房屋，正像市一级的政府职能中存在着令人愤慨的共谋，以翻番的成本建造市政厅、县政府大楼、法院大楼、监狱看守所。简单地说来，令我着迷的是生意上的商业贿赂跟我们市县州邦里的所谓政治贿赂的相似之处，因为这里是政府的事务由商人来办理的——这些商人我不断地听人说起——何况还是由经营着旧式的体面生意的好商人来办理的。这些人寿保险公司都是非营利企业；它们当中仅有一家是股份公司，而且，这家公平人寿保险公司(Equitable)为了它所宣称的目的，即，保证业务掌控在正直、可靠、有声誉的人手里，还拿出了股票的一小点发行额。除此之外，在其种种特权上，它们跟我们各个城市都很像。人们创办经营它们，广告还说它们是“孤儿寡妇郑重的托付”；就是用的那个论调，它们在各级议会上游说，争取种种特权，它们用这个口号呼吁全世界；于是，父亲们、母亲们、监护人和孩子们为了形形色色的保单，向寿险公司供应了所有的保险费，以备不时之需。

跟被政客们选中的那几家大型国有信托基金的经理很可能都是特别无私的、有才干的、值得信赖的人一样——他们因此而受到器重——像这样的人，比如说，商界就会选他们出来担任市长、州长、总统；那些好的董事会(由极受尊敬之人所组成的极成功的团体，这些人根据业务中的所有专长被选拔了出来，其中以理财家金融家为主)必须是这样一类人，工商企业把他们输送进了我们那些从事政治的议会、国会里。他们中间不少人进了美国参议院。唉，这些行政当局居然被人揭发用不正当方法谋取权钱或者不称职；他们或许知道经他们的手将会发生什么，或许知其应当知；他们中间有一些人也确实明白；有一些人在那些精心策划的罪行当中就是主要的共谋者。至于那些一本正经而又惺惺作态的委员会，组成他们的那些委员为那些信托基金立法、为依靠这些基金的孤儿寡母立法——明摆着大家都知道他们是“挂名委员”，出于同样的原因，我们的立法者们事实上也是挂名议员。那些得到挑选的官员和委员共同产生了一个由精选之人组成的政府，这个政府腐败到了在政治上短寿的地步。当时，它一出现，我就看穿了这一切，我对华尔街的商人们说，他们应该把保险企业移交给某些经过了挑选的政客；我能挑选出一些坏蛋骗子来，他们会要比那些极可敬的商人们干得好一些。不过我要问的问题是：其他的行业情形如何？

它们不是也一样经营不善吗？由商人组成的商人政府，是不是通常要比那由商人组成、为商人服务的党派政府更腐败一些？假如有一个非营利的公共事务企业跟人寿保险公司一样腐败，那些只为趋利而开办的私营企业的状况又该怎样呢？

这一系列的疑问似乎令商人们惊恐起来，因而他们断然否认我的诽谤。不过，我作了第二次答辩。对人寿保险的一系列揭发是从一个公司开始的，因为牢记一城然他城皆然，我拜访了其他公司里跟我有私交的重要人物，询问他们是否他们的公司也处于同样的状况。他们都说没有；他们当然会这么说；不过我注意到，他们当中的一些人镇静地否认了我，似乎他们十分笃定，尽管其他的人变得激动，言谈举止好像他们还掌握了更好的（或者更糟的）事实。

仿佛他们知道到头来什么才是真实的——有一家保险公司如此，其余的家家都如此，丝毫不爽。我现在还记得，调查到了最后，这时候我们了解了人寿保险这一神圣事业的一切，我恳求那些调查者去探问一下火灾保险公司，然后看一看他们能发现什么。他们不愿意，当时不愿意；但是没过几年，一个大货栈起了一场可疑的火灾，来了一位调查者，结果——火灾保险公司和人寿保险公司一模一样。保险种类还有别的，例如海上保险；可是为什么要在保险上费神呢？那些保险企业里的大多数人都有其他的业务范围，他们中的大多数另有他们自己的主要险种；在商业领域，我们有一套连锁董事会（interlocking directorate）的体系，在这套体系之下，同样是这些人，一而再再而三地出现在林林总总的董事会、董事局。他们是不是职业的挂名董事？无论他们在哪里，出于同样的目的意图，听命于同样的后台老板，他们是否既掩饰又代表着同样性质的商业腐败呢？

没错，后台老板。商界和政界一样，都有后台老板。人寿保险公司如此清晰地暴露并证实了这一点，人们不禁回顾起其他的商业丑闻——伊利铁路公司（the Erie）和纽约中央铁路公司（the N. Y. Central）、老资格的中太平洋铁路公司（Central Pacific Railroad）——就会明白，在这粗略而耸人听闻的真相细节当中，是有组织系统的。不负责任的权力就是党魁统治集团的政治目的；政界大佬总想要指定并控制市长、州长、市政委员和议会议员、法官还有司局科处和各级各种委员会，以便能够指使那些傀儡去做他自己不太愿意做的事情。党魁奥德尔[3]（Odell）和州长罗斯福的一段故事可为例证。当泰迪·罗斯福在奥尔巴尼[4](Albany)的时候，奥德尔是共和党之州(Republician State)的代理党魁，就凭着这种身分，他企图迫使州长罗斯福尽他一份力量帮助纽约市的一家私营供水公司。我认识涉及到这一计划的华尔街人当中的好几位；泰迪·罗斯福告诉了我他关于此事的底线。他拒绝支持此事，那些华尔街人都很失望。不过奥德尔——他只代表真正的政坛大佬普拉特(Platt)——在泰迪·罗斯福之后当上了州长，于是那些巨额融资的金融家们得意洋洋的。

"这一下，我们就可以让我们的水费获得通过了。"他们说。可是他们没有，等到他们的失败就在眼前的时候，我拜访了他们中的一位，去问问为什么。

"奥德尔不会这么做。"我的朋友沮丧地说。

"可为什么不?"我问道，"他曾经要罗斯福州长这么做，既然他掌权了，他为什么自己不做？他怎么说?"

"噢，他说，'决不会。我可以约请另外的人去面对像这样一个提案，我绝不会去面对，别害我。这会断送责任人的政治生命的。'"

为了制止我们的弊病当中最恶劣的幕后操纵，改革派可能会做的小动作之一就是，推举当地那些政经大佬当官，在其位，大佬会变得负责任，变得很聪明，虽然不那么公正，他们所做的事情，还不及他们要求他们那些恭顺、老实、通常并不聪明的傀儡去做的那些事情的一半。比起那些自以为公正善良的人来，他们能够提供的政府会要好一些。我常说，就算我的手下只有坏蛋，只要没有一心一意公正的人来帮忙或者妨碍，我也能够给任何城市提供有用的政府。当然，相对于最通情达理的、意味深长的真理而言，这只是一种不足挂齿的夸大其词。

商界也是如此。那每一家人寿保险公司的挂名董事和挂名经理们都是经人指定的，大大小小的内部贪贿都得到了大老板漠然或者会意的首肯，大老板们自己置身于公司之外，以便他们——多半是银行家——能够让各家人寿保险信托基金购买他们发行的大宗债券乃至其他等等。现在，让我们保持公允和清醒吧。银行家们相信他们提供给保险公司的投资的可行性；相关的法规政策则要求那些公司只买进可靠的绩优证券。许多银行家肯定都跟保险公司需要的这些绩优业务有竞争，而最大的银行家为了他们自己的利益，通过操控他们的傀儡，在各家人寿保险公司里渐渐地发挥主要的作用，只求一种内部优先权。此时，这些有优先权的银行家就成了“主张”用不正当方法谋取钱财的商界大佬，用这样的方法控制了——不光是人寿保险公司，还有其他大的信贷借款人，比如铁路公司和其他较大的股份有限公司。他们确实没有介入这些公司；他们置身其外并操纵着它们的行动。例如，老摩根[5]（J. P. Morgan，Senior）是许多家铁路公司、银行、股份有限公司和人寿保险公司的老板；他就极少担任高管。

政治和商业几近完美的相似，使得党派政府和商人政府在一个首脑之下融为一体。因为过去我看出政坛大佬的背后有商界大佬，官是商的代理，现在我又渐渐地看出，商界大佬也是商业手腕和商业腐败背后的原因。这样一来，我就可以指认出那惟一的、事实上的发号施令之人，不管他是在商界、在官场，还是——更有甚者——在许许多多的城市，这些城市都拥有描绘出共和的、民主的政府形式的纲领宪章，这些纲领宪章看上去很像人寿保险公司的章程。因为股份有限公司一般都具有一个宪制政府所具备的一切元素，在一个市、一个州乃至一个国家里，存在着跟当地民众很般配的取食者、消耗者、挥霍者、吞噬者、毁灭者；在一个股份有限公司里，民众没有投票权。如同商人们希望投票权在政治上仅限于财产持有人一样，投票权在商业上也只限于那些财产持有人；在一个股份有限公司里，只存在股票持有人的投票表决。股东们往往受到其领袖（银行家、经纪人和律师们）的影响，把他们的选票——即所谓的代表权、代理权、代理投票——转交给执政党，执政党则提名推举当地官员和各处主管，这些获选者同我们所见识过的一个样儿，被人操纵，受人摆布去遵照置身事外的大佬们的意愿行事。如果股东和企业董事成了财产持有人在政治上对政府所干之事的一种实例，那么，贬低他们在政治上的投票权，会变得更为合情合理；股东们一般难得参加一次股东大会，在我那个时代，各家报纸还得敦促财产持有者和纳税人前往投票地点。

旧金山的银行家鲁道夫·斯普雷克尔斯曾经告诉我，他，一位成功的小股东，是如何得以控制该城的燃气公司的。从这种业务当中，他发觉了贪污贿赂和失职无能，于是试图撵走业内的流氓无赖恶棍。因为得知这些坏蛋打算运用惯常的方法，连邮票都不提供就想取得代理投票权，他斯普雷克尔斯，发出征集代理权的呼吁，附上一个注明地址的信封——上面贴着一张两美分的邮票。斯普雷克尔斯未见得广受欢迎，可是他得到了多数票。那些股东、那些财产持有人竟如此地廉价！新英格兰市镇——例如在我生活过的康涅狄格——的选民们，那些粗俗平庸的乌合之众，他们讨价还价，到头来一张选票也能够赚取两块半到三块美金；两美分他们大概会断然拒绝的。

在我就商业和政治所作的比较当中，还有一个要点。人寿保险的曝光之后，一场改革随之而来。查尔斯·E·休斯[6]（Charles E. Hughes）是这场商业改革的改革者。他是那一系列曝光的调查者，而且是很能干的一位。他在艰难地改革；他在抗争，也在发挥作用。他不得不费劲地消化的那一堆细节详情、一大堆账目和信函，真的是没完没了。据说当时，就在他不停地让人拿来越来越多的材料的时候，那些公司里的坏蛋骗子窃贼们开了一个会，决定要“收拾休斯”。他们打算寄送所有的资料来淹没他，于是他们真的给他送来了堆积如山的废材料。不过，休斯是吓不倒的，他聘用了大批专家，他们审查了那一车车的文件，查明并整理了最重要的东西，然后站到证人席上利用对证人的盘问抖露了出来。在那个问题上，休斯先生必须学会的一切就是大贪和小贪二者都要掌握。他有把握揭露出足够多的真相，以使具有寻常想象力的任何人都能够清晰地看出贪腐体系明摆着的概况；最终揭示出所有的缘故就在于银行家的操控。对此，他又做了什么呢？

他合法公开地向那些很策略地得到过控制权的银行家们移交了控制权。要是他在一场政治剧变当中做这同样的事，他这样做就是把腐败的市州交到政界大佬们背后的那些商界大佬手上，藉此消除腐败政治的诱因。银行家们赢得甚至接受了这一重托，他们今天也还在经营那些人寿保险公司，我想，跟经营他们自己的公司一样。休斯，这位商界的商业改革者，并没有像政治改革派一样，受到谴责受到驱逐，他没有受任何苦。他曾经当选为纽约州的州长；曾经被任命为最高法院的法官、一任国务卿；还得到提名竞选美国总统。

译注：

1，范德比尔特，Cornelius Vanderbilt，1794 —1877，美国航运和铁路巨头。1810 年购置一艘小船在纽约港摆渡，1812 年战争期间发展成小船队，运送军需。1829 年在哈得孙湾开办汽轮公司，收费低廉，控制了这条河的航运。1846 年成为百万富翁。后来经营东海岸海运。他组织了一家运输公司，经营从纽约市经尼加拉瓜到旧金山的客货运输，1858 年其竞争对手以高价购买了这一航线的业务。他转向铁路后，买下纽约－哈勒姆铁路公司的控股权。1868 年控制伊利铁路公司的交易失败，于 1869 年将哈得孙河的公司与纽约重要铁路合并。1873 年买下莱克肖和密歇根南方铁路，开出了第一列从纽约到芝加哥的列车。死后遗产超过一亿美元。

2，菲斯克，James Fisk，1834—1872，美国金融家。先后做过马戏团雇工、餐厅服务员、布店推销员、证券经纪人和公司高级职员。开办菲斯克－贝尔登经纪商行，1868 年联合 D·德鲁和古尔德跟 C·范德比尔特作对，三人合谋用发行假股票的办法争夺伊利铁路公司的控股权。他们还曾试图哄抬市价，垄断黄金市场，结果酿成 1869 年的大恐慌。菲斯克还制作戏剧节目，跟歌舞女郎胡搞，37 岁上为了生意和情妇跟人争吵，被自己的助手刺杀。

3，奥德尔，Benjamin Barker Odell, Jr. ，1854—1926，美国纽约的政客，第 34 任纽约州长(1901—1904)。其父为 Newburgh 市长，他是共和党人身分的美国国会议员(1895—1899)，期间他成了最有权势的共和党大佬之一。他在共和党纽约州委任职十年，是其执行委员会主席。他还是 Orange 县公共交通运输公司和中央哈得孙汽船公司的总裁。http://en.wikipedia.org/wiki/Benjamin_Barker_Odell,_Jr.

4，奥尔巴尼，Albany，美国纽约州首府。

5，摩根，John Pierpont Morgan，1837—1913，美国金融家，金融家之子。1857 年开始做会计师，1861 年成为父亲银行的代理人，1871 年被指定为德雷克塞尔－摩根公司的合伙人，后来该公司成为美国政府的主要财政支柱。1895 年该公司更名为摩根公司。19 世纪八九十年代摩根重组了几个重要的铁路公司，协助稳定了铁路运输的价格并制止了东部铁路之间国度混乱的竞争局面。1893 年金融恐慌之后，摩根公司组成辛迪加，供给美国财政部衰竭的黄金储备。摩根领导金融界避开了 1907 年股市恐慌之后的财政大崩溃，为一些大企业的联合提供资金，合并工业企业组建了通用电气公司、美国钢铁公司和国际收割机公司。

6，休斯，Charles Evans Hughes，1862—1948，美国法官，政治家。1905 年任纽约州立法委员会顾问，负责调查人寿保险及公用事业中的舞弊问题而成为知名人物。他曾两度当选州长(1906—1910)，任内进行了大幅度改革。1910 年他获任最高法院法官，1916 年辞职，争取共和党总统候选人提名，但 W · 威尔逊却以微弱多数获胜。于是他又重执律师业。后来出任国务卿(1921—1925)，1930 年被胡佛总统任命为最高法院首席法官。一般而论，他比较倾向于国家拥有较多的行政权力。

打造“美国杂志”

一事成功百事顺[1]不了，这句谚语过去是或许现在依然是另一种说法。《麦克卢尔杂志》是一家成功的杂志；我们有发行量，有收入来源，有影响力。在这杰出成就逐步积累的过程中，我们兴奋过，我们每一个人都兴奋；这种奋斗还是很有趣的。麻烦是有过一些，比如资金困难、一些涉及隐私的争吵。因为常在杂志社外面跑，远离纽约，麻烦发生的时候，我知之甚少。事过境迁之后，我听到过一些说法，这时候往事只会逗人一乐；其他人的悲剧成了我们的喜剧。每当我的同事们讲述S·S·麦克卢尔说过的惊人语或者做过的荒唐事，我都会拿他的独裁者地位跟我所采访的市镇州邦的那些独裁者去作比较；他们真能逗人发笑，影响我采访的时候除外。

有一次我在克利夫兰的时候，伯特·博伊登(Bert Boyden)打电话告诉我，我写好的一篇文章被S·S从杂志里撤稿了。这是不寻常的；他或许会对别人做这样的事，可是对我——我跳上一辆火车回杂志社，最后在一个房间里找到了S·S，于是——那篇文章出现在了下一期里面。听着，我跟这位老板没有任何芥蒂。但是打那以后，我在纽约调查人寿保险的时候，我就体会到，那些不得不每天都跟他在一起生活工作的人渐渐地都不喜欢他了。我太了解他的反复无常、他的容易兴奋以及他的铺张浪费，无论是在思想上还是在花销上。前一天他还将一个计划赞许为自有人脑以来所能产生的最伟大的计划，后一天他就会为了另一篇构思极巧的最伟大的社论而抛弃前者。编辑必须受他编辑。某一天，他想要我痛斥那些卷入保险丑闻的商人；第二天他就去会见一家丑闻公司的总裁，从那个家伙的家人那里去感受、去倾听被曝光的耻辱简直让那人痛不欲生。我还得宽恕他。深表同情！政治感化就发生在我自己的办公室里！我抵制过，我不愿意被我的老板训练成一个马屁精。我还算是自以为公正善良的；我要报道事实真相，不管有多少大人物处于不利地位；好在整个编辑部是支持我的。

就在这个时候，那个做人寿保险的人死了！稍作打听便得知他死于悲伤耻辱；他把自己折磨死了。当然，我们原本就想谴责他；我就想过。我出于理性地自悔自己自以为公正，这还是不够的；我关于该受谴责的不是人而是环境这一道理的一切言论评论，并没有改变我的冲动、我的感受、我的行为习惯。这一体验，是因我跟那么多不情愿地干了坏事的坏家伙们的交往而得来的，促使我理解得更加深入。我意识到，S·S是对的，因为他的深表同情；我还意识到，强烈的同情也包括必定构成公正原则之一部分的怜悯之情。我写人寿保险公司的那篇文章（未完成）被严格地限制在现行体制上，极少归咎于一个一个的个人。

可是，《麦克卢尔杂志》的办公室政治继续胡闹，越来越令人不快，直到有人提议离开《麦克卢尔杂志》——我们所有的人都离开——然后创办一个我们自己的杂志。我一直在进进出出纽约，这个计划所有的一切我都没有参与，因此也不知道人们所说的和所做的一切。麦克卢尔－菲利普斯公司的约翰·S·菲利普斯一天夜里来到我家，把一份收购《美国杂志》的计划摊在我面前，当时我就同意参加这个计划。这可是极好的一群人：菲利普斯、塔贝尔小姐、贝克、博伊登还有我——就跟《麦克卢尔杂志》一样——外来的有威廉·艾伦·怀特和芬利·彼得（“杜利”）·邓恩，稍后加入的文笔精湛的文化人是阿尔伯特·杰伊·诺克[2]（Albert Jay Nock），他以精湛的英语来为我们润色社论，带着他不起眼的微笑以及泛着浅笑的宽容，表述了“我们”对人对事的诠释。“我们”所有人都打算要编一本撰稿人自己的杂志。奥古斯特·F·Jaccaci即将完全退休。麦克卢尔股份的持有者们有一些麻烦，不过麻烦很快就解决了。对S·S·麦克卢尔没什么不好意思的。

我们着手草创《美国杂志》，聚在一起互相指定主题。我去采访报道威廉·伦道夫·赫斯特；邓恩则要写一些“杜利”文章，菲利普斯负责社论，诸如此类。起初，这是一场有趣的盛宴，我的主题让我留在了纽约，在这里我就能享受这盛宴。我们每一个人相互之间都十分稔熟，只除了彼得·邓恩以外，作为办公室同伴，他还算是新来的。他提供了大多数的办公室娱乐，这不仅仅靠他的机智他的智慧；他很智慧，却不能够把这智慧用在彼得·邓恩上。他控制不了自己，没办法让自己写文章。我从来没见过一个作家写得这样劳累的；他似乎厌恶写作；无论什么时候能逃避写作他就一定逃。我们早就听说过，约瑟夫·康拉德（Joseph Conrad）一天早上被老婆催着写小说，宁可自己像个孩子一样在地上打滚，一边踢脚一边哼哼——写作真是太难了。邓恩就是这种脾气。

有一天我走进杂志社，开始沿着走廊走向我的房间，这时坐班编辑博伊登对我直嘘。“听着，”他说，“走过邓恩门口的时候你要快一点过去。他正在工作。他会冲你喊的；他正要寻找借口停止写作；所以走过去的时候别停步也别说话，直奔你自己的办公桌。”果然，就在我经过他房门的时候，邓恩喊我；见我没有听到或者没有留意，他又在咒骂我。他的咒骂足以令我止步；这些咒骂可真是直来直去。不过，我们还是让他独自呆了一两个小时，直到我听见他在四处走动。我踅了进去。

“你好，邓恩。”

“啊，去你的。”

“别这样，跟我说说，怎么啦？”

“就算我说，你们也不明白，你们当中就没有人明白。你们只是一堆生意人，什么都不懂，除了发行量和广告业务还有——”

他带着令人不愉快的严肃嚷嚷了片刻；有什么麻烦吗？麻烦是什么？每次他停顿下来喘气，我都会问他，到最后，他还是对我讲了。

“他们用墙纸裱糊这些房间，你要知道；装饰它们。瞧瞧我的墙纸！”

我瞧了瞧，这是普通的着色墙纸，一种简洁素净的色调。“怎么啦？”我问道。

“我知道你不会明白。你还记得我过去的墙纸吗？方格排列，每一个交叉点上有一朵花。”

我还记得，蛮难看的。

“噢，当然，”他说，“你从来没有看出它的美来，这就是我要说的。”

“可是你，邓恩，你从中看到了什么？”

他顿了顿，然后破题儿笑了；不过还是发表了他自己的看法。

“那旧墙纸有它的可爱之处，有它的用处。我可以进到这里来，拿出我的拍纸簿我的钢笔，然后——唔，然后我会从天花板到地板数花朵，把总数记下来。然后我再横着数花，再记下数字。然后我会把垂直总数乘以水平总数，然后我会去数对角线的花朵数，再拿它跟其余的每一个总数去相乘、跟它们的总数再相乘。于是得到一面墙的花朵数，房间有四面墙……现在，他妈的！这以后我再进到这里来就得写作，没什么可数的，也没有总数可以相乘；我只是无所事事地坐在这里，要么——写作。”

他笑了，但是令人反感；他很荒谬，倒也还蛮当真的。幽默作家都这样。有一天，邓恩对我们说起，他和好几个别的幽默作家曾经一起前去拜访照例卧病在床的马克·吐温(Mark Twain)。“于是，”邓恩说道，“在那个房间里，我们大家都坐在那里，聊着天，一直聊到我们每一个都为生活和人而伤感，竟至落泪。”当他在构思一篇杜利文章的时候，没有人像邓恩本人这样令人厌烦。他会天天谈到它，从这个观点跳到那个观点再跳到另一个，晚餐谈，午餐也谈；而你不大可能抵挡他的漫谈甚至让他住嘴。他的习惯是和鲍勃·科利尔(Bob Collier)、诺曼·哈普古德(Norman Hapgood)、查尔斯·达纳·吉布森(Charles Dana Gibson)还有那一类的其他一些人一起去共进午餐。有一天，他在我也在，当时，哈普古德为一篇关于爱尔兰人在政治上的不公正待遇的杜利对话体文章而激动，正在跟我耳语。

“我们把你们分成若干党派，”邓恩咕哝着，“然后我们操纵你的党派，根据民意测验把你抛出来；我们会告诉你去跟谁竞选，到时候我们投票支持你。我们干所有这些邋遢事儿究竟得到了什么呢？选区的领导权，或许吧；还有警察的任用权。”他接下去谈及对政治感兴趣的爱尔兰人的工会，这些工会活动出现在州里的政治活动中，进而上升到了国家层面的政治活动当中：爱尔兰人，他们所做的一切肮脏艰巨的工作，以及他们所得到的一切，都是没有价值的、褊狭的事情。这些人当不上总统或者州长，也进不了内阁或者最高法院。……

我们都无话可说；他在糟蹋我们的时光；这个午餐会真丧气；到最后，邓恩还说：“我打算到泰迪(Teddy)那里去，要求他在某时某地挑出某个适宜担任高官的、还算过得去的爱尔兰人来予以重用。”这时，查尔斯·达纳·吉布森向后踢开自己的椅子，站起身来告诫邓恩。

“可是，彼得，要是你能够让别的什么人去为你向总统提要求，比你自己去提要求，我想，情况看上去会更好一些。”

对于我写赫斯特会写些什么，邓恩很感兴趣；他们每一个人都感兴趣。我很快意识到，他们期待着我去揭露赫斯特和赫斯特报系，就像我揭露最腐败的党魁大佬、最腐败的城市一样。而我却没有任何这样的打算。赫斯特，在新闻界，很像政界里的改革者；他是一个革新者，正稀里哗啦地在报界横冲直撞，打算推翻报业既定的常规，因而他不会像我们那样行事。他按照自己的方法行事。报人们和所有不满于那些本来就不令人满意的报纸的读者以为——同各城的好公民一样——他们想要有用的消息，想要多少有些新意的报纸，不过他们并不想要赫斯特不断提供给他们的东西。这是个老故事了：古犹太人一直在期待弥赛亚（Messiah），他们把他描绘成一位登上王位的王者，王将实现他们想要实现的愿望。泽西城的好公民们曾经期待领袖，可他们实在没有预料到领袖会是像马克·费根这样的一个信天主教的爱尔兰人企业家；还有，克利夫兰最优秀的人们盼望被人救助，但不是被像汤姆·约翰逊这样一个快活的实业巨头来救助。噢，我那些靠笔杆子吃饭的同事们就是这样；他们希望某个人会带着足够多的钞票和智慧来打造一家报纸，这报纸他们每个人都爱看，或许还可以愉快地替它写一写稿子。可是，赫斯特——他，带着他的百万美元，正在打造一家没人喜欢的报纸；在每一个他办有报刊的城市里，"人人"都厌恶他那些小刊小报。在我们的俱乐部里，我们不许它出现；我们不会让人觉得我们同意它的意见，除非有的时候我们当中的哪一位"财迷心窍"为它写了稿子。这些"卖文者"当中有几个得体地表示羞愧、表示不惜失信于赫斯特报系。千真万确的是，他的报纸开始赢得发行量。这是理所当然的。他早就发现社会底层还有发行的空间，于是凭着耸人听闻地写出来再配上图片的轰动性新闻，他努力地争取当地人，最终赢得了他们。他是一个煽动家；也支持工会、支持劳工。除了说一说那时的情形比现在更糟，我无法描述那时我对赫斯特的厌恶。我打算要表达这一点；更要揭露他——他和他的观点以及他的方法。一开始，"我们"并没有这样说；人们也不会认为我需要任何的教诲；我还算令人满意。但是，我所写的文章照样还得听我同事们的，不是在它杀青的时候，而是在我一段接着一段写它的时候。我开始变得十分审慎。

我是以一句不证自明的话开篇，"赫斯特就是赫斯特报系"；于是在编辑委员会上发生了一场争吵。流行的推论是赫斯特有钱无脑，他出钱雇人来充当为他打造其报纸的智囊。在纽约，智囊是布里斯班[3]（Brisbane）；在芝加哥，智囊是安迪·劳伦斯（Andy Lawrence）；在旧金山，智囊是一个别的什么人。我指出，那三家报纸，尽管有完全不同的主编主笔编辑，每一家都极其相像；我还暗示，某人不同于这三重唱组合，在所有那些相仿的报社里都是起到决定性影响的灵魂人物。然后我暗示这某人就是赫斯特，我显然意在进一步得出结论：赫斯特有头脑。

“布里斯班！”邓恩惊叫道，仿佛我早已受了布里斯班的迷惑，布里斯班助长了我脑子里的荒谬念头。我反驳道，要是我们打算叫赫斯特难堪、还要因为他的报纸去指摘他，我们就必须证明他为这些报纸承担责任。没用的。首先，我得证明赫斯特报系不存在；其次，又要证明他这个恶人是存在的——存在得恰如他们的想象。一场闹剧！这是一场争论，逐段的争论；后来这争论变得相当地严肃。在这个问题上我们也许已经有了分歧。我这些好朋友不能够理解，为什么在我应该听他们说话的时候，我还要去听布里斯班说那么多。

“可是布里斯班比你们更了解赫斯特，”我申明道，何况那些了解都是可信的；接着我还补充了一句：“他还更公正一些。”他确实如此。布里斯班很了解赫斯特，包括他的长处和短处，这些他都对我说了，他又举例说明了他对此人的既完美又相称的、不带任何成见的分析，他还担心那成见会蒙蔽我。可是，我的同事们发现我完全受了布里斯班的欺骗，都对此大感义愤，看来裂缝似乎要出现了。塔贝尔小姐消弭了这一场斗争，跟她过去在《麦克卢尔杂志》社一样。

“今后别提了。”她说，“我们该给这篇文章取个什么标题？”仿佛它终究会要被同事们接受一样。

约翰·菲利普斯说：“啊，我们可以采用一个简单的标题，比如说：林肯·斯蒂芬斯笔下的威廉·伦道夫·赫斯特——”

“源自阿瑟·布里斯班。”邓恩带着他的盛怒补上一句，于是我们所有人都爆笑，除了邓恩。

此后，所有这样的压力影响着我；我深知这一点。在这类事情上，我不是一个自以为公正善良的家伙。因为激起了一种对“神秘之人赫斯特”（文章最终的标题如此）的好奇心，我的文章引出了我和他之间的一次访谈，在从芝加哥到纽约的一列火车上，跟事先安排好的一样。他说话谨慎，一个小时一个小时地拖延访谈；我们见面的时候他兴致还不高，直到我们渐入佳境。直到那时，他才对我的调查技巧大感兴趣，对我如何追逐赫斯特比对我如何向赫斯特叫板来，似乎表现出了更大的兴趣；事后他向布里斯班说起的评论证实了我这一印象。他说，我是他遇到过的最出色的采访者。他认真回答了我的问题，平心静气地有问必答；到我在纽约下车的时候，对这个人已经有了一种清晰的感觉。

他尊重他父亲母亲的想法和目标，这些只有他这当儿子的才听得到。夸张一点来说，这个为人子者不断追求的，正是乃父的目标。不过，就算没有乔治·赫斯特(George Hearst)的授意和财富，威廉·伦道夫·赫斯特也能够做出他已经做出的成绩。他也有长处；这里面是有血统的；母亲菲比·赫斯特太太(Mrs. Phoebe Hearst)自命不凡，每逢那当爹的把赫斯特领上一条道儿，这当妈的就会把她的儿子扯回来。在我的文章里，我引用了这次访谈，并且稍加评注，不过我肯定没有说出我的真实想法。我认为，赫斯特是伟人，能力出众、自立自强、自学成才(尽管他上过哈佛)而且头脑敏锐；他对道德不存幻想；就他之所见而言，他算看得准的，看得也相当远，比当时的我要看得远得多；而且，他认真对待他经过试验之后所采取的那些方法，一直在力图达到他那未经宣示的目的：凭着既坚忍又坚决的——力量，去确立某种民主的标准。他有雄心，不是要安坐在由他管理的办公楼里，而是要在里面做一些事情，亲力亲为地去做他那些申请求职者从来做不到令人满意的事情。在我的文章里，我说他提议——符合富人的特点——要给人民以民主，如同他的同类给予施舍或者赠送一件艺术藏品。当时，我自己确实也认识不到，在民主政体当中，专政必将起到什么样的作用。我认为他不道德，这才是他的大错；我正在渐渐地克服我自己的自以为公正善良，不过，显然我还没有到赫斯特那样天生的地步，通达那种大胆之人常常据以洞明世事的观点——值得考虑的与其说是道德影响还不如说是经济影响——就在我写这同一篇文章的时候。为了保住我的工作，在这个问题上，我跟我的同事们各让一步，求同存异。因为我留意过他的经历，此时我想值得一写的最合适的评论就是，赫斯特凭着他的坚忍、他非常的忍耐力，并没有要求他自己的主编主笔编辑去理解他的方针策略。他超前于他的全体职员太远，以致于他们都很难理解他；此后，他们当然也不可能使这个杰出的人或者他那些完全合理的想法得到他的读者——赫斯特希望为之服务的人民——的理解。

不过，我还是写了一篇关于赫斯特的文章，《美国杂志》——由它的作者群独自管理着——打算发表，后来也确实刊登了此文。我成功了。

译注：

1，一事成功百事顺，英语中有谚语 Nothing succeeds like success，作者在这里把这句谚语改了一个字：Nothing fails like success。

2，诺克，Albert Jay Nock，1870—1945，有影响力的美国自由主义作家，教育理论家，20 世纪早期、中期的社会批评家。他谴责一切形式的极权主义，对民主制度也极为严苛。20 世纪 30 年代，诺克是罗斯福新政最一贯的批评者之一，他认为，新政不过是联邦政府加强控制社会的借口，总统将空前的权力聚在手中，这将演变为一场不折不扣的政变。http://en. wikipedia. org/wiki/Albert_Jay_Nock

3，布里斯班，Athur Brisbane，1864—1936，20 世纪美国报纸最知名的编辑之一。在美国和欧洲接受教育，1882 年开始当记者、编辑。他是被赫斯特从普利策那里挖过来的。在他的葬礼上，赫斯特说："我知道，他是他的时代里最伟大的报人。"http://en. wikipedia. org/wiki/Arthur_Brisbane

俄勒冈的木材诈骗案

赫斯特之后，我揭露的是旧金山的工党[1]政府，虽然只是一个开头。我一直在为我昔日的好奇心——采访波士顿和位于华盛顿的联邦政府——做着准备，而且，这些题材会让我那些在《美国杂志》要笔杆子的同类感兴趣的；他们也许想要参与写作一篇关于一个东部城市、关于联邦政府的文章，尽管旧金山远在天边；他们并不认识那里的什么人，我想，好在我可以根据我自己的兴趣做事。我的兴趣就是要让人们看到工党政府的内幕。

因为最近见识过了商人执政的一个样本——在人寿保险的几次曝光中——我可以把旧金山当作对于改革理论的一场切合实际的试验，这理论获得了自由主义者、半激进分子(semi-radicals)和工人们的广泛支持，即，一个由劳工掌握的政府比由资本家、雇主、商人或者他们的代理人掌握的政府好得多。

然而，另一个更多地涉及私人的原因驱使我向西。在内心里，我早就想回家住在加利福尼亚。这个念头，对我的妻子或者我的同事们，我都没有提起过。我妻子专注于营造可爱岬(Little Point)，这是我在康涅狄格的里弗赛德(Riverside, Connecticut)买下的一个乡间住宅，在圣安娜河的对岸，科斯科布港的下游。她喜欢那个家，实在不喜欢加利福尼亚或者加利福尼亚人。她从来没有去过加利福尼亚，可是她听到过加利福尼亚人谈论加利福尼亚！对她来讲，这就够了。“要是那里那么棒，你们为什么都不去那里？”她说。我提醒她，我从来没赞美过那个州、也很少向她说起过它；她当然不会怀疑我对我自己的、土生土长的州的渴望。我的加利福尼亚观就是，假如有朝一日我能带她去到那里，这个州或许就能赢得她的心；我可以把为加利福尼亚——加利福尼亚和西部——说话的机会留给它自己。要“做”旧金山，我就得回到那里，去密切注意那位首席检察官弗朗西斯·J·赫尼[2](Francis J. Heney)的经历。他在亚利桑那陷入了一桩丑闻，在图森(Tucson)枪杀了一个人，这在旧金山一直被人看作是他的污点，而我必须了解其中的全部情况。这意味着我得对亚利桑那州略知一二。当时这位狂野的西部改革者，这位来自加利福尼亚和亚利桑那的牛仔和神枪手，成了西北部——尤其是俄勒冈——那些木材诈骗案的首席检察官。我必须了解那个州，了解那里往北各州以及由内务部、司法部这两个政府部门所表现出来的联邦政府的作用。接下来就是加利福尼亚了。我说服我妻子跟我一道踏上这去往遥远西部的漫漫旅程，只说这事关我的职责，其余的只字不提，更没有提及我心里的主意：要让她喜欢上西部。

我们先是在丹佛稍作停留，只是为了去探望我在那里的改革派朋友：本·林赛和詹姆斯·H·考西(James H. Causey)、爱德华·P·克斯蒂根[3](Edward P. Costigan)和克斯蒂根太太，而不是为了要去欣赏这个城市的天高云淡、空气清新以及远在天边的落基山脉(Rocky Mountains)。那座城市的魅力或者我朋友们的魅力，我都不曾说起过，而等到她为之倾倒的时候，我却因为我被那以丑陋为能事的行为所吸引而感到意外，本·林赛和他那帮男女老少为了他们微不足道的改革而不得不与这些丑行作艰难繁复的斗争。

在我看来，亚利桑那州的图森，不过是弗朗西斯·赫尼之奇遇的舞台。如果一定要将她本身比作一幅图的话，那就是一幅黑白极其分明的图、一幅排列着冰冷黑暗之阴影和热烈白亮之光明的图。而且，跳出当地，从亚利桑那来看，从你可以想象地球之圆的沙漠来看，她也确实具有那样的特征。我假装对所有的美景视而不见，只管谈论新的见解，谈我从一个新社会中文明民族之腐败的初级阶段当中、从一个新生社区自然而又粗俗的行贿受贿及其效力当中不断得出的见解；谈论赫尼射杀图森的那位政坛大佬的真实性，真的是因为那个家伙将要开枪而赫尼为了自卫才开枪的吗？根据确凿无疑的本埠新闻，故事是这样的：这位指挥一切、指挥一切人的大佬，为了阻止他老婆跟他离婚，公开威胁要射杀任何一位胆敢受理她的诉讼的律师。赫尼这个从大牧场搬迁来要从事法律事务的牛仔，受理了这个女人的诉讼。人们说他曾经讲过，“在一个我要创招牌的城市里，可不能拒绝受理任何案子。”那位丈夫曾经每天和赫尼一起搭乘一辆只有一个马车夫一匹马的四轮轻便马车一路回家，不停地辱骂他，要他“退缩”。偏偏赫尼是一个好斗之人，不退缩；“我不打赢这场官司绝不退缩”，他说。后来，一天中午——离婚获准之后——赫尼遇到这位大佬丈夫穿过市镇广场正向他冲来，端着枪，一大群人在围观。他势如公牛，手无寸铁的赫尼向这位大佬扑去，抓住了那凶器，两个人的力气都用在枪上，四只手都紧抓着它，当枪一点点地反转指向其对手的身体时，赫尼开火了，那位大佬倒地身亡。大陪审团根据目击者们的一份证词，认定这是正当防卫。

我关注的是赫尼这个人的崛起，从他在这个州到处与他所遇到的每一种恶行所作的偶然斗争，到他做州务卿，后来，参与内部机密，在核心他目睹了一个新加入联邦的州日渐通行的腐败；还有他跟其中的某些人所达成的不得已的妥协。他无法跟所有的腐败作斗争；许多热情支持他的人变得和他们的敌人一样腐败。赫尼真的不更世事，因此在亚利桑那，从政治上他被打败了，但是作为个人，他永不言败。我想，这别具一格的经历配上这如画的背景迷住了我妻子。她不停地谈论这里的冬天、这里每天灿烂的阳光，我能够理解；在我们悠游其间的科罗纳多、亚利桑那和新墨西哥，我们没有碰到过一滴雨。

在结成联邦的这些州里，新墨西哥是最奇特、最夸张、最显著而且其美丽最不可思议的一个州。我看见我妻子面对新墨西哥紫色的群山啧啧赞叹，跟我曾经见过的东部人在描绘群山沙漠的画前啧啧称赞一个样儿。敢于去表现——不是临摹而是只作暗示——西南部的色彩轮廓的那些画得逼真的画家，例如约翰·奥谢(John O'Shea)，会告诉你那些艺术爱好者对于画家们植入画中的“谎言”的愤怒之情。当我们穿越绵延起伏的群山悠然旅游来到这片无言沙漠的纯粹沙海的时候，我这位有鉴别力的妻子顾盼着沉溺其中。美极了。她多半谈的是天气，天天阳光充足的天气。可是我知道，她是折服于西南部了，因为有一天她说，“加利福尼亚不可能比这还美，是吗?”且慢，我当时在想；我们正在接近州界。

我们越过州界进入加利福尼亚的那一天，天开始下雨。雨开始像是一种和缓平静的宽慰，浇凉了空气，降伏了灰尘，接着，那雨聚集了力量；它倾盆而下。你无法看到桔林；能看到的就是上涨的河水、奔流的洪水、冲溃的路桥堤口。洛杉矶没有什么街道了，只有浑浊的水道，于是我们不得不在那里停留片刻。雨下个不停；在圣迭戈(San Diego)这个我曾经“不得不潜入”的地方，也下着倾盆大雨。在去往旧金山的路上，因为路桥被冲溃，列车被延误了。就在天依然下着雨的时候，我妻子说，她看到好多工人扛起一边的铁轨，好让我们的列车缓缓通过!

旧金山也在下雨。我只好停留在那里，去访问人们称之为贪腐检察官的那些人：弗里蒙特·奥尔德[4]（Fremont Older）、鲁道夫·斯普雷克尔斯、弗兰克·赫尼、威廉·J·伯恩斯[5]（William J. Burns）。他们接纳了我，就在我快要接近事件的隐秘之处的时候，我却病倒了，因为天雨。我妻子想要接下来去——别的地方。好吧，反正我在俄勒冈还有许多事情要做；于是我们搭火车去波特兰（Portland）。这条穿越加利福尼亚北部的铁路沿途经过相当优美、相当壮丽的景色。可我们什么也没有看到，看到的只是雨，我们在加利福尼亚期间自始至终倾盆而下的雨，整整下了四十个日日夜夜，当我们转进俄勒冈的时候，雨住了，加利福尼亚的雨住了，可俄勒冈还在下雨。我妻子在波特兰病倒了；她吃鱼受了感染，却归咎于下雨。这时，当她卧病在床的时候，一封电报催她速归；她的父亲病危。她起床下地，搭上了东去的列车，她走后的第二天，我就转发了一份她父亲逝世的电报给她。打那以后，在我家里，我们再也没有谈起加利福尼亚和西部；而且遇到加利福尼亚人在言谈中提及他们的州，我们也都保持沉默。“我们了解加利福尼亚；我们在那儿呆过；没人能告诉我们阳光灿烂的加利福尼亚是什么样子。”我们打算在东部度过余生，在那里，你有时候还真的能见着太阳。

我被孤孤单单地撇在波特兰的时候，太阳出来了，我可以看出俄勒冈正处在开化的初级阶段，在这里，经过充分权衡的人们容忍那些民意领袖参与腐败。跟亚利桑那如出一辙！亚利桑那州的州长——赫尼在他的手下做州务卿——过去是一位主编；这位当地主要报纸的主编为了想要入选联邦参议院而正在作一笔金钱交易，在俄勒冈被人抓住了。W·S·尤伦，这位“拟订法典者、公民创制权及公民复决权之父”、平民党[6]（Populist）的领袖，是一个强有力的院外说客，同罗斯福一样，他也想跟贪腐体制斗法。他让所有位高而又腐败的政客投票赞成并最终通过了他称之为人民自治工具的那些法案。他是通过交易才做到这一点的；他用平民党在参议员选举及其他事务上的投票权来换得政党核心投票支持他的民主措施。否则，俄勒冈的现行体制以及俄勒冈的各个城市就会跟别处的现行体制一个模样儿。

木材是腐败的新源头。当然，铁路公司、公用事业公司、道德败坏和犯罪活动都是首要的腐败原因，盗用公有土地和木材补贴等等却仅仅限于第一流的既得利益者，而这正是弗朗西斯·J·赫尼的检控和威廉·J·伯恩斯的侦探工作所揭露的内容。这也是我的特别选题，作为一个报人，我乐于向报人们指出，从一桩过去的曝光中发掘新闻并不难。证人们握着有价值的信息和文件，斗争还在进行的时候他们绷得紧紧的，要到事情总算结束了，他们才会松懈下来。看到对自己所掌握的真相细节的关注突然消失，他们一般都会吃惊，有的时候还会伤心。我常常发现，曝光过后我出现的时候，总有些人愿意来找我，就为了要告诉我他们从前没有讲过而现在后悔有所隐瞒的一些情况。好题材最恨被浪费，在俄勒冈也一样。本来，由伯恩斯精心取证再经赫尼起诉的那些案件的审判记录就足够了，不过，他们未能说服的证人现在对我毫无保留，很快，我就得出了一幅完整的画面：关系密切的大小犯罪、犯罪所运用的手段方法——遍及森林密布的西部——还有反对妨碍此等油水多而破坏性强的贪污贿赂的社团的兴起。

在这个案件里，干扰来自外部。臭名昭著的木材诈骗案的系列起诉，由罗斯福总统的首席检察官下属的反腐败法规处负责，而方针对策则由联邦内政部负责。经办此事的个人和群体是这些部门驻俄勒冈、华盛顿、加利福尼亚以及其他西部各州的分支机构里的一些人，还有，该州官员和当地政党也参与其中。来自这些州的参议员、众议员和被委任联邦官职的人们，已经勾结在一起防备并利用联邦各部门，以图助长木材诈骗，因此，这篇未经删节的报道，就是对地方上的、州里的乃至联邦的运作体系结成一体的一番审视。一段昔日的真相不合时宜地显露出来了。这正像我们已经说起过的，一个铁路委员会，无论是州的还是全国性的，设立之初都是为了制约各铁路公司，最后的结果却是成了那些铁路公司的代理人；一个控制公用事业公司的委员会最终反倒代理起这些公司来，跟消费者作对；被派去制止犯罪的警察被人腐蚀转而纵容罪犯——完全都一样，一个为了执行土地、木材及矿产法规以保障公共利益而创设的联邦部门也如此，(通过维护派系私利而不讲原则的任命委派)被组织起来，被有计划有步骤的贿赂所收买，进而袒护地产上的不当牟利者、木材窃贼和矿业大黑手。

到了指控多宗木材补助诈骗案的星星之火爆发成一场呼呼烈火的时候，内政部长——来自中西部的一位非常杰出的律师、政治家——决定对此采取行动。他实在难以置信，会发生这样的诈骗，尤其是在这样一个由他接手并督导的、貌似正派的部门里。他观察过其中常任官员的面相；看得出他们都是好人、正派人；但是他不得不行动。他请财政部从特勤局派一位能干、诚实、值得信赖的侦探来。威廉·J·伯恩斯来了，说他将进行调查然后呈交报告。短短的一段时间，几天之内，伯恩斯回来了，说情况属实；确实存在大规模的木材补贴，而且他还列举了这个部门里的有罪之人，其中的一些人跟这位部长还很亲近。

部长惊讶地后退了几步，抓住他的办公桌，带着他职业性的傲慢对伯恩斯怒目而视，他并不感激这位侦探。等一缓过神来，他抓起电话，要求财政部弄走他们的人伯恩斯，再给他派一个如他先前所要求的、值得信赖的侦探来。

这一来，伯恩斯所做的首先就是要查明在这个部门里是否存在大量的贪腐行为。任何一个知情的坏蛋都会把真相告诉给任何一个理解能力相当的"聪明人"。伯恩斯听说存在有非常多、非常聪明、非常稳妥的贪污贿赂，还听说了这大体上是如何被人操办的。于是伯恩斯调查：如果确实存在贪腐的话，从上到下哪些官员可能参与了贪腐。换句话说，位居在那些必定了解将要发生的事情并采取行动使之成为可能的职位上的，都是些什么人。这，也容易查明。任何一个有想象力的人都能明白这就是贪腐体系，而伯恩斯就有想象力。他也许把这叫做常识；我发现，他总是没有意识到他有天生的洞察力，而这只在艺术家中间才常见。那部长实在没有洞察力。假如律师们有的话，他们也似乎是要把这洞察力拖出他们的头脑，代之以他们所谓的证据。伯恩斯也了解证据的重要性。他向部长承认，他并不是假装掌握了支持他判断的证据；他只是有些怀疑，那就是推测(a priori)，不过这推测是合理的；也许要花上一年或者更多的时间，但是他知道到哪里去寻找这证据，而且他必将找到证据。

部长不会给这样一个家伙一年的时间。他受了惊吓，于是他就吓唬伯恩斯，这倒是伯恩斯从财政部那一大群特务当中崭露头角进而成为一个大侦探的机会。他孤注一掷，何况他也不是没有对策谋略。他说，要是部长能给他几天时间，他将向部长证明。他将会从某一位接近部长的、相对高层的常任官员那里获得一份完整的供状。

这话——也或许是伯恩斯的气势、又或许是他的意志力——必定说中了这位没有想象力的部长的心思。他准许了，于是伯恩斯冲了出去，进驻那个部门，来到他先前指控过的那些人面前，反反复复打量他们，挑了一个出来，这是一个南方绅士，仪态尊贵却又嘴拙眼怯。他到他家里去拜访他——我想是这样的——然后说："你是一个坏蛋，我们早就注意你了。"

伯恩斯指着这个家伙的脸提出他的指控，他自己一脸的铁证如山，还摆出一副机智之人的姿态。我亲眼见他这么做过。这是在演戏，不过任哪个戏台上的演员都没有动机或者技巧能表演得像伯恩斯所能表演的那样——要击垮一个人还要迫使他"就范"。在这个案件中，伯恩斯是在为他的生计而表演，和他的对手一样，此人不得不扮演一个清白的"南方望族绅士"的角色，一如他的表白。可伯恩斯是一个更强势的人，一个更出色的演员，他向这个受到指控的人描绘了要是他有罪，他必将落得什么下场。总之，伯恩斯把想象当做真实来描述，于是——这个家伙崩溃了，供认了他所有的不端行为，还告发了其余的人。在得到应许的时限之内，这位侦探向部长描述了苦恼的、供认不讳的官员们连环犯罪的场面，其中的一些正是伯恩斯如此轻巧、如此果断、如此令人惊惧地指控过的人。

部长只得让伯恩斯继续他的调查，接下来，搜集证据，出庭，定罪，实实在在花了一年多的时间，附带还揭露出了俄勒冈及左近各州的木材补贴的整个贪腐体系。赫尼成为该案的检察官。尽管是该州的局外人，他很快发现，当地的木材窃贼、地产及木材公司不仅收买了那个部门——得到了他们想从部里得到的一切——收买了参议员众议员，还收买了联邦法官和联邦司法区执法官、市司法官、警察局长。在他能够召集不固定的陪审员候选人、依靠法庭法院、最终有公平的机会去宣判有罪之前，赫尼不得不前往华盛顿，请求总统罗斯福调换法官、罢免地方检察官还要任命执法官、司法官、警察局长。直到那时……侦探伯恩斯，以及赫尼向罗斯福要来的联邦司法区执法官查尔斯·里德(Charles Reed)——杰克·里德[7](Jack Reed)的父亲——才敢保证，各个陪审团是公正的。

当改革者们在同贪腐体系作斗争的时候，他们"不得不"走门路、要手腕，还要运用政治游戏中的计谋花招，用贪腐体系之道还治其身。

在我为了循着贪腐之迹追踪报道而离开俄勒冈前往旧金山的时候，我相信，我了解我所报道的人物，了解他们的经历、手段、失误和长处。我也一直在问自己，是否人谁无过而错只在"贪腐体系"。这，是一个经常浮现的念头，就在我骑马越过树木茂盛的巍巍群山再一次进入加利福尼亚的时候，这个念头在我的脑海里强烈而又清晰。

译注：

1，工党，Union Labor Party，加州旧金山在20世纪前十年的一个工人阶级政党，该党支持土生居民保护主义，1901年之后在劳工运动和城市政务上影响突出。http://en.wikipedia.org/wiki/Union_Labor_Party

2，赫尼，Francis Joseph Heney，1859—1937，美国律师。担任过亚利桑那州总检察长（1893—1895）。在俄勒冈土地诈骗丑闻的一系列审判（1905年）中，他将33个掠夺了联邦土地、公立学校土地和印第安人保留地木材资源的罪犯绳之以法，赫尼的检控清除了国家土地局的许多员工，但没有能够将该局前局长 Binger Hermann 定罪。他使联邦参议员 John H. Mitchell（死于上诉期内）、众议员 John N. Williamson（联邦最高法院推翻了他的定罪）和俄勒冈地方检察官 John Hicklin Hall（后来塔夫脱总统赦免了他）被判处徒刑。赫尼还主持了对旧金山贪腐案的检控。http://en.wikipedia.org/wiki/Francis_J._Heney

3，克斯蒂根，Edward Prentiss Costigan，1874—1939，美国民主党政治家，代表科罗拉多州的联邦参议员（1931—1937）。1900年开始在丹佛做律师。1917年被威尔逊总统任命为联邦关税委员会成员。http://en.wikipedia.org/wiki/Edward_P._Costigan

4，奥尔德，Fremont Older，1856—1935，报人。在旧金山做记者、编辑将近50年，以其反对市政腐败的运动而知名。1895年成为《旧金山公报》（*San Francisco Bulletin*）的主管编辑，在与旧金山大佬 Abe Ruef 的核心组织较量时声名远播，这场较量导致了1906年之后的贪污贿赂审判。http://en.wikipedia.org/wiki/Fremont_Older

5，伯恩斯，William J. Burns，1861—1932，被誉为"美国的福尔摩斯"。1921—1924年担任调查局（BIO，Bureau of Investigation，联邦调查局FBI的前身）的局长，他的探案事迹多见于报刊。http://en.wikipedia.org/wiki/William_J._Burns

6，平民党，Populist，19世纪90年代美国中西部和南部农业改革者的政治联盟。

7，里德，John Silas "Jack" Reed，1887—1920，美国记者，诗人，共产主义活动家，列宁的亲密朋友。亲眼见证了俄国的十月革命，写了《震撼世界的十天》。后因叛国罪被起诉，逃亡到苏联。

旧金山：一个工党政府

在旧金山的俄罗斯山(Russian Hill)街区的一个山头上，一所简洁耐看的小屋里，住着一位绅士，约瑟夫·沃斯特先生(Joseph Worster)，一位极有鉴赏力却极其害羞的单身老绅士，他热爱这个城市，这个城市也以某种方式谅解他。在有轨电车工人罢工期间，一个很少动感情的劳工领袖遇到他正在步行，便劝道：

“您该坐车的，沃斯特先生。噢，当然，我们请求每一个人用步行来援助我们，不过，那不是指您。您搭辆车吧，我们会谅解您的。”

沃斯特先生谢过了这位罢工领袖，继续步行。他坚持步行，直到那场罢工结束。

这样侠义的人成了我的精神导师，指引我穿越当地从事贪贿的重重迷网。作为一个新英格兰人、一个斯威登堡新教会(Swedenborgian)的牧师，他自认为品行端正，全体市民也认为他就是品行端正，然而他实际上是一个唯美主义者，他所考虑所实践所体现的是美，并非善和真。他的小教堂是一件艺术品，一座供欣赏的殿堂，镶嵌在一个开阔、凉快、布置井然的花园里。他的教养跟他的天性之冲突令他困惑。一天夜里，他站在他的山头上，和平时一样，穿着他那身裁制得体、掸净熨平的黑色牧师装束，目光掠过旧金山湾，俯瞰着唐人街(Chinatown)、小意大利(Little Italy)和巴巴里海岸区(Barbary Coast)的红灯区，他喃喃低语道：“真美。”

“可是也真邪恶。”一段长时间的静默之后，他对我补了一句。“非常邪恶。你知道吗？我觉得，这倒是我为什么这么热爱这里的缘故，这个邪恶却美丽的城市。”

他说着这些，看上去对自己感到害臊。有一天，他坦陈他“喜欢”那场令人不快却又无可指责的、与每天都有的不理性的贪腐曝光共喧嚣的有轨电车工人大罢工的时候，也就是这副神态。不过另一天，当我问他从州监狱一释放出来就被他带回他的屋里的那两名前罪犯怎么样了的时候，他看上去并不害臊，反倒理直气壮。

“噢，他们走了，”他眼光闪烁，“我抓到他们翻看我写字台上一些我写的东西。”

“这样啊!”我说,“你原谅过他们的窃贼行为,却不原谅——”

“啊!可他们应该做彬彬有礼的人,”他回应道,“哪怕是窃贼。像这场罢工一样,像本地的贪贿和对贪贿者的起诉一样,像这个邪恶之城本身一样——每一个人每一件事都必然是——可以谅解的、美的;而不是丑恶的。”

像常有理先生一样这么说过之后,这位审美力过分高雅的仲裁人缩了回去,缩回到他谦恭的惯有风度里去了;这让我困惑,直到一天下午,我们在法庭上听完证言、见过一些反复叛卖的彻头彻尾性本恶的证人之后,从法庭里一起出来,他在人行道上停住脚,垂下双眼说道:“要是这样的话,我们都是这样干的!”

“你,沃斯特先生?”

他抬起眼看了我一下,转过身去,又低下了眼。

“我——我就像审判室里的那些可怜虫一样,从内心里来说。我暗地里所作的恶,比他们的任何一桩都更坏。这是不自然的,带着不自然的优越感。我坐在那里听那些证人说话的时候,你知道我一直在对自己说什么吗?我不断地说,‘嗳,我不会那么干,不那么干。’”

“可你确实不会,不是吗?”

他惊讶地看了看我,走了几步又停了下来,脸有点红,他说:“我从来没有干过他们所干的任何一件事,试都没有试过。不过,我做过类似的事情;让那些人在法庭里自作自受的那些事情,我做过,对于没有做完的坏事,我听之任之。我一直想把这一切忘掉。”

他继续前行,我陪着他走了一两个街区,他再抬起他的头的时候——几乎是在悲叹:“我不能够——在任何时候——忘掉我新英格兰的优越感。”

他的脸没有一丝笑容,变得苍白,比他的头发还要白,衬托着他雅致的黑衣黑帽。他在深自反省。沃斯特先生是为数不多的、没有被旧金山贪贿检控当局定罪但是被证明有罪并令其改过自新的人之一。弗里蒙特·奥尔德(Fremont Older)则是另一种人。

奥尔德是触发这一切的人。他是一个高大、任性、非常情绪化的主编,作为一名报人,起初他被掌控了这个城市的新一拨贪贿者们不加掩饰的得意所激怒。他目睹过大量的权术手腕,也揭露过其中的一些事情。在旧金山和加利福尼亚，贪贿是常有的，不过昔日的常规相对地还算是有条理的，也还过得去，是缓慢而合乎常情的发展产物。该市新的工党政府，由一个年轻的大学毕业生阿贝·鲁夫[1]（Abe Ruef）来当头儿，当地音乐家联合会、市长施米茨[2]（Schmitz）和一个劳工镇长区长委员会来做他的门面——这一帮新进的人对政治上的特权和不义之财还不太适应，他们掌握了比他们曾经梦想拥有的还要多的权利金钱，结果却没有给他们带来“责任感”，这“责任感”能将激进派转变为稳健派，人们对此还信以为真。他们完全忘掉了其左派工党的大多数目的，那是因为他们越来越醉心于贪污贿赂。附带说一句，这正是权钱所致的保守主义的真实心理。这个工党政府垮台了，像许许多多的大学生一样，耽于享乐，耽于不断贪贿的迷醉，终于，奥德尔这个一直在窥伺着的报人碰到了机遇，他们随意的行为让他得到了——新闻。

弗里蒙特·奥尔德去拜访鲁道夫·斯普雷克尔斯这位笑口常开的、年轻的、就个人而言很强势的百万富翁，向他寻求帮助，此人曾经跟贪污腐败斗争过几回也赢过几回，这些带着微笑进行的斗争极有启迪意义，而他与之斗争的公司里的贪腐和惯常做法，则类似于人寿保险及其他公司里被揭露出来的那些情况。成年之前，在宾夕法尼亚，他目睹过机器被人为毁坏，那是因为他父亲那些被竞争对手的代理人收买了的雇员蓄意的破坏。他也曾发现，他的夜班主管被当地托拉斯腐蚀而听任货物被糟蹋，还有他的簿记员领班每天向对手传递信息。这就是他所受到的教育，他没上过多少学，根本没进过大学。他没有学到过终将破灭的任何幻想，如我之所学。他并不认为商人就好、政客就坏，这个年轻人亲身体会到，资本家也要“抛砖头”、“破坏财物”、“妨害交易”、经常走门路、虚报工资总额，还要买通政界的以及商界的大人物；他还体会到工会也一样，加入了工会的工商企业可以联合各家银行对付一个破坏罢工的借款人。他的父亲克劳斯·斯普雷克尔斯（Claus Spreckels）在一场商战中把上述最后那招数留给他去完成，附带说一下，这场商战，鲁道夫赢了，还赚得了他的头一笔一百万。他战无不胜，是我所遇到过的最自信的斗士，我认为原因就在于他凭着阅历对游戏规则、对自己都有所了解。因为从来没有人教过他那些我们称之为理想主义的鬼话，所以他见怪不怪；对于人们突如其来的卑劣举止，他也不会感到失望；在他青年时代的成长时期，一遇到年长一些的人，他就拿他们自比，然后径直钻他们和他们的那些邪门歪道的空子。他看上去像一个理想主义者，不过，他的理想主义是基于生活的真相以及他自己从容不迫的实力之上的。

当奥尔德敦请他促进当地的贪污贿赂检举的时候，斯普雷克尔斯笑了。他自己早就下决心要调查、揭露并终止工党的贪污贿赂，并非因为这是工党。他明白，同共和党不拥护共和政体、民主党没有民主精神一样，工党也不是劳工势力占优势的——根据和其中每个党打交道的感受而言。对他来说，它们都相像，不过，工党是新冒出来的，而且——在奥德尔看来——“无知、不公正、下作”。阿贝·鲁夫曾经带着有企图的建议来找过斯普雷克尔斯两次。头一回的建议是要给斯普雷克尔斯和他那些公司当律师；这位工党党魁说他是一个能干的律师而且“在其他方面也能帮上忙”。第二回，鲁夫提议，替银行家斯普雷克尔斯去调动工会给债券的发行添乱——不管他的出价多么低——用下令举行一场短时间的电车工人罢工的办法，去吓退其他所有的出价人，他们不会知道骚乱只是暂时的。既然由此而预见到工党乐于为资本家去做的事情，他确信其他的生意人接受了被他拒绝的提议。简言之，斯普雷克尔斯认识到，从各个方面——从劳资双方、从党内党外——来看，这个工党政府乐于代表千篇一律的生意、恶行和犯罪利益集团，这些正是他做过生意的每一市每一州里的每一个其他党派所代表的。于是，他打定主意，告诉几个朋友，他打算要做奥德尔建议过的事情。

因此他们一拍即合。奥德尔将对工会的贪贿分子关注得多一点，斯普雷克尔斯则多关注资方的贪贿分子，两人一致同意继续干下去。他们曾经目睹了弗朗西斯·J·赫尼和威廉·J·伯恩斯在俄勒冈艰难却坚持不懈而且还胜利在望的斗争，何况赫尼就是加利福尼亚人，出生在旧金山。奥德尔东进，请求总统罗斯福允许他们“追随”赫尼和伯恩斯，T·罗斯福同意了。虽然其间发生了地震和火灾，但是这四个人终于还是开始了这起著名的旧金山贪贿案的检控工作。

等到我寻着赫尼和伯恩斯在俄勒冈的踪迹而至，他们把我当作是所谓的预言家和爱说笑话的人而让我与闻他们的讨论；从此我开始发表预言。我能够预言；我有事后之明。当然，他们也有一点事后之明，不过他们——我就是这么对他们讲的——远在我之后。比如，他们都是正派人，还处在我在芝加哥被克拉伦斯·达罗指责为信奉正派的时候所处的阶段，他们相信世人分成正派人和骗子。伯恩斯对于骗子坏蛋窃贼另有一种说法，他说他们都是狗娘养的。然而，不管这四个人称呼他们什么，四人都得到了所有好市民的支持，动手逮住并惩罚那些不正派的人，还选出正派人来担任公职，斯普雷克尔斯还提出对这些人也要长久地留神观察。对一个爱说笑话的人和一个预言家来说，他在那场检控当中处于一种可进可退的位置上。

“鲁夫还有我再加上沃斯特先生，都是绝无仅有的、既不是骗子又不是正派人的家伙。”我说了一句俏皮话，“等着瞧。”我预言道。

在追逃缉恶的开始阶段，那些将要被捉住的骗子坏蛋窃贼，都是一些小政客、收受贿赂者，正派的共和党人、正派的民主党人、正派的商人还有正派的男男女女普遍地认为这些坏蛋都是工党政客。“你对一个工党政府又能指望什么呢?”他们说，对此惟一的回应来自于当地的劳动者——他们不断地感觉到了阶级歧视——倾向于保卫工党。阶级界线逐渐形成。不过正如斯普雷克尔斯所预料的那样，这些工党议员被资方收买的证据一旦开始公开，工人们都会震惊，进而要求惩罚这些卑鄙的受贿者。

我的预言或者笑话——哪里有受贿者哪里就有行贿者——是对其他城镇的经历的事后总结。本案的原告及原告律师对此点头称是，“理所当然。”可是，他们会理所当然地根据这个理由去行动吗？要“驳倒”行贿者，他们就得有受贿者的证词，而这么做的代价就是要放过这些受贿者。嗳，他们就打算这么做，千真万确。他们正在追查阿贝·鲁夫这个首恶的行贿者，他们和大家几乎每一个人也都同意这么做。而我则预言，事实上的行贿者——搬运钱财的那个家伙——绝不会是从他自己的口袋里掏出钱来的，他就是一个代理人，从上级那里领得钱来再付出去。例如鲁夫，就只是一个掮客；他为他人作中人，这些人很可能是知名的商人和精英市民，自己不去犯重罪，就得让别的什么人来作恶，这别的什么人经过了考验的确忠实，是他们能够信任的。鲁夫这位执政的党魁，应该清楚，在旧金山，那些上级都有谁。

此案的对策委员会的那些会议很有趣。我算是一个专家委员，懂得如何让我的建议在某种程度上被人接受。我会先探明那些拿不定主意的人真正想要做什么，然后建议他们如此这般。宣传也照此办理。你不可以告诉任何人任何他确实不知道的事情，但是，你可以提醒人们记起他们确实知道的事情，甚至有的时候还可以让他们的见闻发挥作用。这四个任性固执的人明白我要提醒他们的是什么：旧金山概莫能外。这起贪贿案的检控当局的方针应该是——正如过去在一定程度上就是这么办的——要抓住受贿者，然后放过他们以换取指证行贿者的交待；然后抓住诸如鲁夫及其余党这样的行贿者，再放过他们以换取指证他们所代理的实业界大老板的交待。再然后，找到一份有逻辑无危险的供状或者解释，说明正因为此，才导致这个城市的那些领导人腐蚀了他们的城市，最终，放过他们。这就是全部，惩罚全无。总之，为了旧金山的这一场揭露——揭露出通吃该州的商业对政治的腐蚀从而表明一直在伤害我们的是“什么”而不是“什么人”——我滑稽地费力前行，玩笑并思考着。

除了最后那条暗示以外，我这些话成了这起贪贿案的检控当局的方针，当然也很适合。要放过每一个人，对他们来说太过分了；有些坏蛋该当受罚。俄罗斯山上的沃斯特先生“喜欢”这个宽容的理念，可他是一个基督徒，本就是罪人一个，他还不愿意看到其他罪人受到惩罚。而这个贪腐案的原告及原告律师——正如我所说的——老是自以为公正善良，他们嘲笑我的哲学和我那些解说性的报道，仿佛他们想出了检控程序的行动方针，世人——几乎整个世界——就都会追随他们。

波西米亚人俱乐部(Bohemian Club)举办了一个餐会，在会上赫尼和我作为嘉宾讲了话，讲了一些想人人之所想的话。鲁道夫·斯普雷克尔斯经常带我去他的太平洋俱乐部(Pacific Union Club)，我看出许多很知名的商人在避开我们，有几个跟我们还关系密切；不过通常，我们还是会受到带有由衷赞许的接待。我们在伯克利的母校先是邀请我去演讲——我是这里的毕业生；然后邀请赫尼，他是因为打斗而被开除的——正如他在他的演说中所说的“因为同样的理由我又被叫回来对你们发表演说”。校长本杰明·艾德·惠勒(Benjamin Ide Wheeler)私下告诉我，我们的母校将要授予我俩名誉哲学博士学位。我把这个消息低声告诉了赫尼，我还低声预言了：如果到举行学位授予典礼的时候那场检控超出了受贿者的范围、将要触及高官要人，我们就做不成博士了；我们将再也得不到什么宴请和演讲的邀请，而我也会从当地的各家俱乐部里被人赶出来。那些分发贿金的商界领袖也掌控着荣誉。这个预言应验了。终于，有人要求斯普雷克尔斯不要再带我进他的俱乐部。本来，要忍受他这一个开除不了的会员就够糟糕的了；或许，我俩——都说是腐败界的名人呢——凑到一起就太糟糕了。其他各家俱乐部情形都一样，在高官要人出没的任何地方，我们就得不到任何邀请。我还记得，就在学位授予典礼日，我带着预言家刻薄的满足看着赫尼从一张报纸上细看毕业生名单和新进荣誉博士名单，查检的时候他还堆满了微笑，后来一边把报纸递给我，一边说："想知道为什么我们得不到我们的荣誉学位吗？看一看校务委员的名单吧。"

据我回忆，这名单上的那些校务委员，在赫尼的任何一起案件或者起诉当中，没有一个被点名；其中也没有一个曾经做过被告或者清楚明确地受到过指控。不过，他们当然都是商界、法律界和社交界的头面人物；他们正是受到任命委派去管理去装点各所大学、各家人寿保险公司等等机构的那一类人。然而，到了那个时候，这一场贪贿检控已经成绩斐然，以致于那些校务委员中的一些人和弗朗西斯·J·赫尼都确信，这一系列的揭发拐弯抹角地指向他们或者他们的朋友、指向他们的那些"既得利益"。阶级界线日渐明显，这些自以为公正善良的人们渐渐发现他们站在"坏的"这一边——在这个案件中就是站在坏的工党、坏的政府这一边！

"嗨，似乎我的那个阶级，"沃斯特先生说，"不反对一个工党政府，哪怕是坏的工党政府，却单单反对一个好的工党政府。"

"不，"我暗示道，"我们的阶级支持任何一个代表我们、代表我们的生意的政府。邪恶源于听任一个工党政府或者一个民主党政府来代表我们。"

一阵沉思之后，他表示赞同，因为，这个判断力很强的人，相当地热切，他评论说："旧金山人从来不极端地自以为公正善良，和我们新英格兰人一样；他们也想变得正派，何况他们不都是伪善者伪君子。"沃斯特先生确实想要继续爱他这个无法无天的城市，于是我劝慰他。

"或许这一场贪贿检控，通过让当地的正派人认识到其邪恶行径的罪过，将会使他们成为内疚的伪善者伪君子。"我说；就在他困惑地看着我的时候，我补充了一句："比如你，沃斯特先生。"因为他还是目不转睛地看着我，我便润饰道："要觉悟到他们的自卑感，也要意识到其作恶多端的不智。"

"那么，你宁愿把智慧看得比美德重要？"他这样来理解。

“不，起码要比公正重要。”

“我——明白了。”

因为这起贪贿案的检控当局的常规工作是从那些叛卖上级的低贱政客那里取得证言证据，这场检控想要把易受摆布的绵羊从替罪羊当中区分出来，想要让败类看清其牧羊人的行为，这还真不是独一无二的。东部一位大商人来助兴了。帕特里克·卡尔霍恩[3]（Patrick Calhoun）在纽约、匹兹堡、圣路易斯和传统上一贯支持民主党的南部各州（the Solid South）都呆过，是一个对旧金山街车公司感兴趣的有轨电车巨头，他远远地看到了鲁道夫·斯普雷克尔斯这一场贪贿检控循序渐进的揭发危及生意。卡尔霍恩深谙世事，因此更加迷人优雅。他始终都清楚他要做的是什么，何况他又认识斯普雷克尔斯。卡尔霍恩曾经两次企图用斯普雷克尔斯视为贿赂的东西去“收买”斯普雷克尔斯，他的失手令他刻骨铭心，也让他联想到，一场以斯普雷克尔斯为后盾的检控将会变得“离谱”。他集合了东部各家公用事业公司的支持——财务上和社交上的支持——到旧金山来跟斯普雷克尔斯斗法。他有一个计划。他的计划就是要把这做成一场阶级对抗——资方对抗劳方——而他坚信他能够让他的阶级觉悟起来，使之情绪激昂。他还极有才智地说，工党不是觉悟了的劳工阶级而是麻木不仁的上层阶级；他还说，到他宣战——按照他的意思就是作斗争——的时候，站在他这一边的，将不仅仅有富人，还有中产阶级以及大多数的工人和穷人，这大多数人从来没有停止过梦想他们有朝一日会成为有钱人。胜券在握的大多数。

铁路联合工会按照合法程序，负责组织了一场当地的售票员和电车司机的罢工。卡尔霍恩拒绝了调解事态的种种提议和价码，还宣告了他要彻底打败这家工会的决心。城里满是歹徒恶棍，自称受雇于公共交通运输利益集团。卡尔霍恩以公众的名义指责这起贪贿案件的检察官公诉人应该对目前的乱局负责。然而，等到地方检察官试图提出相反证据的时候，辩方律师和代理人又予以抵制。

由此而引起的局势差点儿终止了这一场贪贿检控，偷换了争议的问题，最终，通过让一切阶层一切群体当中那些自以为公正善良的人转变为因其立场而斗争的愤怒斗士，让那些被起诉的被告免于定罪，也免去了明智的伪善。

译注：

1，鲁夫，Abraham Rueff，1864—1936，人称 Abe Ruef，美国律师，政客。出自法裔犹太家庭，18 岁就读于黑斯廷斯法学院，因为成绩优异被加利福尼亚律师界接纳。1901 年，尽管是老共和党员，他还是在幕后推动当地新的联合工党的组建，把小提琴手 Eugene Schmitz 推选到该党的前台。在 1906 年旧金山大地震期间，他就是市长 Schmitz 背后的政治老板，因而恶名远播。http://en.wikipedia.org/wiki/Abe_Ruef

2，施米茨，Eugene Edward Schmitz，1864—1928，美国政客，第 26 任旧金山市长（1902—1907）。从政前他做过小提琴手、乐团指挥。他担任公职期间贪污受贿，被陪审团认定有罪，从此留下了骂名。http://en.wikipedia.org/wiki/Eugene_Schmitz

3，卡尔霍恩，Patrick Calhoun，1856—1943，美国企业家。最初他参与中央佐治亚铁路公司，后来爬升到了旧金山街车系统的顶峰，作了旧金山联合铁路公司的总裁。晚年靠石油投机又添新的财富。http://en.wikipedia.org/wiki/Patrick_Calhoun

将错就错何其难

帕特里克·卡尔霍恩到旧金山来跟这一场贪腐检控作最后较量的时候，他是有备而来的。为了要调动加利福尼亚的个人及往来关系、朋友、群体团伙、公司商号，他让他在东部的朋友们动用了他们所有的——金融界、社交界、政界、新闻界的——门路，每一个人都必须帮助卡尔霍恩先生。他的朋友很多。他出身于南方一个古老的家族，其血统可以由卡尔霍恩家族上溯到帕特里克·亨利[1]（Patrick Henry），在国内国外无论何处他都有社会地位。在许多金融交易当中，他是巨额融资及实业方面的一个消息灵通人士。在不同的州，他都是政治活动的支持者和运用权术的大人物。除了拥有南北战争之前南方生活方式的那种风度、那种气质和那种教养，他还在他骄傲、勇敢和带有优越感的天生品性当中增添了更为注重实效的北方生活方式中的经验谋略。卡尔霍恩先生是一个饱经世故者；用各种现代的观点来看，他都是高手。他是一个现代的美国南部人，而且看上去样子就像他那种人。他是一个高大、挺拔、英俊的汉子，长着一双雄狮的眼睛，有着豹猫的风度和毒蛇的力量。跟鲁道夫·斯普雷克尔斯一样，他没有被击败过，当然也不可战胜。

“要提防帕特·卡尔霍恩（Pat Calhoun），”汤姆·约翰逊写信给我，“他们不会让他难过的，他也不会进监狱。要是他被判有罪，他会捎带上你们所有人跟他一同去——去他最好是该去的地方；他会捎带上法官、律师、代理人——每一个人。”

汤姆·约翰逊作为卡尔霍恩的一个老同事，受人之托来跟我打招呼。而其他的人则受人请托为卡尔霍恩来“收买”我；在这样的细枝末节上，这位斗士也在备战求胜。他驾临旧金山，在一个高档街区租了一处雅致的老宅子，然后开始广宴宾客。他的计划是，乘着这次街车罢工来激起对资方的柔情，然后按照他的如意算盘去达成和解。他确信他做得到这一点。凭着经验他知道，有组织的劳工、工会、工党差不多跟有组织的、一切从党派利益出发的党派政治一样经不起腐蚀；他也知道，旧金山这个工党政府——像任何一个共和党或民主党的市政府一样——被大企业收买、受大企业支配；他还知道，工党的领袖们和该市的工党市长、工党党魁以及工党政客们，都早已被他们不断攫取的大把不义之财所腐化。而这一场贪贿检控的检察当局也了解这一点，正在一步一步地揭露它，矛头直指那些在当地各家街车公司盘踞高位的人们。在这一关键时刻，非常重要的是，当地公众对罢工者和破坏罢工者的不法行为如此地反感，以致于他们对政治腐败的愤慨和他们要求"法律和秩序"的呼声都被完全地转移了。

我对这一场影响公众舆论的游戏极感兴趣，我认为这一干人等背后必有战略家，于是热衷于研究这个大人物的手段方法。我很赞赏，也想会一会这位现实主义者。不过，我也是一个现实主义者，我知道，在我掌握真相细节——当地贪贿检察当局也只是刚刚开始搜集这些证据——之前，我去采访这样一个人不太适宜。他或许会用他的见多识广来让我不知所措，也许他还会用他的魅力来愚弄我。然而，他来纠缠我了；不光是汤姆·约翰逊，我自己的杂志社也写信给我，让我务必去见见卡尔霍恩先生，给他一个公平的机会听他申诉。这家杂志的编辑们以前还从来没有做过像这样的事儿。就在我缓一缓的时候，我收到一个口信，一个来自彼得·邓恩的非常礼貌却极其不耐烦的口信：我必须去见卡尔霍恩——马上。我打电话给卡尔霍恩，解释说我当然想去见他、当然想要谈一谈，还解释说我得弄明白我将要谈些什么。他笑了起来，说邓恩比我明白：即，他希望在斯普雷克尔斯及其帮派还来不及让我产生成见的时候要我听一听他关于这个案件的立场。"行，"我说，"你乐意什么时候，我都可以拜访。不过所有的话全都由你来讲；我连问题都不提。"

"现在就来，"他说，"今天，就今天下午，去我家，不来办公室这儿。在住宅区那边，就我们俩。"

他在他家宽敞的起居室里——这是一间优雅的、长长的房间——接待了我，在对我们的电话交谈作了一番简要的重复之后，他让我坐进靠近房间尽头的一张沙发里。他沉思着走开，低着头，走到房子中间，然后急转过身来，头抬了起来，一只手也举了起来，就此开始——一场演说。

"斯蒂芬斯先生，"他开腔了，"我是一个绅士"——短暂的停顿——"也是一个来自南方的民主党人。"

这可不成。我还记得我采访的老规矩：永远不要让被采访人用一席演说来开头；他要说的仅仅只是一些他想要你报道的东西，而不是他本人所想的东西；接下来他就会主宰整个谈话。

于是我猛地举起我的一只手，举得和他的一样高，然后大声地说："等等，卡尔霍恩先生。就等一会儿。我早就知道一些绅士向立法机关和议会行贿、收买法官，然后窃取特权，到头来——哎呀——我再也弄不懂绅士这个词意味着什么。"他在专心地听着，他的手慢慢地放了下来，他一直疑惑地朝我看着。我用轻柔一些的语调继续说道："至于一个来自南方的民主党人，卡尔霍恩先生——假如你是一个来自南方的民主党人，那么你在任何情况下根本就算不上一个有民主精神的人。"

他受到了震动，在那儿呆了一会儿，笑了起来，扬起两只手，走上前来坐在我的旁边。

"这样好多了，"我说，"让我们来谈谈，坦率地谈谈，私下里谈谈。"

"很好，"他笑了，"怎么谈？"

"噢，"我说，"既然我对旧金山一无所知，还是让我们谈点儿圣路易斯来切磋一下吧。我们都对圣路易斯很了解。"

我们谈起了圣路易斯。我的意思是说，他谈起来了。我用福克的贪贿检控替他起了个头儿，于是他顺着这条线索，给我讲了许多我不曾听到过的情况，接着深入到那里的贪腐体系配合当地商业体系的运作。他一直在试图取悦我——客客气气却不失真诚坦率地——他也确实让我有了兴趣。他花了半个小时描述福克及巴特勒那些往昔岁月的内幕，描述各色人等、诸多变故和贪污贿赂，就像一个现实主义者在对另一个现实主义者说话一样。这还算是有灵性的谈话，是一个玩这一套的人——如他之所见——凭着幽默家而不是道德家对这荒谬而非邪恶的一切的认识有感而发的谈话。显然，帕特里克·卡尔霍恩是我所喜欢的那类人当中的一个，这一类人不让他们的头脑受外界的影响，不论他们做什么，都决不会习惯性地甚至真挚地为自己辩解。比起那准备好的演说可能给我的印象来，我对这个人有了一个好得多的印象。我就是这么跟他说的。完全只是出于顽皮，在我们起身的时候我问了一个记者式的问题，吓了他一跳。

"卡尔霍恩先生，这整整半个小时里你都干了什么，你知道吗？"

"不知道呀，"他也开玩笑，"我干什么了？"

"你告诉了我圣路易斯贪污贿赂的一切。"

“好吧，那又有什么呢？”

“噢，没什么，”我说，“不过，你知道我一直被人认为是个贪贿问题专家，在圣路易斯，每次丑事一败露，我就对其中的贪贿作充分仔细的研究。我发现了一个局外人所能发现的一切，而你刚才让我意识到，你比我知道得更多。”

面带忧虑的神情，他说：“你没打算报道这个吧，是吗？”

“是啊，是啊，”我答道，“这以后我也不打算写这个了；我只打算思考思考。”就这样，我们边笑边走向房门，在门口我们商定无论什么时候我们中的哪一个想要交流就再会面。我们再也没有见过面。他再也没有派人来找我，我也实在没有必要去找他。后来，他在法庭上受审；这是一场持久、费事、紧张的斗争，到头来陪审团意见不合。他没有再受审。不过，他深自伤心。他的朋友们——旧金山社交界的朋友——还都忠于他们的领袖，而他开始变老，变得不那么活跃了，后来他回到了他在南卡罗来纳的家，做他的美国绅士。帕特里克·卡尔霍恩有难得的智慧，他明白自己是怎么一回事儿。他的同伙们则因为其狡诈的文饰——这能够为他们“不得已而为之”的事情找出种种藉口——或者因为其不信世间有真与善而得到了保全。

这场贪贿监控没有“抓住”的另一个家伙是威廉·F·赫林(William F. Herrin)，加利福尼亚的政坛大佬。作为南太平洋铁路公司的首席律师，他是他自己这个州实际上的最高统治者的总理，在铁路所经的俄勒冈和其他各州、各准州也是大权在握的人物。不过，他所代理的不只是这家铁路公司。加利福尼亚是这家铁路公司在其间既是首要的营私舞弊者又是居于中心能起作用的主宰的那些州当中的一个州。在罗德岛，这家铁路公司因为已经得偿所愿，便悄悄溜了回来，任由资金少得多的公司——当地的那些公用事业公司——去收拢搬弄当地的钱和人；纽黑文铁路公司在那里只是一家纯粹的捐款机构，给当地的政坛大佬开一份工资。而这正是加利福尼亚发展至今所经历过的阶段。这起贪贿案的检控当局及其追随者(也是罗斯福的追随者)——州长海勒姆·约翰逊[2](Hiram Johnson)领导下的、当地的进步党——将这家铁路公司当作首要的营私舞弊者从政治上予以排挤，这本该是斯普雷克尔斯的目的之所在。而这起贪贿案的检控当局，因为仍然处在只注意个人谴责个人而不注意“利益集团”谴责“利益集团”的情绪化阶段，在他们已经证明鲁夫有罪之后，热切地想要“抓住”那个腐败的大人物，那位在这个铁路之州发号施令的人。卡尔霍恩的失败反倒让赫林免于受审；对他不利的证据比“指向卡尔霍恩”的要少一些。

这以后赫林就“放肆”了。一家铁路公司有责任感的律师和按良心办事的铁路公司员工都告诉过我而且也让我相信：不腐蚀政府、不控制政府，你就不可能开办一家铁路公司。所有关于公有制的讨论都是愚蠢的；要么是州里拥有并操控当地的铁路公司和其他的公用事业单位，要么是这些公用事业公司“拥有”并操控那个州。这话是C·P·亨廷顿[3]（C. P. Huntington）说的，他是创办过去那家中太平洋铁路公司的四大亨之一，这家公司后来演变成了南太平洋铁路公司（the Southern Pacific）。他是威廉·F·赫林在政党部门的前任，他曾经在议会的院外活动集团亲自指挥了这家铁路公司对抗一个意欲制约各铁路公司的铁路委员会的斗争。

在他落败的那个晚上——因为议会胜利地推迟对此作出决定——他说：“如此看来他们就要制约铁路公司了，嗯？好吧，那么，铁路公司就必当制约这些制约者了。”于是他追击这个铁路委员会，最终他制服了它。他说的是“必当”；可他是“不得已”而为之的；一家铁路公司必当以某种方式操纵该州或者操纵这个委员会，否则他们就会压制铁路公司。

赫林先生为了他所代理的那家铁路公司的利益而“不得不”强势。我可以接受这种强迫作用；这起贪贿案的检控当局却实在接受不了。我敬重此人，而且另一方面，我也看好赫林先生，跟他交谈，向他学些东西。我同此人交往的经验，例证了我向这起贪腐案的检控当局所建议的方针之正确性，即：对所有受到指控的个人不予追究，以换取关于他们所干的坏事的“供认”或者解释。

赫林先生派人来找我。时间正是在贪贿的揭发与审理到了高峰的关键阶段，我自然就想当然地认为他是要跟我打招呼，关于旧金山。可是不，是关于俄勒冈。在我那篇写木材诈骗案的报道当中，我曾经说过公有林地的那些侵吞者，同样地在理当保护林地的铁路官员的默许之下——情形都是一样——也在窃取铁路公司的用材林地。我所举的例子是从南太平洋铁路公司毫不费力得来的东西，在叙事当中我采用了——没有用引号括起来——发自赫林先生的一份长电报里准确的措辞。这时候我可以料到，他一定好奇地想要知道我说起事儿来怎么用的全是一封非公开的急件里的词儿。

作为对其邀请的回应，我拜访了他，当时我说我很高兴他派人来召唤我；还说我也有一个问题要问他。

“是吗?”他和蔼可亲地说，“不过我同样有一个问题要问你，我问在先。”

“假如我问在后的话。”我笑道。

“我保证,”他也笑了，“我的意思是说我保证听你问——也许我不能够回答你。”

“同意。”我说。

“唔，那么，你怎么有把握去撰写印发你提出来的那样一种指控，没有证据，在你对俄勒冈的木材骗子们的报道当中——指控南太平洋铁路公司的官员们犯了罪?”

“为什么，赫林先生，我有而且我还能拿得出你那封长电报的西联公司(Western Union)抄件，难道你没有注意到我用的是你自己的话?”

他坐着不作声，想了好长一会儿。然后他说：“要是问你从哪里得到它的，问也白问吧?”

“问也白问。”我咧嘴一笑。

另一段停顿，然后以问话来结束他的问题：“那么，你要问的是什么?”

“这就是我的问题,”我说，“在加利福尼亚，你是铁路公司、银行以及其他大型公用事业单位责任重大的政治代理人——在这个州你实际上是一切享有特权的资产的代理人。我理解你凭着这身分所做的和不得不做的那些事情。可我实在不理解的是，为什么你总是任由鲁夫以及所有委琐的市镇贪贿者用那样一种方式胡闹他们那些一目了然的贪污贿赂？他们的方式毫无疑问将会制造丑闻，也会坏事儿，更危及财产权。”

他看着我，显得十分惊奇。

“你真不理解?”他问道。我感觉到他怀疑我只是一个反问，而不是无知的探问。可我就是那个意思，于是我让他相信我就是不理解。

“你考察过全国各地的政治；人们一般都以为你理解事情的来龙去脉，可是你竟然不理解——你真不理解吗?”

我承认我真的不理解。

“你不理解在时间上、在人力物力上要用什么代价去维持一个州的——平安和——和——”

“腐败。”我提醒道。

他根本没有在意，继续认真作答。他说他——也指他所代理的那家铁路公司——拨出了党派活动经费以供专用，还收到了其他商号对党派活动经费的一些捐款；他还说这钱被用来为历届党派代表大会提供资金，支付一些与会代表的花销，还时不时地为一些竞选者和一些竞选委员会提供竞选基金。那可是一大笔钱。这几乎就是他们做过的一切，他说：“这几乎是我们能做的一切，不过这还不够。我们还得让这帮卑鄙的家伙得到他们的那一份；我们还不得不袖手旁观，看着他们撒野，看着他们行险危及我们的利益，我们实在没法儿。”

接下来他让我大吃一惊，惊出了一个全新的观念来。

“南太平洋铁路公司以及当地所有跟我们有联系的公司和利益集团，都没有富到足够支付所有这些政治成本的程度。”

那一刻，我第一次认识到令这个世界堕落所需要的全部努力。因为一直站在改革的立场上，从工会、斗争、焦虑、消耗的角度来看这一场贪贿检控，所以，我虽然思想上有准备，但是听说对立面也在打一场艰难之战，还是很吃惊。令我从震惊中恢复过来进而超越惊异的是——我们称之为州的有组织的社会就像汪洋中的一条船，总在努力要恢复平衡；为了要让自己避开风浪、偏离航向，州所花费的因而也要时时获取的力气，跟我们改革派所认为的、为了保持正确航向州所需要花费但却偏偏无从获得的力气一样地多。

这个态度诚恳的人这一席话，是我在加利福尼亚最大的发现。这起贪贿案的检控当局揭露旧金山，跟我所经历的揭露任何一个市州一样地彻底。但是，它让人们所看到的，就是跟其他每一市每一州被揭露出来的一模一样的贪贿组织系统，只不过更加彻底一点罢了。仅有的差异并非真正的差异：其中的劳工因素。这不是一个工人阶级的政府，执政的工党变成了一个做交易的政府。

政治问题就是经济问题，就是一个工程——它还不是一个道德问题。这起贪贿案的检控当局幸亏没有给多少家伙定罪，阿贝·鲁夫被送进监狱服刑11年，还有其他一些牺牲品，都是些次要人物，不是大官。弗朗西斯·J·赫尼这位勇于战斗的、用心的、起了作用的检察官，在法庭里被一个由辩方选进鲁夫陪审团的补缺陪审员开枪击中，赫尼曾经就其前罪犯的身分表示过异议。伯恩斯和赫尼的其他同事无一例外地都坚持说这个暗杀未遂者受人唆使开了那一枪，子弹穿过了赫尼的脸庞下部，打聋一只耳朵，还没打到舌头，倒是把他打出了这个案件。这一场贪贿检控中的一名律师海勒姆·约翰逊接过了这个案子，正是他，凭着他的激情和力量，赢得了最后的巨大胜利，后来由此而领导加利福尼亚的进步运动，做到了州长和联邦参议员。

但是，一个很突出的但是，这个腐败的城市和这个腐败的州都没有受到谴责。像这样以惩罚为目的的一场检控、一场揭露，泄了民众的气，让他们看清楚他们是站在哪一边的，他们一直在热热闹闹地斗争，实在不接受他们都是“坏人”这样的定性。

在旧金山，只有沃斯特先生和弗里蒙特·奥尔德在毫无紧张压力的情形下受到了自己良心的谴责。奥尔德，富于同情心、正派甚至感情用事，因为把鲁夫送进了监狱，凭着其杰出的新闻成就，起而拷问：令这个年轻能干的大学毕业生充当代理人党魁的是什么？后来奥尔德意识到鲁夫并不比其他人——包括奥尔德——多一点罪恶。于是奥尔德改变了主意，努力了几年要把鲁夫从监狱里捞出来，最终为这位大佬赢得了假释，这位主编此后一直在为其他的囚犯——其他任何一个玩这套把戏而被抓住的臭名远扬的人——谋求同样的假释。他肯定以前作过精神病学研究，总是认为我们整个的刑罚体系是不科学的。我们惩罚不健全的人们，就像我们惯于惩罚疯子一样，我们实在不知道还有别的什么可做。有一次，一个黑人囚犯很好地说明了这种情形，正如奥尔德所认为的一样。

有一天，他、约翰·D·巴里(John D. Barry)和我在福尔松监狱(Folsom Prison)参观死囚牢房，我们偶然遇到这个黑人，他蹲坐地上，透过牢栏凝视着外面。这是一个魁梧健壮的人，皮肤滋润，清澈的双眸透出动物般驯服的眼光。我同他攀谈起来。

“你为啥得了个死刑，比尔？”

“谋杀，”他答得很快，“他们说我杀了个人。”

“你杀了吗？跟我们说说。”

“嗯，老板。我赶上了一场种族骚乱，有什么东西打了我的头，到我醒过来的时候，他们告诉我，我疯了，杀了什么人。我被终身监禁，有一天，我的头又痛了起来，老地方痛，等我清醒过来，他们说我杀了个看守。就这样，我就要被处死了。”

“这太苛刻了，”我说，“你都不知道你干了什么！他们不应该为这个处死一个人。”

“哦，我对这个也拿不准。你瞧，老板，要是他们不为这个处死我，我没准儿又头痛起来，又疯了，又杀一个别的什么人。这很难说。也许处死我是对的，不过——只是，听我说，这好像不是我的错。”

我想，也许奥尔德或许会迫使这个家伙去接受一次外科手术；跟这个头脑简单的黑人一样，他也许会同意死刑的判决；也许吧，我假设。“但是，”他也许会说，“为什么要惩罚呢？”

译注：

1，亨利，Patrick Henry，1736—1799，演说家，政治家。领导了18世纪70年代弗吉尼亚的独立运动。“不自由毋宁死”就是他的名言。http://en. wikipedia. org/wiki/Patrick_Henry

2，约翰逊，Hiram Warren Johnson，1866—1945，加州进步党的先锋人物，后来是主张孤立主义的政治家。曾经担任州长(1911—1917)、联邦参议员(1917—1945)。在州长竞选中主张反对南太平洋铁路公司，在州长任上，他实行了许多重要的改革，带领加州进步党将公民立法提案权、复决权和罢免权添加到加州政体中，使得加州直接民主的程度远非其他各州可比。http://en. wikipedia. org/wiki/Hiram_Johnson

3，亨廷顿，Collis Potter Huntington，1821—1900，美国铁路大王。做过走街串巷的商贩，在淘金热的1849年与M·霍普金斯一起向矿工销售物品。1861年他与霍普金斯、L·斯坦福、C·克罗克共组中太平洋铁路公司，在兴建期间，为了筹措资金并获得有利的立法而向国会进行游说。1865年四巨头组成南太平洋铁路公司。

洛杉矶和亚当夏娃的苹果

从这一场贪贿检控当中，除了一些证据之外，旧金山什么都没有学到——不论是经济上还是政治上可资运用的经验教训全都没有。斗勇的激情持续着。弗朗西斯·J·赫尼，作为一位斗士既招人恨又惹人夸，作为一名律师也也让人非常尊敬。可是，因为委托人很怕那些跟他作对的当地法庭造成权利损害，他的律师业务损失颇多，弄得他不得不把他的律师事务所迁到了洛杉矶。商人们借他的报纸整了弗里蒙特·奥尔德。随着他的报道方针从自以为公正的愤慨转向怜悯刍狗之民的变化日益明显，该报的发行量一度增长，而且是持续地增长。报纸的广告业务受损，而他作为主编的个人名声也受到了商人们私下里的攻击，他们最终迫使该报的几位业主弃用了他。赫斯特把奥尔德招聘到他昔日与之竞争的晚报《号角报》(*the Call*)，这家报纸立见增长，直到它超越并最终兼并奥尔德原来的那家《公报》(*the Bulletin*)。威廉·J·伯恩斯向那些被他骂作“狗娘养的”的家伙们显示了自己的能干，因此当他组织一家面向全国的侦探社的时候，他们都作为用户与之为伍。当了州长的海勒姆·约翰逊一度对该州的铁路公司无能为力；后来他带出了任何一州所曾有过的最有效率的行政机关之一，第二次被选为州长，此后以加利福尼亚的政治改革领袖的身分进入联邦参议院。但是，在洛杉矶市乃至加利福尼亚州，并没有什么根本性的改革。

是揭露揭发全无用处吗？那个时候我无法相信这一点。我想起了我的推论：惩罚的威胁，迫使人们自保而使他们陷入一种无法看得准也无法吸取教训的思想状态里的。我写了一篇题为“为贪污贿赂一辩”的文章，文中指出我们的经济体制靠不住，它把有钱、有权、有人抬当作令人羡慕的东西来渲染，诱使人们足够大胆、足够聪明地买下手续不正当的木材、矿场、油田和种种特许特权，而且“做了这坏事还能够逃脱惩罚”，我还指出旧金山的系列贪贿证明了这一点；我指出，我们应该改变这种既成体制，与此同时放走那些愿意坦白、愿意告诉我们真相的坏蛋。我所得到的对这篇文章的仅有的反应是好市民和自由主义者们的疑惑：我是叛变了还是违背了改革的诺言！

当时我想，要到洛杉矶去看看那个城市是不是从旧金山被揭发的景象当中接受到了什么教训。那边没有任何人受到过惩罚的威胁；他们只是旁观，从旧金山人的窘境中设想一下他们自己。我拜访了约翰·R·海恩斯博士(Dr. John R. Haynes)，一位富有也富于同情心的、经验丰富的改革者，他很懂经济，也很懂人。他带我进到第一流的乔纳森俱乐部(Jonathan Club)，把我引荐给公用事业公司的一些人；我所认识的其他人也走上前来，于是很快就形成了一个“有见识的”洛杉矶商界头面人物的群体，不停地悲叹旧金山的政经环境。他们对此感到由衷的悲哀。在他们对旧金山之耻辱的悲哀当中，有一种沾沾自喜的调子——可怜的旧金山——幸亏洛杉矶不会像那样。我以为他们是在说笑话。

“等一下，”我说，“你们一直在拿旧金山人当作你们的笑柄，我就是一个旧金山人。接下来轮到我了。你们都知情，不是吗；我知道你们知情，而且你们也明白我确信你们知情，知道洛杉矶的状况跟旧金山一样，惟一的不同在于旧金山已经蒙受羞辱而洛杉矶还没有被揭露。”

一时间沉默寂静，有些不自在，但是没人否认。我等街车公司或者燃气公司的人思考一下，他们当中的一个还真的嘟哝了几句，大约是“还有一个不同，旧金山有一个工党政府”。

“工党政府！”我大声说道，提醒他们那个工党政府已经被资本家收买了，已经做了工商企业的代理人。

再一次没人否认，只是沉寂。他们都知道这些，只不过健忘罢了。他们想要忘记，想要忽视他们所知道的事情。他们对惩罚毫无畏惧，从旧金山的经历当中，他们所接受的教训绝不比旧金山人的多。

“我要告诉你们我会做什么，”我打破了他们的沉寂，“要是你们愿意近期在什么地方召集一个只限于少数人参加的会议，只邀请诸位本人及妻子，以及你们的合伙人、董事同仁、经理、律师，还有，还有你们的牧师和他们的妻子——谢绝任何外人——我至少会向你们说一说你们自己想要的、涵盖一切公用事业公司和自然资源的公有制。”

他们笑了起来；某种程度上这是宽心的笑。我先前的指责所造成的紧张是俱乐部不宜的。他们笑过之后我们散开了，他们肯定接受了我的挑战。开会前他们没准儿会少吃点饭，好把我给吞了。

海恩斯博士把这场社交活动安排得很周到。他只让靠得住的人到场，大约一百人或者更多。外人一个没有。没有谁会藉着让我们存心一辩以享受辩论的乐趣而毁了这场讨论。这就是一场非正式会谈。会议的安排是：我用短短的20分钟来说明我的论点和论据，然后，任何一位与会者都可以就我的任何一点提出质疑，质疑的形式最好是提问。不过，我请求准许我回答每个提问之后下一位提问者再发言。没有人反对。

我重申了我的论点，我的论据则是一段叙事，我自己的经历。我刚开始的时候也以为——想他们之所想——坏人尤其是坏官催生了腐败的政府。因为不得不去会见官员以获取信息，我发现官员们都不坏；他们是机灵的好人。官员则诅咒那些据说贿赂了他们的坏商人。

既然是那样，那些坏商人又是些什么人呢？官员们列举了他们，他的城市里的每一个坏商人，而依我之见，他们也都不坏，坏就坏在他们始终在做同样的交易。且不论其个性、教养和地位，做这些生意的人们都深陷在对政治的腐蚀和对改革的抗拒之中。这表明，给我们带来腐败的正是这些交易，而不是做交易的那些人。而这也是商人们说给我听的话。他们实在不喜欢作恶、不情愿作恶也不是怀有恶意，他们说他们“不得不”作恶。很长一段时间里，我不相信这种说法。当一个名气大、势力大的实业巨头宣称坏官们“给他添堵”还磨得他拿出一笔贿赂或者一笔竞选基金的捐款的时候，这听上去像是一个没有说服力的借口。真正只有在遍历了许多市州、时时听到这同样的、借口被迫的托辞之后，我到最后才被说服了：这是真实不虚的。

“你们不可能创办或经营一家铁路公司，”我说，“或者一家街车公司、燃气、水、电公司，开发或经营一个矿场，或者取得森林林地并大规模地伐木，或者做任何须经特许的生意，假如你们没有贿赂，或者不与腐化的当地政府为伍。私下里你们对我说你们不得不如此，在这里，我也将半公开地对你们说你们是不得不如此，而且全国各地如出一辙。这也就意味着我们有一种社会组织，在这种组织里，出于某种原因，你们和你们的同类——能力超群、最有智慧、最富想象、敢于冒险而又左右逢源的社会精英们——都在反社会，而且也是不得不反对社会、违犯社会的法律规则习俗、抗拒社会的全面发展。”

我的结论是：我们每一个人，他们和我——他们更甚于我——应该力图清除一切令他们竭力反对公共福利的人与事，公共福利才是重中之重。

来自与会者的第一个也是最后一个问题是：“始作恶者是谁？”我提醒

他们，这个问题应该问是什么，而不问是谁，而且他们所料想的每一种人事都可能被这问题的答案串并在一起。假如真的是某种人损害了我们，我们可以做基督徒去宽恕罪人；我们还应该停止惩罚人，最终营造出一种环境，人们在其中将尽力向善。这么说没用；那些商人想要我承认是坏官们造成了商人们受其操纵的那些状况。我联想起旧金山的银行家威廉·H·克罗克[1]（William H. Crocker）的辩解，他说尽管他感受到了那些状况，他还得在这种形势之下做生意，而我则提醒他，他的父亲以及创办中太平洋公司的四大亨其余的几位都受到那些官员的指责，说他们腐蚀州政府、制造了恶劣的形势，而这形势正是他这个当儿子、当继承人的人“不得不”维持原状的。

有的与会者提到了这样一种忧虑：政府的运转方式总是没有效率的。我举出西雅图为例，那里的一家国有发电厂毛病出得太频繁，后来作了一番官方调查，人们发现，当地的私营竞争者出钱收买某些为了私利而不讲原则的雇员暗中破坏该市的发电厂。

另外有声音发问，是否公共事业的公开运作就不会陷它们于政治权谋之中。为了要回答这个问题，我向威廉·马尔霍兰[2]（William Mulholland）求助，这是一位讨人喜欢的、备受尊敬的工程师，是洛杉矶供水系统的总管。当这家供水公司还是一家私营的股份有限公司的时候，他就是它的总管，众所周知的是，那个时候他还是一位非常活跃的、能干的热衷党派政治的人。会议室里的每一个人都知道，马尔霍兰先生再三地说过，该公司由私而公的经营转变，使得他和这家企业脱离了政治。当时，我把这个涉及政治的问题转手给他，他却没有回答，全场爆笑。

还有其他的问题、其他的辩论反对官商，这是我在大学里就学过的。那个晚上，反复出现的一个问题是：谁？始作恶者是谁？谁将受到谴责——惩罚？最后，那个教区的新教圣公会主教用一种间接表明答案的方式作了陈述。我一直在强调要害，即，社会其实在为恶劣行径颁奖：金钱、地位、权利。“我们要鄙视这样的奖赏，”我说，“让我们彻底废除——特权。”

主教站起身来，非常友善、非常谦恭地说，他觉得我跟我的听众意见并不一致。“我们想要知道，”他说，“是谁创立了这个体制？始作恶者是谁？要问的不仅仅是旧金山和洛杉矶、是这一代人或者下一代人，还要问以前，很久以前，追问到这个体制的根源。”

“噢，我想我明白了，”我说，“你们想要从这许多事情最初的起点上去校准错失。或许我们做得到，主教大人。你知道，大多数人都说最初犯下原罪的是亚当。可是你不要忘了，亚当他说犯下原罪的是夏娃，那个女人；她犯了罪。而夏娃却说，不，不，最初的罪人不是她；是那条毒蛇。从那时起直到今天，这就是你们神职人士给人以深刻印象之所在。你们谴责那条蛇，谴责撒旦。现在我来了，我试图让你们看到，造成原罪的，过去是、现在仍然是，那个苹果。”

主教坐了下去，他落座的声音大到可以听见，因为大家都不吭声，静默了很长一段时间，然后，在这寂静无声之中，会谈无限期地中止了。

译注：

1，克罗克，William Henry Crocker，1861—1937，克罗克国民银行的总裁，其父为 Charles Crocker（1822—1888）。http://en. wikipedia. org/wiki/William_Henry_Crocker

2，马尔霍兰，William Mulholland，1855—1935，南加州洛杉矶的水电部门负责人。他负责建造能让该城发展为世界上最大城市之一的水渠和水坝，1928 年，就在他本人亲自为水坝作安全检查几个小时之后，洛杉矶水坝坍塌了。http://en. wikipedia. org/wiki/William_Mulholland

在华盛顿特区当自由撰稿人

洛杉矶的那场辩论会所起到的作用，仅仅是让我——当然不是让那些听众——的目光变得锐利，令我坚信我们的政治弊病的起因何在。这以后，我应该前往波士顿，去看看在那里我们的道德修养是如何被证明可行的。不过，我也想去采访报道华盛顿特区和联邦政府。而我最想要做的是停止耙粪。我已经如此肯定地得出结论——人们的思想理念都取决于他幼年所受的教导、取决于他的商业利益、取决于他的环境而不是取决于逻辑——以致于耙粪看来未必能够收到实效。社会变迁宛如一座冰山，不急不躁；即使社会进步了，它还是像一棵栎树一样地生长——依旧慢慢悠悠的。一个人可以为它浇水、可以给它周围的土壤施肥，但是冲着它大喊大叫是徒劳无益的。我想继续前进，想看一看、写一写波士顿和华盛顿，实在不想呆在一家杂志社里。

一段个人的经历是这一信念的部分原因。一群同道作家所办的《美国杂志》的采编，用的是一种松散式的管理，这种管理比起S·S·麦克卢尔的独裁专断更多谨慎、更多干涉。我们大家曾经抱成团反对麦克卢尔，因而我们还可以违抗他这个独夫老板，我很少由着他来影响我，这样不利于我的判断。我们这个自办杂志的编辑委员会里的每一位作家，对我将要写的东西都饶有兴趣，何况他们都有一种《麦克卢尔杂志》所缺乏的感染力。在《美国杂志》，我有，我们每一个人都有财务权益——股份。一开始他们要求我要“悠着点儿”，因为我们才刚刚创业，需要朋友。这一点我顶住了；我为之忧虑，因为我感觉到我们正受制于经济牵制，这跟我所鄙视的其他人身上的牵制一模一样，于是给杂志社写了一些令人不快的信函。我没有“悠着点儿”。终于，他们也不再劝我小心；他们所做的一切就是偶尔给我送来“进度报告”；在发行量、广告业务和红利上，我们一直在增长。毋须诱导，我意识得到我们有机会把《美国杂志》办成功，可能人人都赚一大笔钱。带着几分痛苦、羞愧和很可能造成错觉的自我否定，我察觉到我渐渐地悠着点儿。一切皆由我，没有任何外界的影响，我是被我自己的钱给收买了，被不断挣钱的预期给收买了。

我从《美国杂志》辞了职。如果我将被我的环境洗脑，那么我就必须改变我的环境。我辞了职，还向自己保证再也不到我来钱的地方当差。为了要去华盛顿，我自己找了可以在多家报纸同时发表报道的稿件辛迪加，他们希望我像过去报道那些市州一样去报道联邦政府。这并非我自己的意图。我想看看华盛顿——作为市民被剥夺了权利、由总统和国会从国会里挑选的一些人把持着行政的一个城市——有什么样的政府。对于那些将政治弊端归咎于选民并且认为少数几个能像专家那样工作的人就能给我们带来好政府的人来说，这是一种典型的办法，这些专家是经过精心挑选的，经验丰富，做事可以摆脱蛊惑民心的政客集团。我发现，哥伦比亚特区和华盛顿跟其他城市完全一样的贪污腐化源远流长，哪怕是在罗斯福的治下，形势也好不了多少；罗斯福政府只是力求做到好转。当地那些落在来自辛辛那提和其他腐败城市的专家之手的公用事业公司和银行的腐败程度被控制在无害的水平上；那些根深蒂固的委员会里的国会议员不仅是被巨额融资所收买，还去参加各种不正当的酒会，当地无助的市民知道这些闹饮丑行的详情。显然，一个政府的形式实在关系不大；非民主的办法全然不是解决之道；与之相反，舆论——再加上各种选举——对于一个财阀统治的国家则是微不足道的牵制，这往往只是止住了贪污贿赂的喧嚣。

我要找到答案的第二个问题是：我们的联邦政府代表了什么？不去计较效率和正直，我也可以查明总统、国会以及政府的部司局处科所代表的，是人民的共同利益还是一部分人的特殊利益。我拜访了总统，敦请他回忆起我昔日的抱负，他说，他认可我的抱负。他自信他代表美国人民，而且他无可否认地打定主意要做人民的代表。当我俩开始认真注意他具体的法案法令的时候，两个事实凸显了出来。一个事实是他并非每次都辨别得出何为美国人民的共同利益；他通过教育而得来的修养，不是关系到国计民生的，而是能够遵奉道德准则的。另外一个事实则是他不得不跟参议院和众议院做交易；他自己就这么说的；他还说这对他常常是一种十足的牵制，因为参议员和众议员们并不代表美国人民的共同利益。他可以说这一点，过后当我说起这一点的时候他又可以勃然大怒。

“你想要把这一点写下来，”他说了发怒的理由，“而这样会伤害到许多有声誉的参议员和众议员，他们在忠实地为种种特殊利益服务。”这种道义上的观点好有一比：假如两个参议员就华尔街作投票表决，一个投票给了贿赂，另一个没有投票，T·罗斯福就会认为那个“明智的”参议员完全错了而那个愚蠢的参议员则完全正确，在T·罗斯福看来，行贿受贿只是违纪行为，还不算歪曲民意。

我向他指控贿赂。这里就有一个贪贿的现场；白宫里的耙粪这出戏，是绝无仅有的喜剧。他说我应该被扔到大街上去，可我却说活该被扔的是他，因为他才是向我说起总统的行贿受贿的那个人。怎么说的？什么时间说的？“这个，”我说，“您不是对我说过你实际上不得不跟参议院和睦相处吗？”

“嗯。”

“您不是说为了说服某些参议员，您不得不给他们的候选人委派官职？”

“嗯。”

“那么，假使那样的话，您就是为了鼓励投票给您这一方而给付了他们的对价。”

“但是，”他争辩道，“那不是行贿受贿。”我说那才是最有害的贿赂形式；通过以公职人员薪酬的形式把属于全体人民而不属于总统的钞票付给了参议员的人，以图说服人民选出来的参议员投票赞成人民的法案议案。它不仅仅是贿赂，一种暗中扰人不止的低劣贿赂，而且它将逐渐纠合成他和美国人民一直在与之斗争的贪腐体制。他火冒三丈，激动地在他的房间里转圈。好在他对玩笑的感觉和对事实的感觉总是离得不太远。

“得了，总统先生，”我说，“对您自己、对我都开诚布公吧。为了说服一个参议员，您所作出的任命究竟哪一个最令人不能容忍？”

他在迟疑，在深思：“最令人不能容忍……最不恰当……让我想想，我曾经作出的最不恰当的任命是哪一个？”接着一声带笑的惊呼，他答道：“噢，我记起来了。我任命某某参议员的情妇的兄弟做了某市的地方检察官。这个参议员在私交上、在政治上都不喜欢我。他本人已经够坏的了，还要投票反对一个议案，就因为我少不了它。我只得‘说服’他，于是——嗳，别的任何人都办不到的事儿我给他办了，于是——从那以后，他就投我这一方的票，偶尔。”

“好！”我说，“我的意思是说这令人作呕。次一等不恰当的又是哪一个任命呢?”

他对我讲了。我俩沿着这条思路谈下去，从次一等到更次一等，他乐此不疲。“哎呀呀!”他突然打断自己，“你不会把这一切刊登出去的吧。”

“不会,”我说，“我不像您这样言多必失的。我不会指名道姓；我会留出空白来，甚至我会直接省略细节，简单地说一说谁都能发现、连你也要碰上的情况，比方，为了说服人民的代表投票赞成您的利民议案，您还得在参议院和众议院付出代价换选票。”

他吃了一惊，一时说不出话来；他紧握的双拳和拧动着的双臂仿佛流露了他的惊恐。不过我还是指出，不严谨的报纸已经在说东道西，产生了同样的效果，民众会读这些文章，会注意这一切，当然他们还不知道所以然，既然他们选进参议院去的一些人代表了特殊利益集团，他作为他们的总统就只好花大价钱把议员们收买到人民这一边来。

“每次都是，您的办法就是,”我提醒他，“带着忏悔面对并非捏造的指控。让我现在来为你忏悔吧，我可以打赌，这样的话您将来很少听得到了。”

他并不完全赞同，不过他冷静了下来，平静地讨论这个问题，直到——唔，不管怎么说，我每周通过稿件辛迪加在多家报纸上同时发表的那些文章中的一篇确实提到了——非常明确地提到——联邦在任的这位总统“不得不”在参议院众议院里收买议员，促使他们为人民投票，反对由各个政党组织所代理的利益集团，议员们已经被这些政党组织腐蚀；我还提到，尽管这解释了罗斯福所作出的几次联邦政府人员的任命，这也显示出，为了跟现行体制作斗争，他是如何被迫帮助建立并维护现行体制的。当然，一场争吵是难免的。他的一些内阁成员一定煽起了总统吓人的震怒，我应他的召唤到达白宫的时候，看到他正在气头上。他让内阁律师们跟他一起呆在他的私人办公室里，在我看来，这些人比T·罗斯福愤怒得多，他虽然在大声责骂，不过不如我经历过的他被个别人激怒时那样地怒气冲冲。他指责我用错了英语词汇，“把这说成是贿赂和腐败”。那一群狂怒的法律专家叫嚷着“什么英语！拙劣的英语!”，部长穆迪(Moody)则愤愤不平地、严正地说：“这是诽谤，总统先生；这是针对联邦总统的无耻诽谤。”

“嘎,”我说，“情况这么糟？你打算控告我、审判我诽谤了总统的诽谤罪？假使那样的话，请告诉我，我能不能把总统算作证人，来证实他告诉给我的这些真相细节正是我据以——”

“不，不，不。”T·罗斯福打断我，他说话的这种异常方式让我确信，他并没有对他的内阁讲起他曾经向我列举了他最令人不能容忍的任命以及次一等不恰当、更次一等不恰当的任命。对此他实在不想让他们听到更多。“不，”他说，“没有什么刑事指控的意图。真荒唐，这就是两个写文章的人关于词句用法的意见不一致罢了。”说完，他把我撵到一个角落里，仿佛不再顾忌那些荒唐的律师，大声咆哮，他飞舞的双拳差点儿打到我，反复说他“对联邦政府人员的任职候选人的批准”不是贿赂，也不是腐败，“英语词汇”不能这样子运用。

“在英格兰不能，”我纠正道，“在这里很快也要不能了，到了像您这样的人都要做交易并且让我们对交易习以为常的时候。不过——”

“你实在不懂英语，你并不熟知你本行手艺的工具，你胡乱用词——”

“总统先生，请等一等，”我请求他，“这些官员已经唬得您丢掉了您的坦率。等上几个星期，您就会看到那篇文章将平息针对您的日趋严重的指责，它还将让人们理解您同那一类由腐败体系、政党组织派到华盛顿来跟您对着干的人打交道的必要性。”

他平静了下来。我们——他和我两个人——静下心来作一番面对面的谈话，接着我看到愤愤不平的内阁律师们愤慨地从“我们的御前”溜出去了，他们一走，我就指着他们弓起的背笑了起来。

“他们不了解您，总统先生。”我说。

“他们不了解我什么？”他猜疑地询问道。

“他们不了解您是一个纯粹的人；您差不多跟坦率的坏蛋一样地纯粹。”

这一下轮到我被撵出来了。他真正是把我推搡出房门。我道着歉，收回我的话，“差不多像，我说；几乎像；不是完全像。”可他还是砰地关上门；在门里边他笑了起来，笑声还很响亮。

我所言不虚。假如T·罗斯福能用他的头脑对他的臀部都懂的东西作出反应，假如他能少干一些他不自然地干出来的、合乎惯例的坏事恶行——不去没完没了地为之找正当的理由——他应该就能够成为一位伟大得多也英明得多的人。可惜他随机应变；他不会，也不能够，每一次都让他的头脑明白自己的双手在忙活什么。

一天，我进去拜见他，同行的还有另外一个记者，这位记者径直走近他，问他第三个任期的竞选问题。这个问题一般会让人兴致高涨；总统一定也思考过它。可当时那位记者直截了当地向他提了出来——“总统先生，您对这第三个任期的工作有何想法？您打算竞选第三任期吗？”——我闻言一惊。这位记者太让我吃惊了，我瞪着他，没有看总统；我瞪着提问者，完全不去留意对这个问题的回答；看来，我一定是流露出了我的惊诧。

因为总统没有回答另外那个人，而是转过身来对着我，说：“你为什么对这个问题这样震惊？”

“我不是震惊于这个问题，”我说，“我是对他提问的这种方式感到惊讶。”

“为什么？应该怎么问？”总统催问道，而我却有些慌乱。我并不清楚自己意指什么，我的反应很笨拙。

“为什么他，”我说，“要针对——你的——头脑来提他的问题。”

“那么他应该针对什么来发问，要是不针对我的头脑的话？”

“我——我不知道，”我支支吾吾地说，“不过我认识您很久了，我的印象是您不会在您的头脑中通过思索把事情、目标、想法理出个头绪来，您会在您神经系统里别的什么地方反复思考它们，然后——然后在——比方说在您的臀部形成您的结论。要是我想要得到他所期待的答案，我会拐弯抹角不着边际地谈，直到我等到您大声地理出头绪，大谈裹在您双臀里您自己都没有意识到的话题。”

T·罗斯福这一下真的惊呆了。他站在那儿，双手撑在他的办公桌上，思考着；然后他对另外那个记者说：“你知道吗，那是真的。在某一点上我确实会在那个部位地方认认真真地思考。我正在那部位仔细考虑第三任期的工作，可我还不知道，我不知道该对你说什么。”

这位记者用他的转身表达了他的惊愕，还有愤慨。我猜想，他因为我的“插嘴”而很生气。一阵气恼当中他离开了，接下来总统开始大声地思考，非正面地涉及那第三任期的工作。至于他说了什么，我所记得的全部就是例证，证明了我的料想。T·罗斯福说他“一直以为比尔·塔夫脱[1]（Bill Taft）会执行”他的政策，说“比尔·塔夫脱懂事儿”——当然，对于T

·罗斯福的政策，塔夫脱始终一点也不懂，不过，T·罗斯福的双臂将要决定不打算亲自参选第三任期而是让塔夫脱竞选总统，这是很明显的，这难道不明显吗？那位记者错过了“新闻”，因为他不懂得一个纯粹的人、一个“有很高智力的人”通常会用他不坦率的大脑去掩饰或者去展示他坦率的想法，说真的，这非常像一个缺乏文化趣味之人的做法。

我为那家稿件辛迪加写了大约10篇周刊文章，指出我所调查的国会众参两院和各行政部门都不具代表性。既然我的目的是要建立评判的标准，关于正直或效率我就只字不提；我只是变着花样问答一个问题，“他们代表了什么？”这毫无用处，我也不能够杂乱无章地继续下去。我正在为遍布全国的上百家报纸供稿，这意味着有100位埋怨我根本不去揭露贪贿的主编主笔编辑抖露不出什么轰动性的东西来。他们的判断标准是：欺诈、盗窃、贪贿。假如一位可敬的参议员很正当地帮助一家对民众全无损害的托拉斯，那并没有错。我试图写得更浅显更清楚——简单得足以让主编主笔编辑们理解。可是他们把我的文章称为散文，因为那不能算是对我的期望，我落得了我所认识的一位插图画家的不幸处境，他因为在杂志社开始画的是一幅美少女或者牛仔的素描，就不得不每次都画“那一类的好画”——只不过就是左一幅美少女、右一幅牛仔。终我一生我注定都要耙粪了吗？

T·罗斯福恰恰赐给了我们那个称号。在华盛顿记者们的格子旗俱乐部(the Gridiron Club)，他把那些搜耙(rake)社交界大人物、大亨(muck)的丑闻又从不查检事实字句的作家痛斥为“耙粪者”(muckraker)。第二天早上，我去拜见他谈别的什么事儿，我话题一转说道：“哎呀，您终结了所有这些让你一举成名的新闻调查。”他回答说他完全没有这样的意图，举例为证说他指的不是我。他曾经被戴维·格雷厄姆·菲利普斯[2](David Graham Phillips)所写的“卑鄙的混蛋昌西·迪普[3]”(poor old Chauncey Depew)上的一节激怒过，他说，那参议员正遭遇着许多个人麻烦，随后又弄得自己在一个题为“参议院的叛国罪”的系列报道中被描绘成一个背信弃义者，“麻烦太多了。”T·罗斯福说他发表演说是“为了要安抚迪普”，我认为他或许打算过安抚，不过我还认为他自己也很恼怒，同时他又感受到了众人对耙粪作品的厌腻。不管怎么说，我的直觉是对的：T·罗斯福大声宣告了一个时期的终结。我完成了自己的耙粪，以一种明智的方式。

我的主编主笔编辑们都会不满，我从报纸上将要挣得的钱财会比我从杂志上任何时候挣来的都要多，一个星期所挣的和以前几个月挣的一样多，继续写下去是一种诱惑，但是我不能够；我不能一周写一篇文章，从那时起直至今日，我对年复一年一天写一篇的专栏作家们感到好奇！我离开了华盛顿，回到纽约，去休息，去玩儿。

译注：

1，比尔·塔夫脱，Bill Taft，即 William H. Taft。Bill 是 William 的昵称。

2，菲利普斯，David Graham Phillips，1867—1911，美国小说家，耙粪记者。早年当记者、自由撰稿人，写小说。1906 年 3 月在《Cosmopolitan》上发表《联邦参议院的叛国罪》，揭露竞选捐助者得到了某些参议院的奖赏。该文和其他类似的文章催生了美国宪法的第十七修正案。他的出名，是因为他引发了揭露大企业（尤其是标准石油公司）腐蚀参议院之细节的最重要的调查。他和同时期的其他一些作家被 T·罗斯福总统冠以“耙粪者”之名。http://en.wikipedia.org/wiki/David_Graham_Phillips

3，迪普，Chauncey Mitchell Depew，1834—1928，美国律师，演说家、铁路官员、政客。因其演说天赋，共和党决定支持他进军纽约政界，1861 年进入州议会，1863 年任州务卿。1866 年出任 Cornelius Vanderbilt 的铁路集团的律师，随后步步高升，1885 年任纽约中央铁路公司的总裁，联邦参议员（1899—1911）。1906 年成为耙粪作家菲利普斯（David Graham Philips）激烈抨击首要保守派人士的第一目标，加上他涉嫌在纽约州的游说活动公诸于世，声誉蒙尘。http://en.wikipedia.org/wiki/Chauncey_Depew

重返华尔街

回家呆着真是一大乐事。我也有个家，关于它我说得不多，因为我在那里呆得不多，我对家、对妻子的想念也不多——正如我妻子说我的那样，她的话深深地铭刻在我心头，尤其是在她死后。我们寄居科斯科布的时候，一直在期待一处属于我们自己的住所；我们一直在玩“不动产进行时”——我曾经说起过——汤普森·塞顿教给了我们这个游戏，他带着我一起漫步闲逛，去察看“科斯科布后部”的待售地产，那里的地产真便宜。格林尼治的后部，纽约的富人定居在那里，地价则很高，高到一英亩1000美元，然而往东仅仅二三英里，地价才一英亩10美元、25美元、50美元，而且越是没人开垦，越是被人弃荒，就越是美景。跟塞顿一起漫步或者驾着四轮单马的轻便马车出游去探访地产，令人愉快。

他身材颀长，英俊，有诗人气质，而且与众不同。我猜想，大多数人会用“孩子似的”这个词来描述他对我们所见到的泉水溪流、河道沟渠、乔木灌木、花草秧苗和阴凉幽深处那种与众不同的感觉。房地产商们和当地人搞不懂他在那些杂乱的沼泽地和没啥希望的林地里都看到了什么，他们更喜爱那些至少要被人清除了野生草木的土地。有一座小山丘吸引了我，覆盖着美而高大的古树，业主是一个有经验的北方佬，见我非常想买下它，就说：“你喜欢它？那么，等到开春吧，我会让你得到它的，我知道你现在为什么犹豫。”当年冬天他清理了这座山丘，春天一到我就回去游览，绝望地放弃了这座光秃秃的、严重被毁的山丘，说它对我的使用价值已经被毁，他便不再同我们来往了。

塞顿看地，不但要念及一个画家所寻求的东西，还要念及种种动物。他会说：“鹿会如何喜爱这儿”——或者松鼠、猫头鹰。他还会设想——无论地块多么小——他发现“有利用价值”的每一块地能作什么用。他想象着他的道路小径，择定他房子的位置，然后构思它，幻想起来像一个孩子。他深思熟虑，似乎他喜欢这种搜寻，直到他有了三四处可供选择为止。选择，才是惟一的难题。不过，最后他还是选定了一处，而我则买下了他的第二选择，其他的人得到了他的第三、第四选择。塞顿能够让康涅狄格的弃荒农场价格暴涨，假如他对此有过任何想法的话，或者假如当地有某个西部的房地产经纪人把他给带坏了的话。

令我惊讶的是，到了我买地的时候，我有些发愁。我再也玩不了不动产进行时了；我喜欢这个游戏，我玩过也输过。但是，我决定，我要再玩一次。塞顿去忙活他的那块地了；我则让我的地闲置着，同时又不停地寻找另一处。因为落了单，加之不愿意走路，我开始划着船或者航行去寻找在海滨的房地产。这给这个游戏增色不少。其中惟一的缺点就是，我在这个海湾里上来来回回航行去察看适合盖一所房子的那些岬角和三角小地块的时候，离科斯科布远上加远了，我始终确信，我最喜欢的地方就在港口，一个在里弗赛德(Riverside)的我称之为“可爱岬”的小小岬角，大约一又三分之二英亩，有一个沙滩，一个海湾，山上的树下还有一栋老屋。

每次我们经过这里的时候，我会说：“就是这个地方。”我的妻子就会反问道：“那么，为什么不把它买下来？”

有两个恰当的理由。一个原因是，这里被富人们包围着；我更喜欢河的那边，艺术家们集中的地方。另一个原因是，这个地方不卖。一个秋天，就在我们打算搬到镇子上去的时候，一个知道我心事的渔夫跟我打招呼。

“斯卡特(Scutt)家的那宅子要卖了，”他说，“老家伙斯卡特死了，他的遗嘱指定一个城里人来卖他的宅子，那城里人过去经常在那个岬角钓鱼，每个礼拜天都跟那个在自家的堤坝上钓鱼的老头儿聊天。”

我去见了那位城里的钓鱼人，他说行，他反正要处理这卖房子的事，不过他问：“你想买它做什么用？你从这个岬角的地上伸杆钓鱼，和从泊在这岬角的小船上钓鱼完全一个样儿。”我卖了“科斯科布后部”那70英亩地，然后买下了可爱岬，在这里，我同塞顿一样，忙活了起来。我再也没有多玩不动产进行时。我还会意犹未尽地去察看“好地好房”，但是——我渐渐地陷在可爱岬了，不是陷在里弗赛德(Riverside)。我们避免跟富人邻居们打交道，他们把我们说成是“散发恶臭的人”，而我们以平民自居；我们只跟采牡蛎的人、渔夫还有科斯科布“游手好闲”的作家画家们“交往”。邻居欧文·巴切勒(Irving Bacheller)刚刚出版了一部小说，《同莉齐保持联系》[1](*Keeping up with Lizzie*)，我们可不会试着同莉齐保持联系。

其间，我得到了一份工作，在《人人杂志》(*Everybody's Magazine*)的编辑部兼职。我妻子撵我去的那里，她用她那强有力的、不受外界影响的、充满生机的方式说我在可爱岬的生活像是在等死。我能够意识到局面就是这样，但我认为——我不敢把它说出来——等死未必那么糟。活在可爱岬是我所做过的最舒适或许也是最有用的事情。我可以去草地上割草，可以划着我的小船出去跟采牡蛎的人聊天，可以步行去科斯科布，还可以像蔡尔德·哈桑姆(Childe Hassam)所画的工人们一样懒散地工作。这话可能会让工人们恼怒，不过懒散地工作也确实是蛮舒适的。工人不得不劳作，我不用；我可以四处闲逛，一边思索反省，或者不思索不反省。当然在城里也会这样。这有点像玩不动产进行时；人生有一种工作缠身的危险，不过要是你很坚决，你就可以下楼走进杂志社的编辑室，朝这个烟雾弥漫的洞穴里瞥一眼，然后亲切地说："哈罗，邓恩，忙着呢?"

而彼得·邓恩会抬头望着我——他乐于被打扰——说："哈罗，你要干嘛?"

"嘛也不干。"我会神气活现，在这个凡事都要像奴隶一般工作的人跟前逗留，我等着看妒忌毁了他漂亮的外貌。假如我要在《美国杂志》放肆闲逛的话，我就会下楼到报社那些办公室里去，在那里人们确实在干活儿，他们在那里往来疾走、写作文稿或者闲坐着不愿意看见你。我想象死者的鬼魂不会在生者周围逗留，因为它们明白，即使是它们所爱的人，也会不愿意看到它们幸运地悠哉游哉。好吧，还有别家的出版物呢。我会去《人人杂志》社，去陪伴约翰·奥哈拉·科斯格雷夫(John O'Hara Cosgrave)或者吉尔曼·霍尔(Gilman Hall)。不过这不太好。其他的报社杂志社听到了就会说我穷困潦倒；他们没有听说我在《人人杂志》社兼职；所以老是给我提供工作机会。

"想要出去搞一个好题材——"

我说"不"说了许多次，不过在那一点上我犯了个错，说"不"对《环球报》、《美国杂志》和《麦克卢尔杂志》不起作用。我反反复复地对《人人杂志》的主编主笔编辑们讲如何编一份出版物。其他报刊都认定我并不懂得如何编刊而他们懂得，《人人杂志》的人实在不懂如何编，他们更不知道我也不懂如何编。我向科斯格雷夫和霍尔讲了那么多他们应该做的事情，最后他们邀请我加入他们的编辑委员会，一周跟他们会谈一两次。我碰巧儿把这事告诉了我妻子；我只是想要夸耀一番，这巧儿碰得我失去了我在玩不动产进行时的时候那样的闲暇，我老婆敦促我打这份工。

这又是一份苦差事。E·J·里奇韦(E. J. Ridgway)是主编，他把这份工作说成了苦差。他说，为了那份兼职他愿意付给我一年一万元，我谢绝了，说我实在不想有非挣那么多钱不可的感觉；到了年底他就会知道我说出来的期望值少得可怜。我记得那一年年底我要了五千元，他付了，另外还加了两三千(我想是这个数；没准儿更多)作为“圣诞礼物”。他就是那种人，喜欢分享他的成功，因而他总是事业顺利。

《人人杂志》当时已经在连续刊登极为轰动的报道，揭露巨额融资者们，波士顿的思考者托马斯·W·劳森[2](Thomas W. Lawson)称之为“疯狂的金融”，他熟悉华尔街的高层人士，也了解他们的种种手段。汤姆·劳森当时正在读我们耙粪者的作品，他说，要是他说出他所知道的事情，就会显得我们的那些揭露被他画上了句号一样。于是里奇韦为他提供了版面，科斯格雷夫负责驱使他口述他的那些经历，然后着手把这些整理成文。这些报道的结果是，对巨额融资的曝光太刺眼，弄得连我所报道的那些城市里的管理部门看上去都像是好政府了。此外，《人人杂志》的发行量和收益也随之上升到了顶峰。主编主笔编辑们都相信华尔街可以成为一个多数人感兴趣的题材，我则看出了我调查报道工商企业那些策略手腕的机遇，调查成果的形式可以是一系列讨论信贷管理的文章。这让我重返华尔街，这里跟我一样有了大变化。我找了一些跟我同龄的人，我认识他们的时候他们在做证券经纪人、还在做什么人的部下，现在自命不凡地做着银行、托拉斯和不同公司的总裁。好得很。他们都很得意，于是我表示祝贺；不过等到我见他们的次数多了，我发现，他们仍然还是什么人的部属下级。同许多城市的市长们一样，他们都只是为这家银行那已经退隐为幕后老板的老资格的总裁或者某位所有人充充门面的。在贪腐揭露当中、在人寿保险公司的改革当中得到描述的大佬体制，在工商企业里已经成了稀疏平常的事情。银行被人加强了控制，公司被合并，年轻人被擢升到昔日极高的行政职位，然而一切都在没有职务的、冷淡迟钝的几个老人的控制之下，老人们协作配合，如此这般地使他们的权势融为一体。这就像在政治上一样，注定要全盘皆输的，这种不断集中之权势的效用就是为了对政治施加决定性的影响。我的推论是，在美利坚，确实存在着类似于君权的东西——一个君王——和在欧洲一样，这君权也从国王和总统的手中旁落到了平民手里。最终分析下来，对信贷实施绝对控制的，正是这实际权势尚未被人证明其同一性的权势中心；政治权势、商业权势还有金钱，都只是这样的商人对放债、放贷的用途作维护私利而不讲原则之控制的不同阶段。老板们不必买下公司，尽管他们不得不向各个政党行贿；和政坛的大佬们一样，为了得到忠顺，他们不得不控制产权业主和选票持有人（无论是投票表决还是代理投票）。除了少数——极少数——独特的人以外，所有人都希望由别的什么人来拿主意、来当指挥官。这有助于独裁的、出乎天性的乌合之众会引发什么事情，我不可预见；我所能预见到的就是，这是普遍的；政治活动、商业活动、社交活动和新闻工作当中，都存在这种情形。人们在大声疾呼独立自主的时候，不会公开承认他们所呼唤的是一个首领。而且这样的首领操之在手、为之卖力的，就是特权、待遇和殊荣。在银行里，他要来确定哪些贷款应该发放、谁应该得到贷款；在政事上，他要来确定谁将获得特权优待，当然，政界大佬一般会让他的商界老板来拿这个主意。到那时，商界老板就是主宰。在我那个时代，J·P·摩根（J. P. Morgan）始终端坐在美利坚的王位上，做众王之王，就像是美利坚的最高主宰一样。

我写这一影响的文章发表之后不久，一天，我进了摩根银行。一位年资较浅的合伙人轻叩他的玻璃笼子，示意要我进去。他说他把那本杂志翻开到我的文章那一页放在摩根的办公桌上了，亲眼看见摩根在读它，接着又重读了一遍，然后摇摇头。他实在理解不了它。那位年资较浅的合伙人说摩根并没有“绝对权力”的观念，还说事实恰恰相反，摩根的权力不是不受任何限制的；它很有限，为了证明这一点，合伙人接着对我讲了一件事情。摩根曾经发现，未经“钻石吉姆”布雷迪[3]（“Diamond Jim” Brady）的准许，他就不能够让他控制的纽约、纽黑文和哈特福德铁路公司向他控制的一家煤炭公司买煤。他被激怒了，气得要去跟布雷迪打架；“要是他的余生没别的可干，他就会揍那个家伙。”可是他没有；他容忍了那个家伙，原因是布雷迪代表了一家公司，纽黑文和其他铁路公司的高级职员们在其中持有股份；这家公司享有向那些铁路公司销售原材料的独家垄断权。当然，这是一种敲诈勒索，但是，其间的交易、势力和权利的枝节和后果复杂到了就连摩根也不敢与之为敌的程度。因此，他不是最高统治者。

把能够左右一切的势力看成是不受任何约束的，是一种通病。俄罗斯的主宰拉斯普廷(Rasputin),就犯了这个错误;许多国王犯下这个错,因而他们的大权旁落在首相和大臣们手中,这些臣子代表着由强势的阶层、集团和个人所组成的“既得利益者”。独裁者从来就不是不受任何约束的,没有人是不受任何约束的。政坛大佬往往会把对贪污贿赂的极为“精明”的调解集中于己一身,并将之拟人化,而他的宝座正是安顿于这些贪污贿赂之上的。他必须熟记这些细节,必须测算它们的能量,也必须把它们统统纳入到自己权势的支持当中,这一权势因而总是有所代理的,也是受到限制的。在我们的时代,墨索里尼(Mussolini)就不得不跟罗马教廷“做交易”;商界老板不得不服从于扶持他的强势人物;南太平洋铁路公司不得不“任由当地的贪污者贿赂者得逞其私欲”;大银行家们不得不任由人寿保险的官员职员们一逞私欲。J·P·摩根应该体验过他很快就遭受到的报应,他不能够揍“钻石吉姆”布雷迪。独裁之下没谁是自由的,就算是那独裁者也不自由;君主政权跟民主政体一样是有所代理的,惟一的问题在于那宝座之上的陛下所代表的是什么。简言之,我重返华尔街所获得的是这样一种认识:我从井然有序的社会群落中所观察到的最重要的东西,说真的就是独裁,在这个意义上,这独裁就是享有特权者为了操纵特权优惠特免、控制特权的种种源头进而管制享受不到特权的人们的思想行动的一种组织;无论是享有特权者还是享受不到特权的人们,无论是大佬、党魁、老板、头儿、主人、领袖还是被差来遣去的人们,都没有意识到这独裁或者弄清楚它的含义。

译注:

1,《同莉齐保持联系》, *Keeping up with Lizzie*, Lizzie,在俚语里有同性恋女子、脂粉气的青年男子的意思。

2,劳森,Thomas William Lawson,1857—1925,美国商人,作家。作为波士顿股票极具争议的推动者,他因为努力促进股市改革和通过极其可疑的股票操纵为自己聚敛财富而广为人知。http://en. wikipedia. org/wiki/Thomas_W. _Lawson_(businessman)

3,布雷迪,James Buchanan Brady ,1856—1917,美国商人,金融家,镀金时代的慈善家。因为喜欢收集钻石而被人称为 Diamond Jim Brady。http://en. wikipedia. org/wiki/Diamond_Jim_Brady4,

初出茅庐的记者们：以沃尔特·李普曼为例

在新闻业界跟在其他行当一样，我们所需要的，就不是什么更令人满意的人，而是更有灵性的人。因此，我力劝《人人杂志》的编辑委员会去寻找更好的记者，去发现为他们自己所用的新手并且从杂志写手开始培训这些新手。他们的策略是——所有杂志社的惯常做法都是这样——留意各家报纸然后把那些享有盛名或者崭露头角的人挖过来。

“像我们这样的人，”我很快地说道，生怕这个编委会的前辈报人可能说三道四胡思乱想，“我们都是那种体制的产物——看看我们自己吧。”既然这“看看我们自己”往往证明了某些改革的必要，那么预言几句还是恰当的，像我所做的这样，礼貌地指出我们这些从业时间长又训练有素的报人都很难重新塑造。我们真不是在做杂志，我们是在一个月出一期地做星期日报或者周报。我们限定了月刊的眼界、风格和趣味，像当地那些报纸一样，我们褊狭肤浅地报道政治、探险、犯罪、爱情和商业，因为对于早先在做日报的锻炼中所得到的经验我们不能够忘怀。我们并没有拓展出科学报道和艺术报道，也没有更深入地报道日常新闻。结果是，报纸扩大为我们这一行之全部的速度，要快过我们学会行当里全部技巧的速度。

“让我们发掘并培养我们自己的新手吧。”我恳求道。

回想当年做本地新闻编辑并兼管分配记者任务的时候，我和从各所大学即将毕业的班级里刚刚招来的新手们共事，就取得了不错的成绩，所以，我提议有计划有步骤地从大学四年级学生当中挑选其中最好的一两个人，根据我们的眼光一年挑选一次。吉尔曼·霍尔点头称是；科斯格雷夫疑惑地摇了摇他的头；里奇韦则不作声。作记录的那位漂亮姑娘把他们的名字给划掉了：该提议没有任何结论。

我们转而讨论其他事项，直到有一天里奇韦对我的固执没了耐性，说：“没关系，斯蒂芬斯。要是你认为你走进一群毕业生当中就能够挑选出一个优胜者，就去试试。不过别指望把你的天才强加给我们。你负责管理他；把他看成是你的秘书。我们来出他的工资。你训练他做一名杂志写手，然后——唔，假如一年之内你可以拿出你的新手所写的重要文章刊登在杂志上，我才可以确定：你的试验终于证明了你的理论。”

这是挑战吗？这是机遇！很久以来我深感诧异：不光是主编主笔们，还有许多其他的人上之人——他们不断地为他们的工作班子寻找好员工、寻找他们的接任者——就是没有去做一件事：到各所大学去找人，大学是天下最廉价的劳动力市场，可以找得到各种各样的人——有天资的作家、天生的执行者、有直觉的组织者、具有天赋的化学家物理学家还有一切行当里受过良好培训的劳动者。为什么要让崭露头角的、有才能的人在零散的工作中逃避现实？他们未必适应这些职位，在那里愁苦万分，因而通常被葬送了。为什么总是要等、等、等，一直等到从这种浪费人才的惯常做法中幸存下来的很少的几个人很晚才偶然找到他们自己的位置？我猜想原因在于，雇主们一边俯视成群的大学男生，一边想象这是一伙吵吵嚷嚷、自视过高、不可救药的傻瓜，雇主们不去问也不知道一场足球赛上的拉拉队员当中总会夹杂着那么几个有才华却藏而不露的、不起眼的学生。雇主们看中并且可能录用的，会是一个偶尔做一做流行债券推销员的明星球员，而不会是只在化学实验室里做技艺高超的高手或者在校报做灵魂人物的那个男孩。

夏末的时候我去了坎布里奇(Cambridge)。哈佛(Harvard)的这期毕业班早已散了，他们中间有几个留在了波士顿附近，学校里还有几个教员。我描述了一下我要物色的人，却没有描述我要提供的职位，要是你提及职位，人们就会想到一个“需要一份工作的亲朋好友”。我要找最出色的有才智的人，他要能够用书面形式表达自己。有人提供了三个名字，就三个，聊了一会儿之后，人人一致认定了一个——沃尔特·李普曼[1](Walter Lippmann)。我找到李普曼，立刻就喜欢上了他的同学们从他身上所看中的东西。他问了我几个有灵性而不是事务性的问题，这些问题得到答复之后，他放弃他已经有的工作，返回纽约和我一起写作我的华尔街系列文章。这个主题正在报道当中。我将在我位于康涅狄格州的家中写作，他则去华尔街搜集事实真相细节，把这些报告给我。他“入道”很快。因为敏捷、不易激动、勤奋，他能够认识到他所学习的一切的意义；而且他向他与之会面的人所问的问题，比我要求他问的还要多。他细察被访者；我确信这是因为他也细察了我，体会我的理念和我的那些理论。我关于我们的工作要系统精确的观点，以及我应该可以预料他前去寻找的事实真相细节的观点，他都带着精明而谨慎的怀疑听进去了。为了要验证我的观点，我们在泽西南部挑选了一个麻雀虽小肝胆俱全的、麻烦的商业区作测试，那里有一家大企业，一家食品包装加工中心。我从来没有去过那里，不过我形容了那里官和商的现行体制，因为它必定存在于那里，假如我们关于华尔街和政府的印象靠得住的话。他搭上一列火车去调查这个城镇，然后带回来一篇跟预见相吻合的报道；稍后这篇东西被刊登了出来，我想。

因为我忘不了里奇韦先生的挑战，李普曼还必须为我们的杂志写出值得重视的东西来。我建议他从他自己的个人知识范围内不存在困难的一个主题入手，独立去完成它，很快，有一天，他拿给我一篇简洁的议论文"威廉·詹姆斯(William James)——一个开放的心灵"，写得很好，他后来又作了部分修改，然而，由于詹姆斯教授已经去世，加之由报纸来刊登讣告的传统观念把杂志刊登讣告视为犯忌，我把标题改为"开放的心灵——论威廉·詹姆斯"，随后，为了让这场考验公平起见，我删去了该文作者的姓名。我提交了这篇文章，它通过了常规的程序，结果它的校样被当成是我的文章了，标题下署着我的名字。李普曼对校样作了校对，纠正了所有的差错，除了那个署名。那个署名我保留到了最后一个校次，随后在下一期上该文发表为"沃尔特·李普曼撰写"。《人人杂志》的主编主笔编辑们都吃了一惊，他们不但接受了他的其他作品，也接受他本人成为杂志社的新人。这一年的年底之前，他成了《人人杂志》的编辑之一。然而，他们并没有进一步到大学里招人。

就在李普曼和我共事的时候，我们耙了格林尼治的粪，格林尼治位于康涅狄格州，里弗赛德是其中的一部分。此前我一直在巡回演讲，有天晚上，在一个康涅狄格州东部城市的一个戏院里，包厢里的一个家伙打断了我的演讲。他站起身来说我所描述的市镇腐败，在纽约、在费城以及在西部一些地方没准儿是真的，但是在康涅狄格，这样一些状况绝对没有占到上风，比如本市，就不腐败。稍后我得知，我的这位诘难者是一位重要的银行家；在那一刻我只能够看出来他是一个有权威架子的、受人尊敬的人。我回答说，我并不了解他的城市，不过我对康涅狄格有所了解。"您可能不了解康涅狄格州的格林尼治，可我碰巧是那里的一个居民，所以我可以对你讲，那个城镇跟联邦的任何一个城市一样地堕落腐败。要我讲一讲格林尼治吗?"他坐了下去,似乎不愿意我谈论格林尼治。可是格林尼治有一个好添乱的青年编辑,诺曼·塔尔科特(Norman Talcott),他报道了我关于该镇的讲话,并且向我挑战,证明我的诽谤。有人还召集了一场镇民大会,于是李普曼开始调查该镇,他和我的黑人外勤一同前往。当时我的妻子病重,所以我不能够离开家。李普曼搜集档案、审判记录、议事录;那个黑人小伙子则在政客们周围"闲荡",一边收集闲言碎语。外勤说那里正在打赌此事的结局,说当地的大佬党魁老板们预测我会赢。我自己倒是把赌注压在了我的计划上。

这个事件有些趣味,纽约的各家报纸都派了记者来"看我在我自己的家乡为难我的故旧老乡"。会堂挤满了人,那位黑人小伙子把一个旅行包的相关证据带到了讲台上,这些证据由李普曼整整齐齐地堆放在讲台的桌子上。那个小伙子一个人呲牙咧嘴地笑着在讲台的边缘坐下,李普曼则坐在一张靠近一块大黑板的凳子上。我一走上这个讲台,就请求为演讲会安排一个温和派来担任当地新英格兰人所说的会议主席,人们推选出了一位极受人尊敬的市民。他大声地问我他来讲些什么,于是我也大声地对他说,由他先来宣布我将让格林尼治的人们看到他们和全国任何一个城市一样地腐败,然后宣布将会安排一个讨论的机会,最后再宣布会有一场投票表决。

我的计划是,要让全体市民排除许许多多的本地因素,自己来判断、自己来表态,要对事态施加影响,做洛杉矶不能做的事情;对照旧金山、圣路易斯和其他城市的种种特性来认识自己。不管怎样,我先从格林尼治开讲。讲到格林尼治腐败的时候,我解释道污浊,我指的不是这里的房屋街道污浊,我指的是这里的民众腐败,"诸位,在场的,都是这个城镇的市民,那么我就从当地居民讲起,在上一次选举中,你们看见过我,你们当中许多人都看见过我,当时我就站在选举承办人的办事处里,看着你们穿过那里领取你们的每张选票两美元五十美分。这个事实我们都知道,不过我还知道一些你们所不知道的事实,我知道而你们不知道的是,就在你们得到你们那两美元五十美分的同时,本地的意大利人一张选票却换得了两美元七十五美分。"

这一说法引起了一阵轰动。当地的新英格兰人选民们可不喜欢在一场交易中被人比下去,因此哪怕我所断言的是谣言,他们也会当作事实来听。听众当中的一些人四下里望向会堂后面的党魁头头们，等着这些人来重复搬演往常向他们所作的诸般否认，结果什么都没有，在场的党魁头头们确信我知情。一阵等待辟谣却等不来的短暂间歇之后，我继续讲下去，从格林尼治的底层讲到康涅狄格的上层；我举了一位州长为例，他为投票点上行贿受贿的惯例辩护，说他认为“对于明白何为恰当的人而言，就算用钱去支配无知选民的选票，也是恰当的”。他们都受到了此人此言的影响，于是我主张这两个实例都表明了康涅狄格州的格林尼治比新英格兰以外的市州更加道德败坏。不过，这还不是我的论点；我去那里只是为了证明：新英格兰地区康涅狄格州的格林尼治跟全国的其余地方一样地腐败。于是，有李普曼坐在黑板旁边、那位黑人小伙子很扎眼地坐在讲台边上陪着我，我一边叙述、李普曼一边画示意图，我们描述了体制的腐败：

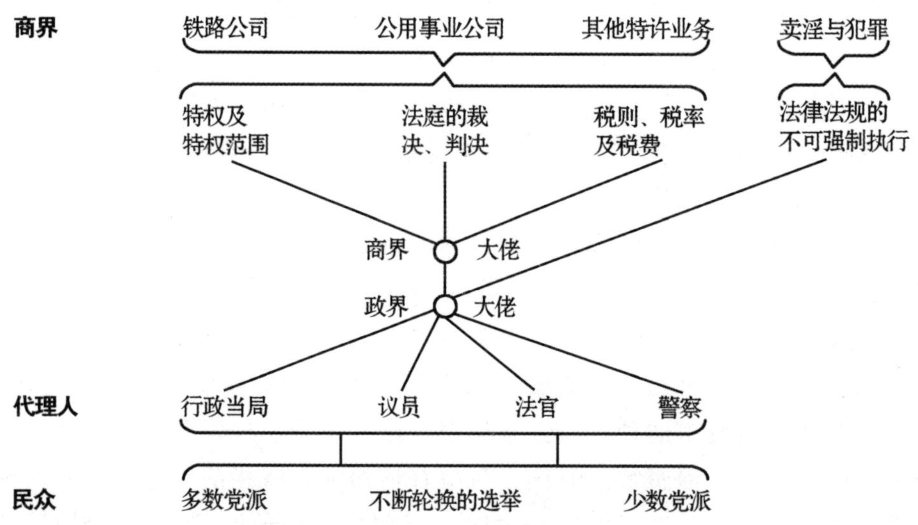

忽然，我中断了我的长篇叙述，问道：“我讲得还行吗？”我面前的这些面孔流露出了诧异。整整一个钟头没有提及格林尼治；它已经被忘记了，这时我又问道：“格林尼治和我所列举的那些地方一样地腐败，我说清楚了吗？”与会的人们盯着我，惊异或者失望或者五味杂陈，直到我转过身去，指着那块黑板说：“唔，难道这不是一幅格林尼治体制的完美写照吗？”人们对着李普曼的示意图琢磨了一会儿，然后爆发出一阵掌声笑声。看到人们领会了这幅图，我就请听众大声说出当地人物的姓名以便填入到这幅示意图里去，于是听众对李普曼大声说出了那些名字，李普曼则将它们填写到相应的位置上。

会上再也没有什么讨论，直到我提出我的会议决议："我们，格林尼治的民众，聚集在镇民大会上，承认：到目前为止，我们和全国被揭露出来的任何一个区域一样地腐败。"抗议和反对随之而来，但是与会的人们用一阵叫嚷压过抗议和反对，使得那个决议获得通过，而那些持异议的人——所有典型的杰出市民、物业持有人、纳税人（如他们所自称的那样）——约束不了在场的听众，于是其中的一个终于恳求我出于物业持有人或者诸如此类的身分来收回我的提议。我说我愿意收回，如果他们愿意召开另外一个会议并且跟我一起投入到打击党魁头头、净化这个城镇的计划当中去的话。反对者们对此表示同意，这次大会将移址举行。后来我们还真的召开了另一个会议，旨在启动一场最终罢黜昔日的大佬、让改革派掌权的运动。可是，那里根本没有什么改革。在人事上，确实出现了一种变化，早就被证明是"坏蛋"的那些人换成了善良的、受人尊敬的、有教养的绅士，但他们并不懂得自己多么不适合，甚至不懂如何去治理一个城镇。

我从中明白了一个道理：政治宣传是能够成事的，假如它努力接近"坏家伙"的想象力——而不是诉诸怨恨、诉诸对"好人"丑闻的特殊喜好。就算那些出卖其选票的选民们，也会被转变得像他们审视他人一样来审视自己。在这里，所谓的"教育"全无救助的办法，当然教育或许小有助益。这一经历，以及其他的一些经历，使得李普曼和我稍后在哈佛大学做了一个教育方面的试验。

译注：

1，李普曼，Walter Lippmann，1889—1974，美国新闻评论家，作家。毕业于哈佛大学，后来到新成立的《新共和》周刊担任编辑（1914—1917）。他的思想影响了威尔逊总统，被派去参加《凡尔赛和约》的谈判。曾为改革派的《世界报》撰写社论，后任该刊主编。后转到《芝加哥先驱论坛报》，两次获得普利策奖（1958年、1962年），成为世界最有名望的政治专栏作家。

成功的失败者

当我在纽约和里弗赛德的《人人杂志》边玩边工作的时候，波士顿商人爱德华·A·法林[1]（Edward A. Filene）来找我，请求我去耙波士顿的粪。波士顿！当然，他并不知道我早就希望去那里，到美国理想的发源地去研究在这个国家的其他地方没有“发挥作用”的那些理想。他显然很期待针对他的城市里的政治腐败有一场彻底的“揭露”，他说不管我报道什么，我都可以放手去采访撰写。他的建议是，我带着我的家人去波士顿，在那里住上一年，等到我发现了状况弊端，就可以调查并报道出来，并且，倘若我预见到一个弊端，也可以起草一个寻找出路的计划。他将筹集一笔额度不大但是够用的专款来支付我的费用，作为对这笔钱的回报，我的报道将不再属于我而是归反腐促进会所有，这个促进会将负责出版发行，并获得因此书而产生的任何收益。

我接受了这一提议，锁上我在里弗赛德的房子，搬家，带上我的妻子和她母亲，前往波士顿，第一次为法林这个人效力。他引起了我的关注。尽管身为大商人，他却似乎是一个民主主义者，一个思考者，说起事儿来还像一个知识分子，不过接人待物做起事来又像一个注重实效的生意人。我永远也不会忘不掉法林的一些警句，例如“世上无奇迹”，他头一回说这句话的时候，我还当它是陈词滥调略过了它，第二回他说这句话，让我印象深刻的是，他相信这句话都到了奉行不移的程度。那时他正在对我讲述他还是小伙子的时候如何得了一种湿疹，这场病严重得使他在学校里被人疏离，还让他去不了哈佛大学。“我想要做一名政治家，”他回忆道，“因此我必须上大学，可是我不能够。我太具进攻性而不被人接受；所以我投身于家父的企业，在那里我就拿定主意，我将要成为一名公正贤明的企业领导人。因为我看到，在促使商业变得系统精确的方面有很多事情可以做。这里有诸恶待除，我看得出，任何人都可以除恶，假如他认识到世上不会有邪恶的奇迹、认识到这只是一个消除罪恶之源的问题。不过，首先，我必须找到病因然后根除我的湿疹。”

他去拜访了波士顿的几位皮肤病专科医生，不过，他不求治愈，而是请求他们说明他的疾病的原因。湿疹是什么？是什么引起了它？从那些专科医师那里，他得到了书目，这些书他读了；他还得到了世界各地的专家们的姓名，凭着自己不断增长的湿疹知识他跟这些人交换意见。他逐渐了解了所有专家对于他这种类型的湿疹所能了解的一切，之后通过医治他皮肤病的病根而不是皮痒医皮，他医好了自己。正是基于这样的见识，他抱定了世上无奇迹的思想。正是基于这样只讲究实际的见识，他的那些格言警句——其中很多只不过是老生常谈——在他的头脑里是如此地鲜活，以致于它们对我而言就好比极宜信受奉行的人生开示，值得像他那样去奉行之。也许，我渐渐发现的只是知识分子和实干家之间的不同。因为我注意到每当我对他说话的时候他并不专心于我的逻辑；推理不总是让他信服；他总是把我的各种提议放到行动中去设想，然后根据他是否能够预见到该建议切实可行来决定他接受或者拒绝该提议。但是，假如他预见得到提议行之有效，他就会试它一试。有一次他问我，他要怎样才能克服令波士顿不团结的阶级、种族和宗教差异，这些差异使得这个城市对待任何问题都不能够成为一个整体。这里有着针对天主教和爱尔兰人的挥之不去的过时成见，拥戴或者敌视被称为“高雅之士”的当地古老家族。我带点幽默地建议设立一个市民俱乐部，所有形形色色的波士顿人都将在这里相识并且学会相互了解。我们讨论了这个建议；他很认真；于是我也变得饶有兴趣。他考虑了很多方式和手段，都很明智，然后他认定这是一个好主意，因为它切实可行。接下来他就很讲策略地办这件事。他在周围物色了一位讨人喜欢的、能干的组织者，给了这人一份相当可观的薪水和一个终身的事业，并且告诉这人要做什么。这个组织者要列出波士顿所有还在营业的俱乐部的清单，查明每一个俱乐部的首要人物都有谁，召集各路头头开一个会，私下里单独告诉他们他打算要做什么。他会同这些人将创办一个位于闹市区的俱乐部，亲善愉悦、收费低廉而且方便省事，在这里他们将带动所有类型的人聚在一起，仅仅只是为了相互了解，藉此克服成见、偏见、歧视、反感和侵害。这个俱乐部将致力于波士顿的公益；它将讨论也听人讨论当地各种各样的问题，但是从不采取行动，永不介入政治或者施加什么影响；仅仅只是聆听、交谈、谅解。这是为了培育一种波士顿的城市精神，给市民个人一个出名的机会。法林亲自去物色厨师。他知道便宜可口的饮食是必不可少的；因此在他游览的每一个城市到各种各样的餐馆饭店菜馆酒家去寻觅美食，每每吃过称心的一餐之后，他就会跟这里的厨师长攀谈，终于——好了，在一家三流的纽约餐馆里他发现了一个尚不为人所知的美食天才，到了一切准备就绪的时候，他就把这位天才厨师聘请到了这家波士顿市民俱乐部。到会员名单越来越长的时候，他察看了这个名单，满心以为这些会员——不管多么卓越或者多么微贱——都会把这里看成是自己的俱乐部，以后，凭着现有的所有力量，这里必定可以打造成一家充满活力的俱乐部，而他，法林，可以安心出发去周游世界——去"实实在在地理解地球是圆的"。等到他回来的时候，波士顿市民俱乐部已是波士顿最成功的俱乐部，而且是远非他所能控制的了。每一位这家俱乐部的首批会员都还记得，他和他的几个朋友以及这个俱乐部的董事们都参与了促进波士顿的民主化的共同谋划，不过除了那几位董事外，就没有人记得法林这位温和的董事在这一密谋当中还是为首的。

另外有一回，法林认为当地的零售商协会、商会和波士顿商贸会所应该合为一体，而且要使之民主化。他不是其中任何一个组织的成员；这些组织全都抵制他（当然也包括他的朋友们）在公用事业公司的行贿受贿和政治腐败的问题上的行动；何况这些老式的商务机构中有不少人就拥有很多房屋、重要的资产和特权。法林这个十足的局外人，分析了支持和反对他这一方案的力量；他布置的那些经过仔细挑选的共谋者发挥了作用，而他，作为一个改革者、"一个危及交易的麻烦制造者"、一个商界新人，到最后真的把那些没有活力的过时机构联合为一个活跃的商贸会所，这个会所的会员人数众多、代表性广泛并且还在不断增长。而且，波士顿的这件事快要完成的时候，他在其他城市用类似的方式也改良了当地的商贸会所，之后，他把所有这些会所联合成全国性的商贸会所，一战刚刚结束，他又带领这个全国性的商贸会所成为一个国际性的商贸会所，这个国际性的会所由欧洲和其他国家经过了改革的商贸会所的代表组成。

奇迹吗？不是。这事儿做成功了，靠的是一套经过试验证明可靠的方法，这方法调动了各种可靠的已知力量。

"没错，"路易斯 · D · 布兰代斯[2]（Louis D. Brandeis）说，他曾经在早先的日子里跟法林共事，而且还是法林的首席顾问，"法林老是给他的敌人制造武器。"

遍布全世界的那些商贸会馆里有很多有影响的极端保守主义者，在他们中间，法林跟他在波士顿商贸会所一样地无助，好在他是一个有民主作风的人，一个心胸开阔的民主主义者；他相信民主对于商业跟对于政治一样是有益的。至少，因为坚信这一点，他总是到处讲民主，哪怕是在他自己的商店里也如此。

我最初结识他的时候，他在马布尔黑德(Marblehead)有一艘游艇，同许多游艇主人一个样，他总是费心寻觅嘉宾来享用他的船。我到波士顿的第一个夏天，他把我安置在船上，还给我带来了书报杂志，保证我每天晚上都受到款待。一天，我无意中拿起由他的雇员印发的周报，首页上的一篇文章就出自法林本人。这是一份表示责备的报告，说他惟愿自己的生意被雇员们抢走的愿望是多么地强烈；他已经赋予他们符合规章的种种权力，这些权力一旦得到运用，就可以给工人们提供自我管理、经营企业的条件。因此他写道，动用了这些权力的每一个员工，就为了得到些微的特权，比如更短的工时和半休假。他表示非常失望。

"你真那么打算，E·A?"当天的晚宴上我问他。

他很想那么做，也举出了其员工之愚昧的更多细节。他会允许我对他的员工发表演说吗？他会的。他会亲自参加这演讲会吗？他也允诺了。不出一个星期，他就带给我一份邀请函，请我在一次例行店会上讲话。他和我一同前往，去面对那数以百计的青年男女。我对他们说，在各市各州，当地的民众早就握有具有决定权的选票，可是却没有履行他们的公民权；他们听凭他们的头头老板令人愤慨地统治他们。我的听众嘲笑纽约人、费城人、密苏里人等等等等，等到我向他们指出波士顿的市民们以同样的方式放弃了他们的权利并且产生了同样荒唐可笑的影响的时候，他们就不这么大笑了。不过，他们还在窃笑；他们会认为，我在妄说波士顿人。

但是，当我停顿了一下然后说起他们和他们的商店的时候，大家都不吭声了。我指着法林先生说，他说他们尽管是他的员工但是和任何一个城市的市民一样都懦弱、都荒唐可笑。从他们的店报上法林的文章里，我引用了他的抱怨：他给过他们在这家公司取得主导地位的权力，而他们动用这权力，只是为了一些琐碎小事，并非每一次行权都符合这家企业的利益。

"他就坐在那里，"我说，"要是我说了什么不实之词，他会制止我的。

他请我到这里来，来看看我能不能够让你们看到这个机会——你们应该接手经营并拥有这样大的商号。他常说他没办法让你们相信这个机会的真实性，说他这个老板是一个有民主作风的人又说你们这些工人都没有民主精神；还说你们就希望被差来遣去；说你们想要的一切就是多一点点工资、多一点点时间去消遣。要我说，你们这是在面对一场公正的民主试验，要是你们并不想要接管这家被人贡献出来的商店，那么这就注定了民众并不想要管理他们的城市、自己的州还有他们自己。不管怎么说，你们无权嘲笑纽约人、费城人、密苏里人，以及你们波士顿那些待人有恻隐之心的人。”

大家都不应答，都不作声。我请法林回避一会儿，然后要求“在场的波士顿民众”中那些来自中欧东欧的移民工人说点什么。一声不吭。倒是那位老板，过后在回家的路上问我，他该如何激起一种代表其员工争取更多权力并最终取得更多所有权的要求来。“假如他们表现出任何倾向——要动用股权，我愿意把我的股权留给他们。”在这个时刻，我所能建议的就是他雇用并鼓励一批“煽动者”。

“我们现在就有一些，”他回答道，“他们并不煽动行权；倡议争取琐碎特权的就是这些人。”

E · A——他的朋友们这么称呼他——逐步建立了美国最大的大百货公司之一。他有几千员工，资本总额达数百万，而且他已经把他的商店打造成了零售业中的翘楚，完全靠的是实施企业民主原则，尽管他的身分是老板。他首创了一种在各地被人称为“廉价商店”(basement store)的办法，每周保留那些破损了的剩余货物摆在地下室削价销售。我还记得有一天他带着震惊向我指出报纸上的一则报道，过剩生产出来的很多钢琴被制造商们焚烧掉了。他把这看作是糟蹋，于是他致力于解决这个问题，直到他在他的能力范围内解决了它为止，而且一旦解决了它，他又说服他的竞争对手们也来采用他的办法。

他把他的一生称为一场失败——“一个成功的百万富翁的失败”——而这是因为他没有做到他最想要做的两件事。他的第一个志向是他的商店民主，他第二个也是最大的一个志向是在销售业界成为福特(Ford)后来在制造业所成就的那等人物。

“现在，制成品的销售成本，”很久以前，在1908至1909年间他对我说，“是这些货物价格的55%。这是丢脸的事；是由于糟糕的管理。我想降低这个百分比。”

二十年之后的另一天，针对这一点，他说：“现在销售成本比过去还要高，即使在我的商店里也是如此。”他说这些事为了证明他自己的观点：他已经被打败了，他是一个失败者。

不管怎么说，这就是邀请我来波士顿的那个大丈夫。邀请我的还有其他人，他说这些人捐了那笔报道专款，不过从来没人告诉我他们是谁。E·A·法林成了我在波士顿惟一的老板。

译注：

1，法林，Edward Albert Filene，1860—1937，美国商人，实业家，慈善家。他最出名的是建立了法林百货连锁和在美国各地拓展互助储金会的过程中所起到的关键性作用。美国在1911年通过第一个劳工赔偿法，法林也起了关键作用；他还是波士顿，美国和国际商会的创始人。法林在波士顿的另一个重要举措是，主持拟定《波士顿1915年规划》，试图建立起多行业、公共和私营部门的伙伴关系，形成组织领导和委员会，参与解决城市问题，包括贫民区，公共卫生，犯罪和地方治理。http://en.wikipedia.org/wiki/Edward_Filene

2，布兰代斯，Louis Dembitz Brandeis，1856—1941，美国律师，联邦最高法院大法官(1916—1939)。1877年毕业于哈佛大学法学院，后在波士顿执律师业(1877—1916)，被人称为是“人民律师”。他为几个州规定最高工时和最低工资的法令辩护；为劳工阶级制定储蓄银行的人寿保险计划；加强政府反托拉斯的权力。1916年被任命为最高法院大法官，以专注于“言论自由”而著名。他是第一位犹太裔大法官，曾经受到很多工商利益集团和反犹太分子的激烈反对。

我在波士顿所耙的粪

我在波士顿生活工作了一年，结果有二或者说没有结果。一是一本根本没有出版的书；二是一个公布了却根本没有实行的规划。那本书叙述并分析了波士顿的形势，是对波士顿之病的诊断，被人认为没有建设性；《波士顿1915年规划》(*the Boston 1915 Plan*)是具有建设性的，是一剂良药、一条出路。我花了多年的时间写那本书，书一完稿我就呈递给反腐促进会，促进会试图物色一个出版商，我也在找，可是徒劳无功。波士顿出现了一些怀疑，怀疑促进会压制了这本书，此中的臆断是这样的：就像我在其他城市所做的那样，我在该市耙了政坛的粪，而我那个由一些匿名的杰出市民所组成的促进会并不喜欢这幅被扭曲的画面，于是占有了它，秘不示众。

厄普顿·辛克莱在当时可能也这么想。20年之后，到了他写他的那本关于波士顿和萨科—万泽蒂案件(the Sacco-Vanzetti case)的小说的时候，他要去了我旧时的手稿。他很快就还来了，不赞一词，而且他的书完全没有利用我的手稿，因此我猜想他不会再责怪波士顿反腐促进会了。他本人也不会出版这本书的；这真不是他所期待的书。这是一本让每一个人都沮丧的书，我的推论是它跟当时正在流行的任何一种思考都毫无关系。要把我们的美国理想美国典范(不是我们的劣行而是我们的美德)当作我们的罪过恶行祸害的标志和历久不衰的起因去耙粪，是一种尝试。在一个国家，在一个时代，好人都以为坏人带来了罪恶祸害，假如好人被选出来执政，这些罪恶就会消除，而受过更多技术训练的智者则认为糟糕的经济情况既带来了罪恶又催生了想象，没有公众也没有出版商会赞同我的论点：罪恶之源有二，其中之一就是我们的理想典范。厄普顿·辛克莱，很像萧伯纳(George Bernard Shaw)，具有美德，践行美德，也相信美德的真实不虚，而这些美德是我在波士顿一直在批评着的。萧和辛克莱代表了经济改革派——那些社会主义者——他们全盘相信道德的作用。而我那些波士顿反腐促进会的会员们，或许不能践行他们的个人行为准则和社会道德准则，但是依然相信这些准则的效用，把它们视为救治罪恶的良药，而不是视为罪恶的起因，他们则代表了道德改革派，这些人在波士顿为数众多，他们希望我去揭露罪过、恶行、祸害，以便他们能够运用他们的道德力量去革除这些弊端。

他们的道德在别处也没有发挥作用。美德从新英格兰向西部传播，通常是随着那些作为西部开拓者移居过去、在当地占有了优势、用不正当的方式捞钱发了财到头来还要抱怨当地环境的新英格兰人，传播到了像俄亥俄、明尼阿波利斯和俄勒冈这样的地方，在那里，外来者和其他缺德的人都受人指责——新英格兰人出于本能地确立下来的既成秩序被归咎于这些人。新英格兰人的理想是这样的：在他们所到之处，他们不但容许作恶并且为罪恶辩护，他们还创新罪恶。不过，脱离西部去评判这样的文化是不公平的。俄亥俄和加利福尼亚的环境跟新英格兰的理想并不匹配；新英格兰人的看法是，靠着崇高理想和正派人，西部仍然可以得到拯救，而且西部也应该接受这理想和正派人的控制，这理想和正派人可不是罗德岛那样的；那可是腐败透顶的，跟康涅狄格和新罕布什尔还有佛蒙特一样；这些州确实是新英格兰的州邦，不过由于某些原因，它们失足了；不，这些州，还有西部各州，乃至全国，都可以得治，靠的是——马萨诸塞州的波士顿文化。在古老而文雅的波士顿——在这里我们健全而古老的美国理想和美德得以开创、得以确立并且依然作为典范被人们身体力行——形势又是怎样的呢？

波士顿是堕落的。新英格兰的马萨诸塞州也是堕落的。我得到的第一印象是：波士顿比费城腐败得多，波士顿和马萨诸塞是我所见过的、所感受到的最腐败的地方。然而，我回想起了昔日我关于腐败进程的理论。这样，更确切地说，波士顿处于日益增强之贪腐体系的一个较晚的、更不引人注目的、更加有害的阶段，这同样的贪腐体系套牢了我研究过的所有城市。马萨诸塞则在特权、造假诓骗或者说思想矛盾的体制里陷得更深，在我所见过的其他州邦里这同样的体制也在盛行。即使在新英格兰也不例外；这在新英格兰这块亚美利加大地上是有代表性的。波士顿看起来“好一点”的方面实际上更糟；尽管大多数城市都有党魁，波士顿却没有一个。这样的事实通常使人联想到党魁不复存在了；党魁是使人反感的竞选经理人，正如加利福尼亚的那位党魁所引述的那样，党魁“不得不让仅有的几个贿赂者得逞”。在波士顿，党魁已经不必活在世界上为竞选而操劳；当地的商界大佬们没有党魁也行，因为他们发现他们自己运用腐蚀贿赂的手腕运用得更好。

在波士顿，丑闻比较少，揭露也不多，何况经人发起的那些揭露都被控制在种种限制范围之内，这跟老英格兰一样；同样地，哪里没有党魁，哪里的绅士就包办当地的一切政治事务。这使得波士顿比费城好看一些；这也使得耙粪要更艰难一些。在我到达这座城市之前，这里有过一场揭露。一个大陪审团开始对一些传闻发生兴趣，细查了一番，于是渐渐地得到了政治腐败的证据，尤其是从各种政府合同当中发现的证据。但是，到了证人证据证言开始将调查方向从政治事务引向商业交易的时候，这一场调查被中止了。在这丑闻牵连到的一些人和利益集团重要到足以使这纯粹的地方性丑闻被炒作成全国性丑闻之前，有人制止了这场调查。我有一篇写及此事；沃尔特·李普曼替我写的。这事我自己写不了。其事实和意义都太一般了；类似事件我报道得太多，重复再三我会倒胃口的。波士顿太像其他的城市了，我不会——是不为也非不能也——去耙它政治活动中的粪，这些活动全是大便。波士顿让我联想到这样一种想法：官和商必为一体；商人应该——用贿赂、腐蚀或者——用某种方法去收买当地政府进而摇身变为政府，这是自然的、无法规避的甚至——也许——就是理所当然的。

这样的理论源于对商业运作和维护派系私利而不讲原则的政府的片面想象，后来根据在欧洲的所见所闻，我还赞成这一理论，不过在当时，形形色色的美国理想阻止了我对这一理论多加思考，因为我还得思考：对于工人、农民和我们这些在工商业中仅仅作为从业者、消费者和旁观者的人们而言，那理论意味着什么。民主政体！我信仰民主；因此我不能够也不愿意思考。因为我的民主主义是一种坚定的信仰，而不是一种理论；所以它排斥一种新的理论。简言之，我当时——我现在才意识到——怀着跟波士顿一样的心态，不过更加苦恼、更不适应、更少自信。波士顿总是在做一套的同时想着另一套，往前走走向后看看，竭力鼓吹现代商业却又相信另一个时代乃至历朝历代的那些原则信条准则、那些理想典范的效用。而这正是波士顿和我的问题之所在，不是因为我们做了什么，而是因为我们想的是什么。

从波士顿，你可以领会到这一点，清楚明白地领会，波士顿是由许许多多来自英格兰的、有决心的清教徒建立起来的，他们来到这个新的国度是为了推崇自由和正义。一个人怎么能够自由、正义两样都信呢？那些清教徒把自由留给了自己，却不给那些犯了错的异己一丁点儿自由。他们信仰基督教的理想，但却建立起了一套经济学体系——这是他们惟一熟习的体系——它不仅奖励而且还有赖于节俭、狡诈和财富，做财产的所有人可以让他们有能力过不必劳作的日子，他们说这套经济学体系才是他们的信仰，于是他们渐渐地学会了逃避。等到他们——他们当中的一些人——获得了成功并且开始拥有财富的时候，他们就会把他们的财阀统治误认为是贵族统治，用希腊式贵族统治之种种理想典范的一种精深的混合物，来使他们的基督教理想高雅起来。不过，他们总是让他们的宗教、他们的文化远离政治和商业。跟我们所有人一样，他们天衣无缝地排列着许多大脑区隔，从一开始就学会了想的是一套而做的却是另一套。当这些清教徒由农业转向工业时，他们把他们的那些原则当作坚定的信仰保留在他们大脑中的一个脑叶里面，他们决不会让这个脑叶知道另一个脑叶将要干什么。为了他们买卖上的好处，他们可以腐蚀他们那实行民主主义、注重农业的政府和社会组织，同时又不动声色地做诚挚守信之人和民主主义者，这样的民主主义者既相信也说得出那位康涅狄格州长所说的话："由我们(当地的人上人)这些知道何为正确的人去影响(通过买选票和用另外的方式)那些实在不知道何为正确的愚昧无知者，这就是正确。"他们会相信劳动的崇高价值和磨砺作用，不过，同时又会去证明堆积财富以保障他们的孩子免于劳动的磨练是正当的。他们会主张言论自由、出版自由以及诸如此类的自由，同时也会专横地压制鼓动者煽动者、并且买断或联合抵制那些散布不满情绪的报纸。波士顿将这伪善的做法发展到了优雅精妙、仁厚但却必将失败的极端程度。新英格兰真的虚伪得要命。这就是我写进我那本关于波士顿的书里面的话，但是，我所开的药方却是——更多的虚伪。

我这是什么意思呢？这我可以通过扼要记述哈佛大学校长埃利奥特(President Eliot)的一席谈来启发一下。那是在他的任期快要结束，即将让位给劳伦斯·洛威尔校长(President Lawrence Lowell)的时候。一天，我在校园里遇到了他，便伴过去建议他让我给四年级学生开一个短训班，主题是"年轻人在各行各业第一步要醒悟到的贿赂与恶行的种种形式"。他饶有兴趣地让我举几个例子来说明我将要教给年轻人什么东西。

“一个年轻的律师被派去向法庭申请一起诉讼的延期。他没有申请到延期，另一位比较有经验的年轻律师再去就申请到了。失败者问成功者他是怎么做到的，那位成功者就说他送了一点钱给法庭里的那位书记员。那位失败者从中吸取了教训，之后他运用得非常好，弄到后来有一天你发现他在哈特福德或者奥尔巴尼的议院走廊里正在给议员们‘送钱’、而他还根本没有认识到自己就是一个贿赂者。”

埃利奥特校长喜欢这个题材；他停住脚步，于是话越扯越长。他几乎都要改变主意来考虑我的建议了，直到他随口问起我课程的目的何在。

“你教那些东西是要让他们不要那样做吗?”他问道。

“啊，不,”我脱口而出，“我并不打算教学生们不要事业有成，我想要做的只是教他们不至于做了坏人还不自知。我一直志在悟性，而不是正直。我们——我们美国人——所有的正直现在完全足够了，我们所需要的是正直，是有悟性的正直。”

这话中止了我与埃利奥特先生的共处。他敏锐地瞪了我一眼，出于礼貌向我欠了欠身，然后径直走向他的办公室。我本来要告诉他，就在那个时候，纽约、纽黑文和哈特福德铁路公司的总裁梅隆[1](Mellon)——一个已经具备了我希望每一位年轻人都应该具备的见识的西部人——有一天在他的办公室问我，他怎样才能够让他和他的铁路公司摆脱权术。我问他为什么问这个问题，对此的回答很长很长：他在西部以外的铁路生意上“玩过权术”，体会到了这对于他、对于社会意味着什么，于是当摩根招呼他东进的时候，他打定主意不再做无益之事。后来他渐渐地感受到他不能够不做无益之事；一旦他真的不做他在马萨诸塞、罗德岛、康涅狄格和纽约经常做的那些事情，他的铁路公司就会陷于停顿，而他的董事们就会让他的日子不好过。他尝试过，但是渐渐地他发现他“不得不”玩权术。

“啊，这就是答案，梅隆先生,”我说，“这也是我在全国到处都能听到的答案。不腐蚀当地政府，不为它破费，你就不能经营一家铁路公司。”

我一个改革者会说这样的话，他十分惊奇：“你跟我说这话？你!”他重复了一句。

“对啊,”我说，“我跟你说这话；这显然是一个事实，一条法则，一条可恶的法则，大多数承认其权威的人并没有像你那样感受到了它的可恶。他们忽视了这一点；他们并没有悟性。”

“那么，我该做些什么？”他几乎喊了起来。

我的建议是，既然他意识到了他所做过的事情并且对此心有歉疚，他就应该继续任职，而且还要腐蚀得更彻底。“倘若我们能够让所有这类的职位全部都被蓄意腐蚀政府的、有悟性之人占据，形势将会比我们现在所处的状况要前进一大步——现在我们被许许多多自诩为社会道德之栋梁的好人引入了歧途。”

梅隆先生似乎并不满意我的建议，一两年之后，他辞职了。我把这件小事编成了小说，小说的标题叫做“不情愿的贿赂者”，我还希望埃利奥特校长读一读它，他也不满意我给他的建议。另外还有一个新英格兰人，被这个将悟性暂且置于道德之上的意见惊呆了。

那是为了去看一场哈佛对耶鲁的足球赛，在从波士顿开往纽黑文的火车上，爱德华·A·法林告诉我，他把一个钢铁商留在了吸烟室里，此人曾经在一场无伤大雅的揭露中受到谴责，这场揭露我在上文提到过：对串通出价谋取市政承包合同的揭露。我进到吸烟室，挨着这位年轻商人坐下，引他讲述他的经历。谈及这个话题他有点尖酸刻薄，接着变得冷嘲热讽的，这经常是一种失败的症状，一种对某种情绪体验想不通的症状。

他说，他曾经是那些勇敢地支持大陪审团调查追究政治腐败的好市民当中的一个，之后，到了调查开始的时候，令他诧异的是，他成了被传唤的第一批证人之一。啊，他还是被当作一个作恶者、一个重罪犯来传唤的，后来——后来，他甚至还被证明有罪。他不是参加过钢铁商们的联合投资吗？就为了让每一家都能够轮流地以“公平的价格”获得合同去商定承包价。他参加过。那不完全算是一次联合投资，其间发生过许多同行之间的蓄意伤害；竞标把价格砍到了没有人能够赚取一丝一毫利润的地步。千真万确。于是这些钢铁商非正式地开会，然后——这算不上一次联合投资；那就是说，他们并没有把这叫做或者看作一次联合投资，当然也就不存在犯罪的故意；不过，没错，他们确实同意商定价格、商定每一个合同将由谁获得。“何况，”他说，“这是绝对必要的；当时这是犯罪，不过这总是必要的。我没有受处罚，罚得不重；我受到了宽容的从轻处理，不过我还是——还是一个坏人。”

“那么，你现在还是不得不做坏人吗？”我问道，问得他有点惊愕；于是我补充道：“你现在还是不得不同其他的出价人达成某种协议？一次联合投资？串通出价？”

他做了；他不乐意地承认了这一点，而且，因为是一个正派人，他最合适的姿态就是——做一个愤世嫉俗者。这是我所不喜欢的——愤世嫉俗——这也是我力图用我的解决办法去打破的姿态。

“哎呀，”我说，“你这是侥幸。你的城市，还有这个国家，充斥着像你这样正派人，他们都变成了坏蛋却始终没有认识到这一点。他们本来善良，可惜他们都没有悟性。你有悟性。如果你认识到自己是一个坏人，也认识到自己是不得已才做坏人的，那么你就进了当地贵族统治集团的小圈子——每一个波士顿人都希望自己进这个圈子、也以为自己就是这个圈子中的一员——组成这个集团的人们认定了：我们的有些法律法则与自然的约束力背道而驰，与做生意的经济压力也背道而驰。”

“什么意思？能举个例吗？”他有些兴趣了。

“嗯，你知道——例如——反托拉斯法有点不对头，这个法令禁止组成各种联合投资，可这些联合投资明摆着无法规避，它们是迈向种种垄断组织的第一步。”

“可垄断是普遍不受欢迎的，不是吗？”

“垄断是不对头，我相信，要么是它们的起源不对头，要么是它们的暗箱操作不对头，不过跟你一样意识到从某种角度来看它们既必要又有害的人们，离发现不对头之处何在进而消除错误不远了。好的商人比如你——在你们被捉住被起诉之前——是永远也解不开一个需要学识、需要沉思默想还需要悟性的问题的。”

他呆在那里将信将疑，盯着我看，想看出我是不是当真的，我确实没开玩笑。我换了一种方式重申了我的理论。

“每一个波士顿人都自以为善良公正，可是只有少数几个人确实如此，你是其中之一。你属于那一类要有悟性因而愁眉苦脸的坏人。”

在我那几个最早的反腐促进会里有一家委员会的委员当中，有一位绅士，是一个有贵族气派的人，一个高雅的上流人物，他向我坦言他继承了许多出租给娼妓的老宅子，由此得来的租金都是脏钱，这个想法总是让他感到恶心，可他又能做什么呢？要是我认为他应该不跟脏钱沾边儿，他愿意卖掉所有这样的房产。我却没有那么建议。我认为，首先，这样会把另外一些好人拉来干这不光彩的营生；其次，这样会使他这位现任业主丧失其觉悟的意义，觉悟到他成了我们大家在潜意识里一直想要成为的那种参与到我们深恶痛绝的诸恶当中去的人。假如他保留了那样的房产，他将拥有修养上的认识优势，认识到自己是做皮肉营生的，而且还认识到，除非拉一个别的什么人来做此事——那人可能不会充分意识到自知之明的道德优势——自己是脱不了身的。

译注：

1，梅隆，Charles Sanger Mellen，1852—1927，美国铁路大亨，北太平洋铁路公司总裁（1897—1903），纽黑文和哈特福德铁路公司总裁（1903—1913）。http://en. wikipedia. org/wiki/Charles_Sanger_Mellen

“波士顿 1915 年规划”

既然已经将波士顿之病诊断为不自觉的过失，这应该归咎于波士顿存在的冲突，过时的理想典范之中的、一味凭理智行事的文化与一种新兴的（工业化的）社会组织之中的活力之间的冲突；既然在少数人身上试验了反躬自省的疗效，让他们反省自己身为老实人却总在做着不老实的勾当、身为守法市民却总在违犯法律、身为有教养的体面绅士却跟娼妓和政客同流合污，于是，我将这一诊断选定为该市的救治之策——试图为波士顿起草一个改革计划，这个计划将引导公众作为一个整体去注意某些值得重视的东西一直在迫使他们每一个人去做他们并不想做的事情，还要引导他们去讨论、去面对、去应付那样的现实存在、那样的局面。简言之，这份“波士顿 1915 年规划”是为了要创造一个民众有自知之明的城市，“自知”是那么地不自在，他们要么改变现状，要么成为一群自觉的坏蛋，或者最好是抛弃他们过时的理想典范转而培养全新的理想典范，新的理想要适应现代生活，要使美国免于伪善，以免堕入各国的宿命。

很滑稽是吗？确实滑稽，但喜剧的代用品就是悲剧。进化，作为一种客观事实，人们必须有意识、有灵性地接受它，否则他们就有可能要陷入剧变之中，正如同现在这样。而一场剧变可能是荒谬的，而且它绝无趣味。我认识一位离开西部的、非常明智的经济改革者，他在政治上坚定地以进化作为做事的依据和目的，尽管他也相信剧变是不可避免的。他是一个喜剧性人物，神情持重，甚至有点一本正经，年复一年地干他自己不可能干成的事，在公开场合从来不苟言笑。我不理解他这一点；我自己也根本做不到不苟言笑，我必然会公开不公开地嘲笑自己。这位大丈夫也是这样；我记得有不可靠的消息说，这位改革楷模完成了他一天的工作的时候，每次都会关上灯，跪在床上，像是在祈祷一样；他手捧着脸，把头埋在枕头被子里，然后放声一笑，再笑，三笑。跟我会面的那天晚上，他笑震了一屋子的人，当我告诉他我也爱笑，不过是公开地笑——在各处的俱乐部里、在我大大小小的会议当中——他还是感到震惊，生出一丝衷心的忧虑。“我从来没有注意过这一点。”他说。“是啊，”我答道，“从来没有别的人注意到我的独家发现：我是天下最逗笑的幽默之人，人中间最滑稽的人，也是我自己最有鉴赏力的观众，你也一样。”他很严肃地抓住我的手；这像是一个无言的约定；之后——啊，随后我们几乎流泪。这太滑稽了；我们都很滑稽，我指的是我们两个和我们那些良好的愿望。

这感人的一幕，发生在我试图让一味凭理智行事的波士顿变得有悟性、让有辨别力的人们能够保持重要的辨别力之前。这除了有赖于教育之外，也有赖于经济改革。不来一场剧变这又如何做得到？

我的赞助人E·A·法林把一群有决心、有代表性的人召集到一起，他们当中有很多是改革派，当然不是全部；他们就问了我这个问题。我向他们讲了威斯康星那位拿着钱为一个木材大王买美国参议院席位的贿赂者的故事，他坦言在密尔沃基他是如何花那钱的，一个选区一个选区地去收买，直到他来到一个“游民选区”，这里你收买不了，因为那些人中的社会主义者有一个拯救世界的计划。幻想真可以使人们成为真正的、有献身精神的（献身于一个事业）、英勇无畏的——英雄；就像早期的基督徒，那时候基督教信仰就是一种救世的幻想。

因此——我对那一群波士顿人说——我们必须树立某种重要的目标，让这个城市的男男女女为之献身，比如关于波士顿之未来的某种幻想。因为有这目标立在那里，波士顿在一定程度上将成为一个宜居的地方，在一定程度上也将成为人们赖以谋生的地方。到了所有目标都实现的时候，这里就成了为公众所接受的城市。假如我们能够勾勒出一幅这个城市的远景，仿佛它肯定会成功的，或者根据现有因素来看就好像它必然会实现似的，波士顿的人们，无论好人坏人，也无论显贵平民，都有利害关系存乎其间，他们既不会去剥夺它，也不会听任它被人剥夺。这意味着要有一套规划，于是我建议我们只把那些早就由不同的群体、公司商号以及个人提出过的提议——涉及建造公私房屋、修建公园道路、种种改革和社会进步——和各种目标列入我们的规划当中。我们从商业、政治、宗教以及社会改革方面找出大家都打算要做的事情——搜集各人自己的打算——然后把所有这些打算计划方案扩展成为一个统一的规划，畅想波士顿将在——比方说1922年如期实现这个规划。约定这个日期是失策，在1908年要畅想1922年是难以置信的。这是空想，他们说，然而当我答以畅想就应该包含一点空想，他们也赞同，但1922还是太不切实际、太遥不可及了。显然，人的思维太习惯于考虑近在眼前的事情，以致于将来的14年显得不可捉摸。那些人在1908年谈论起来就好像1922年永远也不会到来似的，到了我们最后达成妥协把时间定在1915年终于制订了这份“波士顿1915年规划”的时候，对此也只好挑一挑注重实效的眉毛、耸一耸讲究实际的肩膀了。

不管怎样，我们还讨论了这一规划的实施。这一规划将如此鲜明地深入人心，因而人们会对一桩政界的或者商界的贪污贿赂愤愤不平，并不是因为它是一桩“不正当的交易”，而是因为它耽误了本市的这一规划；还有，这将导致那么一种对收入的需求、一种对障碍物和妨碍者的清除，以至民意将会质疑某些特权以及那些享有或者追求这些特权的头面人物。谁来组织并执行这个不切实际的规划呢？谁来领导这场反对首要的贪污贿赂者的运动呢？我的意见是，首要的贪污贿赂者本人应该来担当这一场“改革运动”的领导者，这激起了义愤。当地的好市民认为我们应该只请好的而且——如果可能的话——要请最好的市民加入这个波士顿1915年规划委员会。我费了很多口舌去说服他们考虑我的观点：纵观世界历史，具体到波士顿，那些得到任用的贤者和最佳人选都失败了。当地的神职人员一度管理过波士顿，后来是贵族，再后来是商界精英，所有这些优良的模式都已过时。让我们别再对找到好人抱有希望、试用一下强人吧。的确，强人通常是坏人或者忙于干坏事，但是——我提出理由来——倘若我们能够起用这些天生的领导者来为我们的美好计划出力，他们或许会对它产生兴趣的，他们会发现它既雄心勃勃又充满艰难困苦，好在他们喜欢艰巨的工作。阻碍和反对都会出现的，可是他们好斗。甚至，搏斗将会使这些坏家伙改邪归正，在好人们频频倒下去的地方坚持斗争下去。

可是我们有能力促成他们得到起用吗？我确信这一点；我可不想自己上阵去征募他们。我不是一个组织者；规划委员会应该找一个活动家来做这个工作。关于争取这些天生的领导者站到我们这一边来的可能性，存在着太多的疑虑，弄到最后我主动表示愿意去证明这行得通；我去说服一个——任何一个他们说得出名字的人——以作示范。在波士顿，谁是最坏的、最难以对付的人？

“马丁·洛马斯尼[1]（Martin Lomasny）。”他们说道，这回全体达成一致倒很快。他绝对是一个政客。我原本指望他们说出一个大商人，某位强硬的实业巨头，可是他们自己都是商人和专业人士。当然，他们会首先想到政客。我认可了这一提名。第二天一大早我带上我的小狗米基·斯威尼，到马丁·洛马斯尼当头头的那个讨厌的选区去走访。我所问的每一个人都知道到哪里去找“马丁”；一个粗暴的家伙领着我来到一扇开着的门前，顺着楼梯向上指向二楼上的那间台球房，头儿“住”在那里。他在那儿，一个人。

马丁·洛马斯尼以他缓慢有力的步态向我走来，于是我看到了这个家伙那沉沉下垂的下巴和那张坚毅的脸，当时我有点畏缩。那双眼睛深不可测。这时候他发话了！

“你要找谁？”他逼问道。

“马丁·洛马斯尼。”

“我就是，”他说，“你是谁？”

我告诉了他。“应该是你，”他说，“我读过你的东西。你想要什么？”

“我想要耙波士顿这个城市的粪，揭发出它哪里出了问题，还要找出办法去弥补。”

他站在那里，面无表情，盯着我看了一会儿；然后说：“这个，你想从我这儿得到什么？”

“帮助。我不是侦探，不可能穿着夜行鞋四处走动去搜集真相细节。我的方法是去找那些管事太不公正的人，说服他们告诉我：他们都干了什么、他们是怎么干的、为什么干并且为谁而干。没有这些我一件事儿都做不成。”

他一直站在那里没动，审视着我。他看上去确实乖戾、冷酷、强硬，也不惮于静默。他慢慢吞吞地说道：“那你怎么凑巧凑到我这儿来了啊？”

“本地的改革派让我来找你，”我答道，“他们尽力想告诉我一些事情，可他们知道得实在不多，何况他们那些所见所闻他们总也不能正确地理解。好人不知谅解，坏人反而谅解人。”

“哟——”

“嗯”——我也只好说了——“嗯，我问他们市里面谁是最坏的人，他们提到了你的名字。所以，我是来听事情内幕的，那么——你会告诉我内幕吗？”

“说下去，”他说，“我在掂量你呢。”

要有一番说道，这可有点难，不过我还是说道了一番。我以一种“民主怎么啦”的言论方式说，要让人们看到当地民众的那些领导者辜负了他们。赢得了群氓的信任和选票的领导者，利用他们来保证自己事业亨通，而不愿领导一市一州奔向远大前程。“所有领导者都这么干：实业巨头、医生博士教师大学者和律师、主编主笔、牧师神父——每一位轻松自如的社会领袖都是在确保他们一己的成功——之后便是一场民主的失败。这是不对的。我们的完美典型是个人而不是社会的成功，必须得到改变的东西，正是这样的典型。我们必须要使领导者怀有更多关注社会福祉的理想，我来到波士顿，就是要在这里、在你们的领导者当中详细阐述一种社会理想，而且我想先从政界领袖比如你开始着手，政界领袖在我看来可能是头等恶劣的民主叛徒。我得查明他们干了什么——正如我所说——怎么干的、为什么而干。”

“够啦，”他厉声说道，“我帮你。你很直率。进来。”

他领路走出这间大厅，他的选民们常来这里打落袋台球，到了冬天也到这里来取暖；我们一进他的办公室，他就指向一个保险箱。

“看见了吗？”他说，“那里面满是证据、文件、档案、议事录、公文书。这可是‘符合你要求的真家伙’，涉及每一个人每一件事；这些证据可以证明我们——我们这些搞政治的人——所掌握的都是什么。悉听尊便。”

那个上午，还有随后的许多个夜晚，我坐在一张椅子上，米基·斯威尼坐另一张，马丁·洛马斯尼坐第三张，就这样我们三个谈论波士顿、谈论波士顿的头面人物。这位第九选区的头头对我们俩讲了我想要了解的一切。他信守了他的诺言。每当话题涉及到个人，他确实没有——他也不愿意——给我不利于那些个人的证言。他的材料是自卫的炮弹，他打算万一他受到攻击他才会动用这些强有力的材料。当我问他某位银行家是如何办成某件交易的，马丁开始会告诉我，接着就会停下来，想一想，然后再说：“不，注意，我会以最适当的方式给你你想要的，告诉你我在那件事情上都做了什么。”接下来，他坦率的叙述，他对人们怎样把事情办顺当的描绘，透露了当地组织系统的运作。但是，他在任何时候暴露出来的一个人仅仅就是马丁·洛马斯尼——信不信由你——他真是我在波士顿所遇到的最好的人之一。他很正直，是很理智的正直。他看事物看得准，谈事也谈得坦率。他非常想那样做，做起来也很识时务。他也有一颗大胆而又仁慈的心。

那年深冬的一天，在见识过了波士顿政治关键性的部分之后，我想到我忽略了当地的警察以及警界贪贿。我并不打算写这些，我只是觉得我应该了解一下；不过我不喜欢干逗留在卖淫、道德败坏、赌博和职业犯罪的房屋处所打听事情这样令人生厌的活儿。

“为什么不去从马丁那里挖情报，尽管全是二手的但却很准确？”我好几个星期没有见过他了，又带上我的狗，我爬楼进了他的办公室，正巧他在那儿，跟往常一样一个人，双脚搁在书桌上。我为近来他一直见不到我而道歉。

“你是没来，不过你的狗来了，”他抱怨道，“它时不时地来看我。它真不错，这狗，是一个真朋友。”

这倒是真的。从我见过的其他人那里，我听说了许多这样的故事：我离开他们之后，米基·斯威尼还以临时性的拜访保持着熟人交往。马丁说米基来到他的办公室，跳上它习惯坐的那张椅子，呆几分钟，然后咧嘴笑一笑，接着跑开再到它的社交圈子各处去登门拜访。

“你一定又是想要什么东西了。”他对我发牢骚。

“正是，”我说，“我想要了解这里的警界贪腐。”

“警界贪腐？”他重复着问道。他可不喜欢无所不包的问题，于是我把来意说得更加明确一些。

“是的，”我说，“警界贪腐。你们怎么对待小坏蛋呢？”

他脾气一下子变坏了，或者说他假装动怒了。

“你说小坏蛋是指什么人？”

“噢，你知道，就是我们这些有声誉的贪污者贿赂者称之为罪犯的、那些普通的职业坏蛋：扒手、夜盗还有小偷。”

“你说我怎么对待小坏蛋，又是什么意思？”

“哎呀，你为他们赤膊上阵，不是吗？去贿赂办案的地方检察官、法官或者警察——你让他们逃脱惩罚，不是吗？”

“是，我做过，”他一边说，一边把双脚放下来，三根指头戳到我鼻子下方，“三回。”

我放声大笑。“啊，像这样，你以前会不会做过第四回?”他在藐视我。“或者七回？马丁，你是不是甚至让他们逃脱了七十乘以七回?”

“好吧，我做了，”他突然发作了，“对他们当中的好些人，我从来都是不离不弃的，跟你对我的方式不一样。”

“当然，”我说，“你很困惑，不过我怀疑，你怎么向你自己证明这么做是正当的？就在你明知道他们还会故技重施、还会一而再再而三地干坏事的时候，你还要一而再再而三地去搭救这些无可救药的坏蛋!”

我并没有指望他回答这一拷问。在更大程度上这是我自己发泄的激烈言词而已，不过他还是作了回答；激动得说不出话来的人偶尔也能够自我表白。

“我就想着，”马丁·洛马斯尼说，“每一个选区总要有这么一个人物，任何人都可以到他这儿来——不管这人干了什么——求得帮助。帮助，你懂的；别来跟我讲法律讲正义，只讲帮助。”

这一席话对我真是一记棒喝，那天我俩没有再进一步深谈。我放下了警界贪贿，只是坐在那里消化马丁所说的话，等到我领会了他的话，我终于意识到教会组织、宗教团体和类似于教会的团体组织都以求助的需要、以向罪犯提供庇护的机构作为行动的基础，还意识到这才是根本，意识到这位维护派系私利而不讲原则的领袖以及他所谓的领导核心就是立于这种祸根之上的。他们在紧急关头向孤独无助的男男女女老老少少提供帮助、出谋划策、提供一个藏身之处，这些人有的生活极其困难，有的落入应受惩罚的穷途末路，正义的暴民在追逼他们。我坐在那里思考的时候，设想到要是我们在波士顿也逐步建立一个组织以取代现有的党政领导核心就好了，之后就会赢得全体市民的忠诚——这忠诚迄今为止还是这位领袖及其政党的必要条件——我们必须提供那样的公共设施。

我一心怀着这样的想法去跟法林、布兰代斯以及其他人就此交换意见。布兰代斯先生喜欢这个想法；E·A·法林也是如此，他说：“对啊，这里面有事儿可干。我总觉得把任何人宣布为不法之徒是不符合本来目标的，在任何时候就没有人活该被人用强制手段迫使他去感受自己为社会所不容。”我编造了一个计划，设立一个委员会来照应一个选区，这个委员会的构成是这样的：一个提供医药援助的医生，一个提供法律咨询的律师，一个不仅可以提供商务咨询、还可以帮商界和政界的人们找工作的商人，一个提供精神安慰的牧师，另外还需要一个人，某个谅解罪过的人，要是他本人曾经坏事做尽就更可取了。我们找到了一些适合参加这个委员会的人：布兰代斯出任那律师，L·R·G·格兰登博士（Dr. L. R. G. Grandon）出任那医生，教士塞缪尔·埃利奥特先生（the Rev. Mr. Samuel Eliot），一个非常杰出的神职人员，出任精神导师；还有，法林将出任那商人或者推荐合适的商人来担任。我想不出请谁来当那个“坏家伙”，直到我记起马丁本人。

“他会帮着我们削弱他自己的权利基础吗？”E·A 问道。我说我会去看看，于是我去拜访了他——去看一看。

“哈罗，马丁，”一天晚上在他的大本营我跟他打招呼，“我想我已经有了一个方案，可以在你自己的选区压倒你。”

“是吗？”

“是的。你还记得几天以前你所说的帮助孤独无助者的那些话吗？这个，我一直在考虑那些话的可行性，于是我意识到：通过助人于危难之中，你赢得了他们的感恩图报之心，随后他们回报给了你他们仅有的东西——他们的选票和他们的忠诚——凭藉着这些东西，你把自己送进了议会，把跟你有关联的人送到了其他有职有权的位子上，这样一来，波士顿就必须通过不断提供你所提供的这些帮助去赢得那样的忠诚和那些投票权，你看出来了吗？”

“是吗？”他当然看出来了，不过是在揶揄我，“你打算怎么做？”

我对他说起了这个委员会，以及委员们都有谁、他们将要干些什么：“布兰代斯负责法律事务，E·A 负责介绍工作——”

“他们愿意干？”他吃惊地问道。

“他们已经承诺了。”这下他被感动了，我继续提起委员会其他成员的名字，那位牧师，那位医生。“可是，到现在，”我说，“我们还需要一个有人情味的人；你知道，一个能够谅解坏蛋甚至是累犯的委员，来带领委员会的其他人，让他们放下公正和正义以及——以及居功邀赏的心思；正如我所说，一个有人情味的人。”

“对啊，可这也正是难住你们的地方。”他说。

“没有，我正好相中了一个人，一个最合适的人选，也是我所认识的人当中能够在你自己的选区里用你自己的鬼把戏压倒你的不二人选。”

“谁?”他对此表示疑问；其实他很感兴趣。

“马丁 · 洛马斯尼。”我回答道，当然我留了一点时间让他恢复平静，然后问道：“你愿意干吗?”

“好的,”他说得非常平静，“我愿意试它一试。”

“我知道你愿意,”我说，“但我不会让你试。别这样试。你一时冲动之下就答应了，而且也不必顺着我的意思。你要重新考虑。还有，听着，你得跟你的班底议一议这件事。他们会反对的，你知道。”

我预见得到这位独裁者对那些即将产生的反对意见冷酷无情，不过我还是一边起身要走，一边说无论从什么角度我都不能够接受他冲动的赞同、我只会接受深思熟虑之后慎重的结论。我匆忙离去，没几天之后他就在电话上跟我讨论此事。

“关于我的班底，你是对的,”他说，“他们像牛犊子尥蹶子一样一个劲地反对。他们当即火冒三丈，到现在气还没有消呢，不跟我说话，他们真滑稽可笑。”

“他们都说了些什么?”我问道。

“噢，他们说我是一个容易被骗的人，快要被一个改革者骗到了。他们把你说成是一个改革者。此外他们说假如我愿意，我转变成改革者也没关系；还说我可以得到我想要的，可他们怎么办？他们至今还没有得到他们想要的。还有——诸如此类的话。”

“唔,”我说，“这也对，不是吗？难怪让人不满，游戏规则还没有向他们解释清楚就让他们参与游戏，这会让人心满意足吗，嗳?”

“到现在我可以理解了,”他说，“不过我并不认为你会理解这一点，并且——并且赞同他们。”

“我会告诉你我们该怎么做,”我建议道：“今天晚上你把他们召集在一起，我会到活动中心那里去跟他们谈谈。”

“嘀，你会吗?”他很是意味深长，而且他的表情既宽慰喜悦，又有一丝担忧。

“当然，为什么不？你为什么这么紧张，马丁?”

“唉，这个，这事儿实在是太令人紧张了。他们很恼火我。我希望看到你跟他们谈谈，就用跟我谈话的这种方式。我可以打赌他们也会听信你的话；我想要看到那样的情况，这样他们就再也不会对我嗤之以鼻了。”

因此，我们安排当天晚上在马丁的办公室开一个会。

译注：

1，洛马斯尼，Martin Michael Lomasney，1859—1933，马萨诸塞州政客，当过州参议员、州众议员和市政委员，不过最令人印象深刻的是，他是波士顿第八选区（原作者下文说第九选区，不知哪一说是对的）的选区头头。关于政治上的表态要谨慎，他有一个著名的说法："如果你可以口说就不要写下来，如果你可以点头示意就不要说出来，如果你可以眨眼示意就别晃动脑袋。"http://en.wikipedia.org/wiki/Martin_Lomasney

主心骨和跟屁虫

我与波士顿第九选区的头头及其小集团的会议——再加上在那个城市里我另一次类似的经历——教给了我一些东西。它们在某些方面解释了为什么我的“波士顿1915”运动破产了，而且它们也证明了我的失败在一定程度上是我个人的失败，还证明了一个空谈家做不了行政工作和组织工作，试都不应该去试。此外就没有别的教训吗？是的，这教训我从前就听说过；我总是陷在种种行政工作当中，喔，不，别的空谈家都是这样的。世上充斥着不称职的可怜人。假如我们愿意接受这样一种可能性，我们人类，可以分成像那些犬马飞禽那样多的种类；再假如我们每一个人从年轻时代就知道他是——粗略地来说——行政人员还是思考者、艺术家、口头劳动者、体力劳动者、学者或者科学家，那我们就可以更快地找到我们的工作，从此以后也会变得更加快乐幸福。

我没有兑现我的波士顿规划，或许针对一个城市的这样一份规划是行不通的；但是我想，我的经历喻示了某种类似的城市规划凭藉有力量的处事才能也许能够奏效。不管怎么说，它有一种感染力。当我向我的委员会报告他们曾经指为城里最坏的头面人物马丁·洛马斯尼愿意与我们共事，得到的反应是他这样很反常，反常地感情用事或者反常地易被说服。我关于“人性”本善、关于人性只需要某种鼓舞——某个计划、某个目标都行——的推论，还是没有被接受。我不能够“说服”其他的政客和坏人，自己也没有把握说我就能够说服他们。跟马丁的小集团一起出席的这次会议是一场真正的试验。他是一个更为老练的人，成熟有阅历，而且“明智”。这也是他当头儿的原因。他的小集团都是比较年轻的人，他挑选他们是为实力计，因为他们在他的选区里终将成长起来。他们也会变得不动感情、讲究实际、令人失望。假如我能够争取他们，那将证明这群天生的青年领袖愿意响应一个严肃的社会福祉议题，就跟他们响应一个次一等的要求一样。一个组织者如果能够亲自去做或者设法拥有一个工作班子在较大范围上去做我做过的事情，他或许就可以领导一市一州乃至一个国家实现社区服务（后来俄罗斯和它的五年计划证明了这一点）。但是，为了感受到那个晚上我赴会的情况之滑稽，请你想象一下：洛马斯尼自己坐在一旁，双脚搁在一扇窗上一动不动，背朝着会议室——完全是一个被逐出“马丁帮”的人，他那八个或者十个副手助理正视着我这个闯入者，一个改革者。没有引见介绍，有的只是静默，以及对我和对他们首领的敌意。

我咧嘴一笑，其实我并不想笑。他们是年轻人里看上去很能干的一类，其中大多数魁梧健壮，而且他们每一个人都头脑清晰而又敏锐。提议大家坐下的是我，我们坐着不愿意讲话，看来他们在等，真是一群有礼貌——即使不友好——的听众。根据我对他们知情程度的把握，我向他们描述了波士顿市乃至马萨诸塞州的腐败体制，我所讲的跟马丁提供给我的差不多；只不过我没有提及偷盗行窃和不诚实不正直。我称之为一个不忠的体制，一种令人失望的解决问题的办法，每个地区都存在。有天赋的领导人生来就是领导人民的，领导那些真的需要忠贞不渝之领袖的民众。民众没能力解决他们自己的社会福祉问题；他们希望他们的领袖来代表他们并看顾其社会福祉的权益。他们把他们的忠诚和他们的选票尽其所有地给了那些领袖，他们忠贞不二。没有哪个外人能够让他们改变态度立场背离他们的领袖；也没有哪个改革者或者商人能够动摇当地民众对人民的选区领袖的信赖。因此，那些想要在民众的公共福利上从民众手中分得一瓢羹的商人们，就不得不去跟民众的领袖打交道，可是那些领袖出卖了民众，背叛了群众对领袖之弱点的可怜的信任，于是——从这时起，美国政府就不再是一个民主政府，而是一个富豪财阀统治的政府。

半个小时里我详尽阐述并举例说明，一边引用他们熟知的事例实情，一边概括说明他们的见识，以便引导他们构想出波士顿的腐败画面。他们的表情放松了，他们的目光变得友善起来。“别提改革，民主才是我们所欠缺的。别提忠诚，那未必有利；别提民主训练，受过教育的人最难训练；解决之道是一种忠诚的、有创造力的、过社会生活的办法，一个空想的计划也将赢得每一个人——无论好人坏人强者弱者——自发的忠诚。但是，首先，我们必须说服领袖们，说服这些维护派系私利而不讲原则的背信弃义者。”他们很注意地听着，若有所悟，他们赞同我的话。我能够看出这一点来，而且我也能看出那位背对着我们的头儿不会喜欢这样，直到我说完话静下来，片刻肯定的静默之后，这些副手助理当中的一个才大胆地开了腔。

“那么你的计划是什么？”他说道。此时我看到马丁把他上面的那条腿放下来，再把它放到原来在下面的那条腿下面，放心了。由这个问题他确信他们已经“听信”于我了。接下来讲那个计划，跟对马丁讲过的那样，我概述了一番。现场问了一些问题，不多；这些都是尖锐而又严谨的问题，只有那些有想法要执行这一计划的、务实的政治家才问得出来。“这一点要如何才行得通，那一点呢？一个像这样的委员会对一个屡教不改者会有耐心吗？他们对一个不可救药的、贪腐成瘾的人作何对待？”我尽最大努力地予以回答。“像这样的一个委员会，”我举例说道，“将会发现有必要为那些作奸犯科的不可救药者建一家慈善组织。”他们点头赞成。他们每一个人似乎都附和我的意见，只有一个人例外。那人一言不发，从一开始他极度的尖刻和敌对就给我留下了深刻印象，不过他的表情起码放松了，从反对减轻为困惑。我感到他在试着用我的视角来思考我所讨论的问题。

但是到了最后，他发话了，他说：“不，这行不通，你那个空想的计划；不会像你所想的那样的。假如马丁进了这个委员会，他，也只有他，能够谅解这些讨厌的事儿；其他委员就不能，而他又将控制他们每一个人。于是那些为了寻求帮助或者好处而凑上前来的家伙们，就会飞快地觉察到这一点。就这样，马丁将会赢得所有人的感恩图报之心以及远远大于以往的、凌驾于委员会的权力。行不通的，这一点你可以预见到的，不是吗？”他向我问道，而我当然也理解了他的意思。当时当下我放弃了这个组建委员会的念头。但是，我并没有放弃波士顿 1915 年规划，于是我恳求他也恳求他们每一个人。

“好吧，既然这样的话。你们说我的计划行不通，给我一个行得通的。这也是你们的问题，不是我一个人的。我只是一个改革者，不是政治家。你们以及你们的同志们——我看得出来——你们为这个选区里的民众操心；你们也跟我一样地痛恨现行体制，这，我也看得出来。好啦，这一场政治改革的责任，是我的，更是你们的，你们这一帮子人，现在就来告诉我怎么让它行得通。”

他们谈开了。这一群由领导选定的政客们开始交流改革的问题。“你为什么不这么做？”“不行，但是你可以那么做。”他们在一起详细得过了头地说了一个多小时，一直到马丁·洛马斯尼突然站起身来，他一副皱着眉头的表情——却掩饰不了那双闪烁着喜悦光芒的眼睛——还带着一种表达他的高兴的粗暴态度。

“离开这儿！你们这些改革派，你们每一个人。马上走。都半夜了，何况，你们当中任谁都理解不了你们所谈的东西。”

这话没错。过了没几天，那些人当中的一个，在市民俱乐部附近的灯塔街上意外地遇见了我，跑着穿过马路来拦住我，然后说道：“听着，我一直在仔细考虑它，那个计划，我想出了一个办法。”接着他满腔热忱地叙述它，一个在波士顿打击政客并启动一场改革的计划。它“全无用处”，我就这么向他指出；而他也意识到了它“可能行不通”。不过我看到了两个明白的事实，一个可以让改革派得到满足，另一个则留待科学家去试一试。

改革派乐于看到，站到了改革这一边的政客跟他们改革者一样社会经验不足、一样不能胜任。而政治学家生来就会兴致很好地强调：由领导选定且忠于领导的政客们经常受到诱惑去“为权利而干活”，哪怕不利于他们自己。

我正要离开波士顿的时候，马丁·洛马斯尼到我的住处来道别。他许诺过要跟他那一班人——这一班人如今跟他讲话了——开一个秘密会议，就他们能为“波士顿1915年规划”做点什么一起来拿个主意，然后再把他们的决定告诉我。

“我们权衡再三；每次会上我们都谈及此事，最后，班子授权我来表达我们的意见：我们不能够加入这一计划；我们就不信它会行得通。而且，我们也不会投票选举你那些名声好的候选人当中的任何一位来做官；我们了解他们，他们全无用处。但是，下面所说的事情我们会做：任何时候要是你发现一个我们能为基层民主做点什么的机会，你本人直接来告诉我们——你本人来——不要写什么信也不要捎什么口信；你来，你本人对我说你想要我们帮忙，我们会不折不扣地为你干这该死的活儿。”

“很好，”我说，“不过这会非常困难，你知道。也许我来你这儿来晚了，也许我有所求而你们又不能理解的正是民主，你又会说你办不到——”

他打断了我的话：“只要你说该做，我就会发动整台机器去做。”

这样一来，人人都知道了马丁愿意为我做事——那些客观的、不受个人偏见影响的事情——于是有一次，一两年之后，我正好在波士顿，几个进步党支持者在市民俱乐部里求我到这位头头那里去斡旋一下，他打算在议会里宣布反对一项法案的通过，这项法案旨在推动选举代表团成员参加全国党代会的选举方案民主化。这倒是我在这一刻感兴趣的一个判断尺度；于是我爬上那个高地，在议会休息室里见了洛马斯尼。等到我告诉他我的来意，他的脸色阴沉了下来。

“可惜你来晚了，”他申明道，“我们[头头们]所有人都已经对此达成协议要让这一法案通不过。呃——它会阻止我进入总统选举的政党代表大会！你不能——也不要向我打听那个事儿。”

我提醒他不要忘了我早先接受他的许诺时所作的预告：我可能来晚了，还有他会说他干不了那个。他看上去很愁苦，不过当他转过脸去的时候，他说：“好吧，但是我办这事儿的时候，你要到参议院里面去，去观察观察参议院。”

我去了，不过我根本就没有看见马丁。我倒是见到一些熟人，马丁帮的成员们还有另外一些议员，一个接着一个霍地立起身来，聚成一堆，上下打量着我。然后，他们中间的两三个人奔出来冲到议会走廊里来质问我：“哎呀，你对马丁做了什么？”

“要求兑现你们昔日的诺言。”我答道，他们只好回到议员席位，这时那个法案被人提起，它靠着冒名顶替的赞成票获得了通过。

这还不算完。第二天早上，我从报上读到一则纽约记者发来的新闻，说罗斯福接到他在波士顿的那些代理人的一份报告，大意是，他们打败了马萨诸塞州的党魁大佬，不顾当地领导核心的反对通过了他们的法案。没过几个小时，那群有功的改革者们——就是请求我向洛马斯尼说项的同一群人——羞愧害臊地走了进来。

“哟，你们这一下想干什么？”我问他们。

他们结结巴巴地说，党魁大佬们从报上看到了他们的自吹自擂，就是他们在秘密递交给罗斯福的报告中吹的那几句牛皮；因此领导核心将提议收回这个法案交付重新审议最终否决它。我能不能再去跟洛马斯尼说一说？

不，我不乐意。他们都很沮丧，承认我拒绝得有道理，但是——但是……“你们可以去见洛马斯尼，”我说，“你们自己去。告诉他你们都是改革派，是好人；对他说你们向罗斯福撒了谎，因为引起了注意，就到我这里来求我再一次对他使用我的魅力。要说我拒绝了，而且你们还可以对他说，我拒绝的时候给出的理由是：我不愿意让他一时间觉得我对他没有了信心，就因为一些老实人撒了一个牵连到他的谎。”

他们真的去求他，复述了我说过的话，后来，到了这个法案被重新审议的时候，它再度获得了通过。自然，这个乖戾的头头，波士顿最坏的人，履行了诺言。

接下来说一说波士顿的好人们。关于他们，我可以说出一本书来；我还真的凑成了一本书；不过眼下，一个插曲得说一说。一群年轻而又仪态高贵的哈佛大学的优秀毕业生，热切地想望要成为颇为成功的公民，请求我花一个晚上同他们座谈，解释并回答有关“波士顿1915年规划”的问题，这个规划引起了他们的兴趣。我们见得早散得迟。我摊开来讲这个计划，包括制订它的种种原因及其目的，详详细细地讲。他们陈述了通常有的一些疑问；显然，我消除了他们的疑问。至少他们说他们被说服了。我也感到他们是支持我们的。他们集中地表现出了一种能够几乎独力地从事这一工作的要素，他们青春年少，是这个城市有教养阶层中的、宽裕富有的年轻人。可是过了一个星期左右，我就再也见不到他们了；后来我注意到其中的一个躲着我，再后来是另一个。我截住了第三个，问他为什么他一直装作没看见我。他说，在重新考虑了我们的交谈之后，他得出了结论：这个计划行不通。“理论上它是对的，可是它不会起作用。”我再三地跟其他年轻人会面，询问他们，他们每一个人都用同样的字眼说着同样的话：“理论上这个计划中看，可是讲究起实际来——”老掉牙的、用滥了的套话，翻来覆去。因为对于这样那样的陈词滥调，我自有一种推测，我便将这一句套话从那些年轻绅士的嘴里追溯到一个人那里，他就是波士顿的前市长，也是一个绅士；于是我发现：那些年轻人，跟许许多多他们的长辈一样，每当他们想要了解在政治上该想些什么或者该做些什么的时候，都有一个向这位前市长求教的习惯。他指示他们该想什么，这是一位思想领袖，也是一个有阅历、有理论的人。他的改革理论是要限制有产业主和大学毕业生的选举权。这跟我的截然相反。我也算是一个有阅历的人，而我的感受是这样的：假如我要限制这种选举权，那么我就会剥夺有产业主和大学毕业生的公民权。不过，我还是要向这位波士顿前市长鞠躬。他是一个起主要作用的人。他作了他自己的思考；尽管我跟他有分歧，我还是尊敬他，因为他是一个有独立见解的人因而也是一个引导者。但是那些其余的人，那些少年绅士和老年绅士，他们不能够为自己着想因而不得不求助于前市长或者有名气的人物，以图找到他们的见解……

我们都听说过在政界存在主心骨和跟屁虫，我们也鄙视跟屁虫，但是我们并没有充分认识到，在商界、在改革当中、在社会生活当中都存在主心骨和跟屁虫。贯穿本书，我常常出于直觉地指出、有时候也有意地指出这一点，我把党魁老板头头挑了出来，那些报纸上、政界商界当中乃至无处不在的"高高在上者"。不过，在这最后的话里，我还没有得出超越于耙粪经验的积累之外的完全的结论，不完全的结论是：

在每一个城市，跟生活当中的每一种职业一样，既存在着主心骨，也存在着跟屁虫；主心骨少，跟屁虫多。你总能识别他们。去找一个人求教，向他提出一个问题，然后观察他；要是他当场自己就拿定主意赞成或者反对，那么他就有成为一个主心骨的倾向，就值得找他好好谈谈。但要是他谈不出一个决定来，往往还提出给他时间和机会去要跟他的伙伴朋友同志同事合伙人交换意见，他就是一个跟屁虫，一个"应声附和"的人，他就不值得与之一谈。要做成任何事，一个人必须寻找直爽的主心骨并且把他争取过来，与跟屁虫们交谈或者共事是十足的浪费时间，他们会把你的论证或者你的书带给他们的主心骨，然后他可以一言以毙之。所以，去说服当时当地的主心骨，然后再由他们去说服那些受他们摆布的人。

"波士顿 1915 年规划"落在了跟屁虫们的手中；有好几个主心骨支持这一规划，比如马丁 · 洛马斯尼，据观察，他总是倾向于甚至不跟他那一帮人商量就拿定主意，而这帮人据观察也都不是跟屁虫，他们每一个都不是，他们是有青春活力的主心骨，马丁正是为着这个原因才挑选了他们。在波士顿的改革运动中，还有好多独立自主的人们，不过，其失败的一个原因我当时还没有认识到，影响它的关键在于，极其重要的、最有实用价值的法则就是：跟屁虫实际上会扼杀生机，只有也仅仅只有主心骨才会带来活力——无论做什么。

图书在版编目（CIP）数据

耙粪者自述／（美）斯蒂芬斯著；朱晓译注. ——海口：海南出版社，2012.11

ISBN 978－7－5443－4773－0

Ⅰ.①耙…　Ⅱ.①斯…　②朱…　Ⅲ.①斯蒂芬斯，L.（1866～1936）—自传　Ⅳ.①K837.125.42

中国版本图书馆 CIP 数据核字（2012）第 270875 号

耙粪者自述

原　　著：［美］林肯·斯蒂芬斯
译　　注：朱　晓
责任编辑：李升召
技术编辑：朱　晓
装帧设计：李宁超
印刷装订：长沙长大成彩印有限公司
海南出版社　出版发行
地　　址：海口市金盘开发区建设三横路 2 号
邮　　编：570216
电　　话：0898－66812772
经　　销：全国新华书店经销
出版日期：2012 年 12 月第 1 版　2012 年 12 月第 1 次印刷
开　　本：710mm×1000mm　1/16
印　　张：18.50
字　　数：253 千
书　　号：ISBN 978－7－5443－4773－0
定　　价：36.80 元

如有缺页、破损、倒装等印装质量问题，请寄回本社更换